HUMANITIES AND SOCIETY

美国生活中的同化

种族、宗教和族源的角色

Milton M. Gordon

[美国] 米尔顿·M. 戈登 著 马戎 译

译林出版社

图书在版编目（CIP）数据
美国生活中的同化：种族、宗教和族源的角色 /（美）戈登（Gordon, M. M.）著；马戎译．—南京：译林出版社，2015.1（2020.7 重印）
（人文与社会译丛／刘东主编）
书名原文：Assimilation in American Life
ISBN 978-7-5447-5048-6

I.①美… II.①戈… ②马… III.①民族同化－研究－美国 IV.①C956

中国版本图书馆 CIP 数据核字（2014）第 224809 号

美国生活中的同化：种族、宗教和族源的角色［美国］米尔顿·M.戈登／著　马　戎／译

责任编辑　马爱新
特约编辑　熊　钰
责任印制　单　莉

原文出版　Oxford University Press, 1964
出版发行　译林出版社
地　　址　南京市湖南路 1 号 A 楼
邮　　箱　yilin@yilin.com
网　　址　www.yilin.com
市场热线　025-86633278
排　　版　南京展望文化发展有限公司
印　　刷　江苏凤凰通达印刷有限公司
开　　本　880 毫米 ×1230 毫米　1/32
印　　张　9
版　　次　2015 年 1 月第 1 版
印　　次　2020 年 7 月第 3 次印刷
书　　号　ISBN 978-7-5447-5048-6
定　　价　58.00 元

主 编 的 话

刘 东

总算不负几年来的苦心——该为这套书写篇短序了。

此项翻译工程的缘起,先要追溯到自己内心的某些变化。虽说越来越惯于乡间的生活,每天只打一两通电话,但这种离群索居并不意味着我已修炼到了出家遁世的地步。毋宁说,坚守沉默少语的状态,倒是为了咬定问题不放,而且在当下的世道中,若还有哪路学说能引我出神,就不能只是玄妙得叫人着魔,还要有助于思入所属的社群。如此嘈嘈切切鼓荡难平的心气,或不免受了世事的恶刺激,不过也恰是这道底线,帮我部分摆脱了中西"精神分裂症"——至少我可以倚仗着中国文化的本根,去参验外缘的社会学说了,既然儒学作为一种本真的心向,正是要从对现世生活的终极肯定出发,把人间问题当成全部灵感的源头。

不宁惟是,这种从人文思入社会的诉求,还同国际学界的发展不期相合。擅长把捉非确定性问题的哲学,看来有点走出自我囿闭的低潮,而这又跟它把焦点对准了社会不无关系。现行通则的加速崩解和相互证伪,使得就算今后仍有普适的基准可言,也要有待于更加透辟的思力,正是在文明的此一根基处,批判的事业又有了用武之地。由此就决定了,尽管同在关注世俗的事务与规则,但跟既定框架内的策论不同,真正体现出人文关怀的社会学说,决不会是医头医脚式的小修小补,而必须以激进亢奋的姿态,去怀疑、颠覆和重估全部的价值预设。有意思的是,也许再没有哪个时代,会有这么多书生想要焕发制度智慧，这既凸显了文明的深层危机，又表达了超越的不竭潜力。

于是自然就想到翻译——把这些制度智慧引进汉语世界来。需要说明的是，尽管此类翻译向称严肃的学业，无论编者、译者还是读者，都会因其理论色彩和语言风格而备尝艰涩，但该工程却绝非寻常意义上的“纯学术”。此中辩谈的话题和学理，将会贴近我们的伦常日用，渗入我们的表象世界，改铸我们的公民文化，根本不容任何学院人垄断。同样，尽管这些选题大多分量厚重，且多为国外学府指定的必读书，也不必将其标榜为“新经典”。此类方生方成的思想实验，仍要应付尖刻的批判围攻，保持着知识创化时的紧张度，尚没有资格被当成享受保护的“老残遗产”。所以说白了：除非来此对话者早已功力尽失，这里就只有激活思想的马刺。

主持此类工程之烦难，足以让任何聪明人望而却步，大约也惟有愚钝如我者，才会在十年苦熬之余再作冯妇。然则晨钟暮鼓黄卷青灯中，毕竟尚有历代的高僧暗中相伴，他们和我声应气求，不甘心被宿命贬低为人类的亚种，遂把逐译工作当成了日常功课，要以艰难的咀嚼咬穿文化的篱笆。师法着这些先烈，当初酝酿这套丛书时，我曾在哈佛费正清中心放胆讲道：“在作者、编者和读者间初步形成的这种‘良性循环’景象，作为整个社会多元分化进程的缩影，偏巧正跟我们的国运连在一起，如果我们至少眼下尚无理由否认，今后中国历史的主要变因之一，仍然在于大陆知识阶层的一念之中，那么我们就总还有权想象，在孔老夫子的故乡，中华民族其实就靠这么写着读着，而默默修持着自己的心念，而默默挑战着自身的极限！”惟愿认同此道者日众，则华夏一族虽历经劫难，终不致因我辈而沦为文化小国。

一九九九年六月于京郊溪翁庄

“请问，你是否可以告诉我，从这儿出发应该走哪条路？”[爱丽丝问道]

“那在很大程度上取决于你想去哪儿。”猫回答道。

《爱丽丝漫游奇境》第六章

致　谢

我非常感谢拉塞尔·塞奇基金会（The Russell Sage Foundation），它所提供的资助使我有可能完成这项研究。我同时也特别感谢基金会会长唐纳德·扬博士（Dr. Donald Young），在这一研究进程的几个阶段，他曾向我提供过睿智的建议。

在这一研究的最后时期，马萨诸塞大学研究理事会（University of Massachusetts Research Council）为我提供了一笔资金，使我可以获得秘书的大力协助以最终完成这一著作。我希望借此机会对这笔资助表示感谢，同时我也感谢马萨诸塞大学社会学与人类学系主任 J. 亨利·克森博士（J. Henry Korson）对我的鼓励。

在我为这一研究征求建议时，哈佛大学的戈登·W. 奥尔波特教授（Gordon W. Allport）、大卫·里斯曼教授（David Riesman）、奥斯卡·汉德林教授（Oscar Handlin）和宾夕法尼亚大学的 E. 迪格比·巴尔策尔教授都提供了帮助，我对他们非常感激。任何使用美国移民史领域相关资料的学者，都必须要感谢奥斯卡·汉德林教授（Oscar Handlin）的研究成果，在本研究中我更有必要表达我的这一感谢。

我也感谢美国大学教授联合会会刊（*American Association of University Professors Bulletin*）允许我引用了我在这一会刊 1954—1955

年冬季刊（第四十卷，第 4 期）上发表的文章《社会阶级和美国知识分子》（“Social Class and American Intellectuals”）中的一些段落。我也感谢下列出版社和作者允许我引用他们享有版权的出版成果：美国社会学学会（The American Sociological Association），D. Van Nostrand 公司，全国教育学会（The National Education Association），Doubleday 公司，Beacon 出版社，艾萨克 · 伯克森（Isaac B. Berkson），乔舒亚 · 菲什曼（Joshua A. Fishman），奥古斯特 · 霍林斯黑德（August B. Hollingshead）和霍勒斯 · 卡伦（Horace M. Kallen）。

米尔顿 · M. 戈登
1963 年 11 月
阿姆赫斯特，马萨诸塞州

谨以此纪念

我的父亲和母亲

目 录

第一章
导言

本书所关注的主要问题，是美国人口结构中具有不同种族、宗教和 3
民族背景的各个群体，以及由此而产生的彼此之间的社会偏见与歧视。但是，与其他相同主题的大多数出版物有所不同，本书几乎完全不去直接涉及那些具体的歧视行为。人们拥有的具体特质“导致”或使得一些美国公民因为其他人具有不同肤色、宗教和来自不同国度，而否认这些公民在美国社会活动中享有平等权利，并对他们持有敌意或负面情感，本书对这些以相关个人因素为对象的学术研究也不太关注。在我看来，我们应当把我们的关注点集中在同样重要、在逻辑上更应优先考虑但却被严重忽视的另外一个问题上，那就是：在一个由异质性人口所构成、规模庞大、实现了工业化和城市化的民族（nation）中，群体生活自身的性质是什么？我们开展这一专题研究的“实验室”是美国社会，但是我们得出的结论，只要其确实有效，同样可以被应用到世界上的其他民族或地区。这些民族有的已经经历了类似的城市化和工业化的发展进程，有的目前正在经历这一过程，有的则将会在下个世纪经历类似
的进程。我们得到的结论对于那些人口内部具有种族、宗教和文化背 4
景多样化特征的国家也同样适用，这即是说，我们得出的结论将会适用于人类社会的绝大多数国家。

从一个方面来说，为什么美国人的心目中对于群体生活的性质——我们的种族、宗教和民族群体的社会结构以及群体之间的各种关系——很少予以关注？对于这个问题并不难理解。大家都知道，美国人是一些“实用的”、头脑僵化和注重实际经验的人，我们倾向于去关注那些最直接、最清楚和明确的事件。譬如，当一个黑人在密西西比州被乡村恶棍们痛打，或是在佐治亚州的选举投票站因受到恐吓而逃离时，当一个犹太人在纽约州北部被某个对其“实行限制”的旅馆驱逐时，或者当一个日裔美国人在加利福尼亚州一个“白人”社区试图购买住宅而遭到拒绝时，因为我们自认是“自由主义者”，所以面对这些事件，我们都觉得它们相当紧迫，而且会激发我们的义愤和关注，这会引导我们开展进一步的调查、讨论，也许迟早还会引导我们寻求补救措施。所有这些做法当然都很有益处，但是对于这些具体现象背后更深层次的问题根源，则未必能够因此被发掘出来。此外，美国的群体结构所具有的性质，绝大部分“在法律上是看不出来的”（legally invisible）。如果我们把美国印第安人的特殊情况暂时排除在外，把美国南部存留的歧视黑人法律（Jim Crow laws）和在南部和西部各州禁止种族间通婚的法律也排除在外（由于联邦最高法院对宪法第十四条修正案“法律的平等保护”做了完全正确的诠释，所有这些法律最终将会被废除），那么，我们说美国政治和司法体系并没有因为美国公民的种族、宗教或祖籍民族[①]而对他们实行区别对待，这种说法应该是正确的。从法律的观点来看，一切似乎都很简单，在这里生活着1.9亿个抽象的美国人个体，他们
5 大多数具有公民身份[②]，相互之间存在亲属或婚姻关系，分属具有某些

① 原文为national origin，正文中统一译为“祖籍民族”，本书标题为求简练，将其简称为“族源”。——编注

② 据外籍人士居住地址项目报告，1957年美国有2 833 732名外籍居民。数据来源：Table No.114，*Statistical Abstract of the United States*，1958，U.S. Government Printing Office，Washington，D. C.。

法律相关性的年龄组，但是泛泛来说，他们作为黑人、犹太人、天主教徒或新教徒的生活在其存在的范围内，同政治实体在形式上是不相干的，法律也没有对此进行识别或描述。[①] 这表示美国的这些种族、宗教和民族血缘群体的社会轮廓是或多或少无法被观察到的；这些结构的轮廓只能通过对社会关系、社区组织或社区机构（它们构成美国人的社区生活）的细致观察或者学术研究才能被推测出来。这些群体的存在尽管在社会学意义上明显是真实的，但却未能得到正式承认，并且容易在准确的评估中被掩盖。在公众心目中浮现的，只是许多模糊现象的某种汇集，以及关于与自己群体不同的其他群体的社区生活性质的部分真实的报道（half-truths）。正是由于这许多不完整的想象以及对美国人群体生活性质的整体理解的缺乏，形成了催生偏见态度的肥沃土壤。事实上，美国白人新教徒们极少意识到自己仅仅是美国居民中的一个群体，他们认为自己居住在美国，而其他人不过是以各自"群体"的方式生活在美国而已。人们有时会提到一个具有荒谬讽刺想象的俚语，即鱼儿永远也不会发现水。我们随后还将对这一点进行更多的讨论。

我们很难理解，为什么社会科学家们对美国社会的社区生活的性质和内涵迄今只开展了如此之少的实地调查，而且几乎没有进行任何理论探索。从理论研究文献来看，有迹象表明近来人们对这些现象的认知有所增长，而且出版了越来越多以种族和宗教群体为对象、讨论偏见和歧视问题的专题研究，这些研究开始涉及我们所关注的社会结构 6
这类宏观问题。同时，近期以美国社会阶级为对象所开展的越来越广泛的研究工作，也对美国的族群生活给予了更多关注。我们在后文也

① 对于这一原则，也存在一些"边缘的"例外：例如军队中的神职人员，神职人员主持婚礼中的公民身份认定，以及每十年举行一次的联邦人口普查中种族分类法的使用等。在近期的美国历史上，也出现了一个很引人注目的例外，我指的是第二次世界大战时期西海岸的日裔美国公民被疏散和"重新安置"（拘留）。

会有机会提及这些讨论和研究中那些最具相关性的内容。然而，在美国社会普遍存在对族群社区生活性质的忽视，这是学习“种族和文化关系”（racial and cultural relations）专业的每一个学生必须面对的现状，而这一现状很有可能是由以下几个因素造成的。

首先，那些把美国社会当中不同族群的社区生活加以区隔的边界线通常缺乏明白清晰的可见度，社会科学家们的研究工作很可能受到这一因素的影响。白人和黑人社区的边界是大致不变的，相关的研究工作也在这样一个基础上开展。近期开展的有关犹太人社区生活的一些研究也基于类似的社区划分，人们也预期学者们将会以大都市为场景对犹太人社会结构的各个阶级层面开展全面研究。但是关于天主教徒社区生活的研究成果则一直很少[①]，直至威尔·赫伯格的富有洞察力的研究著作《新教徒—天主教徒—犹太人》[②]出版之前，天主教徒社区生活从未出现在公众的视野当中。而且，大多数有关宗教和民族群体的社会科学讨论仍然集中在对它们的文化行为进行考察，想要回答的问题是：移民们和他们的后代在何种程度上接受了美国主流文化的价值观和行为规范？这无疑是一个非常重要而且我们也必须关注的问
7 题，但是，关于社会结构的问题也具有同等的重要性，我们必须把二者结合起来，才能收获最多的研究成果。

社会科学家们掌握的美国社区结构的知识相对较少，与之相关的另一个重要因素是，他们在其他方向上开展的研究工作积累不足。需

① 约瑟夫·菲克特（Joseph H. Fichter, S. J.）的研究工作开始为我们提供这个国家天主教社区生活内部结构和动态演变的知识。参见他发表的 *Southern Parish*, Vol. I, *Dynamics of a City Church*, Chicago: University of Chicago Press, 1951; *Social Relations in the Urban Parish*, Chicago: University of Chicago Press, 1954; 以及 *Parochial School: A Sociological Study*, Notre Dame, Indiana: University of Notre Dame Press, 1958。

② Will Herberg, *Protestant-Catholic-Jew*, New York: Doubleday and Company, Inc., 1955.

要指出的是,在第二次世界大战后有关“偏见研究”的出版物当中[①],关于人格(personality)的研究有许多是与偏见相关的,这些研究是由美国犹太人委员会(American Jewish Committee)委托进行的,这就吸引了许多学者去关注群际关系中的这一个方面,而且强化了社会心理学家对人格和态度演变的传统关注。在战后的这些年代里,社会学家们对于不同场景下“小群体”的研究[②]以及对在不同组织环境(如工厂或医院)中人们行为演变的研究,也给予了一定关注[③]。在这样的背景下,这些学术研究和理论探索开始倾向于关注族群(ethnic group)这样一些规模较大的社会结构的存在。因此,在一定程度上,这本书可以被视作是对于“大群体”的社会学研究,我相信“大群体”这一社会现象值得 8
我们给予比之前更多的学术关注。毫无疑问,“大群体”也是由存在于各种互动关系中的“小群体”和“个体”所组成的,但是,恰恰也正是因为这些“大群体”是通过互动关系所造就的,它们才特别需要我们去进行研究。而且,也只有在美国社会阶级分化中发展出来的利益格局,才

① 特别参见 T. W. Adorno, Else Frenkel-Brunswik, D. J. Levinson, and R. N. Sanford, *The Authoritarian Personality*, New York: Harper and Brothers, 1950; Nathan W. Ackerman and Marie Jahoda, *Anti-Semitism and Emotional Disorder*, New York: Harper and Brothers, 1950; Bruno Bettlheim and Morris Janowitz, *Dynamics of Prejudice*, New York: Harper and Brothers, 1950; Leo Lowenthal and Norbert Guterman, *Prophets of Deceit*, New York: Harper and Brothers, 1949。

② 参见 Robert F. Bales, “Small-Group Theory and Research” in Robert K. Merton, Leonard Broom, and Leonard S. Cottrell, Jr. (eds.), *Sociology Today, Problems and Prospects*, New York: Basic Books, Inc., 1959; 以及 A. P. Hare, E. F. Borgatta, and R. F. Bales (eds.), *Small Groups: Studies in Social Interaction*, New York: Alfred A. Knopf, Inc., 1955。

③ 参见 Alvin W. Gouldner, “Organizational Analysis, ” in Merton et al., *Sociology Today, Problems and Prospects*, op. cit.; Robert K. Merton, Ailsa P. Gray, Barbara Hockey and Hanan C. Selvin (eds.), *Reader in Bureaucracy*, Glencoe, Ill.: The Free Press, 1952; Peter M. Blau, *Bureaucracy in Modern Society*, New York: Random House, 1956; Alfred H. Stanton and Morris S. Schwartz, *The Mental Hospital*, New York: Basic Books, Inc., 1954。

会使对于“大群体”的分析得以恰当地展现。正如我将努力加以说明的那样，唯有在族群和社会阶级的动态结合中，我们所期望的“大群体”研究才会富有结果。

正是由于民众和专业学者们对族群结构和结构性互动缺乏相应关注，所带来的结果造成今天美国知识社会在整体上对群体互动中的社会结构发展目标缺乏清晰和深入的讨论。“自由主义者”、善良的民众、协调群际关系的专业人员（并不一定是截然分开的几类人），他们都在反对种族、宗教和国籍偏见与歧视，而且希望看到这些现象从美国人的生活中消除。他们为所有的人——不论其“种族、宗教或祖籍民族”——在所有领域得到平等的机会而努力。面对就业和住房等方面出现公开歧视行为这一确切的事实，他们联合起来进行抵制。但是“黑人、犹太人、天主教徒或墨裔美国人在未来的美国是应该保持或丢掉自己的群体认同”这一问题，却几乎没有得到认真的思考，或者也差不多是被陈词滥调所敷衍。我们向往的是“完全的同化”？是“熔炉”？还是“文化多元主义”？更明确地说，像友谊模式、组织归属、公众事务参与、自我认同、价值冲突和价值整合、政治生活、偏见与歧视以及美国的统一性这些说法，它们每一个都有哪些具体含义？对于这些问题，并没有什么经过深思熟虑而得出的现成答案。在这个维度上，不仅对于为未来设
9 想的指导路线的讨论少得可怜，而且在涉及社会结构时，对于“我们现今身处何处”这一问题的深入分析也同样缺乏。作为对社会结构的最核心的思考，我把美国的族际关系比喻为在赛场上戴着眼罩疾驰的一匹赛马，我的这一比喻也许稍微有点夸张，这匹马既不知道自己曾经在哪里，不清楚目前在哪里，也不明白自己正在朝着什么地方奔跑，但是它仍继续奔跑着！

作为这个研究课题的一部分内容，我曾经访谈了美国的一些负责群际关系和社区群内生活组织的官员。在这些机构中，有许多都十分关注美国种族群体、文化群体和宗教群体之间的关系，它们只要在任何

地方发现歧视和偏见现象后，就会努力去加以消除。有些机构在性质上即属于族群内的组织，它们主要致力于本族群内部社区活动的发展，另一些机构则既关心族群内部关系，也关心族际关系的发展。我一共访谈了代表25个不同机构的27名官员，所有这些官员都在他们所在的机构里担任着责任重大的职位。[①]这些机构都是最著名的全国性私营组织，在今天的美国，它们和其他一些政府所属机构或私营的州、市级组织共同在族际关系领域开展工作。[②]表1是访谈机构按照族群关注特性（主办者、赞助者、核心关注领域）的列表。[③]

表1 所访谈机构关注的族群

犹太人	4
天主教徒	4
多族群 *	4
黑人	3
新教	3
政府机构	3
印第安人	2
日裔美国人	1
意大利裔美国人	1
总计	25

* 并不是由某族群主办或只关注某族群。

① 其中25个是十分正式的访谈，内容借助了经过特别准备的访谈问题（这些问题在某些情景下根据特殊的条件进行了修订）。另外两个访谈是和相关机构的研究主管（Research Directors）进行的讨论。

② 任何学者如果感兴趣的话，可以向我索取这些访谈机构的名单。

③ 在大多数情况下，主办方和核心关注领域是彼此重合的。也有个别例外，例如有两个“印第安人”机构主要关注印第安人问题，但由白人主办。两个“新教”机构主要关注种族歧视。

10 在这些访谈中，我的最主要的研究目标，就是了解这些机构对于社会结构、“同化”（assimilation）、“融合”（integration）和“群体生活”（group life）的相关理论和模型以及美国社会结构的性质和长远目标，给予了怎样的关注和思考。[①] 我发现这些机构中的大多数（近四分之三）对以上议题几乎没有给予任何关注。这即是说，它们从未明确表述过下面这些原则性议题，也没有对这些议题加以考察：（1）确切地描述美国的群体和社区生活的性质，（2）对这个国家的社区生活设定一些人们企望或愿意选择（根据各自群体自身的理念）的结构性目标，（3）在深层次和丰富的相互联系中思考所选择的这一社会结构目标理论对于这些机构自身项目的各方面所具有的含义。

我不希望被人们误解。即使是在最轻微的程度上，我在这里也没有批评这些机构的日常活动，或者甚至是批评它们为追求自己所设定
11 目标的工作方式。作为研究族际关系领域的专家，我在启动这一研究工作之前，就对这些机构的大多数项目和活动有所了解，而且对它们的业绩十分尊重。和这些机构的负责官员们所进行的访谈，使我对这些组织在美国开展的反对种族和宗教歧视行动在知识探索和实践效果方面所持的信心，得到了增强而不是削弱。当我回想自己在纽约、华盛顿、费城、波士顿和其他城市里与这些机构总部的各位先生女士的长谈时，当我重读他们关于机构项目和面临难题进行的坦诚、深刻的讨论时，我完全相信，在任何关注整体社会的专业领域，没有其他任何组织比它们更具奉献精神并完成更多的工作。但是，这些机构的负责人们面对的是每天需要处理的大量具体问题和决定，他们的关注集中在那些公开表现出偏见和歧视的个案中，或者集中在公众的即时议题上。在这样的场景中，那些有关社会结构（social structure）的长远性议题逐渐被忽

① 我也考察了这些机构撰写的描述其工作和特定目标的出版物。

视,时间一长,甚至会被完全遗忘。正如一个机构执行人所说,“委员会必须急于处理每天最紧迫的问题,在委员会的会议上,我们没有时间坐下来讨论这些[社会结构]议题”。

我们的注意力可以暂时转向那些专门关注“群体关系”的组织,它们确实提出了对社会结构进行思考的、内容充实的报告。其中大多数报告是由关注印第安人或犹太人的机构提交的。关注印第安事务的机构事实上是被迫关注有关“社会结构”的议题,因为印第安人保留地的生活很显然是一种位于明确地理边界内的社区生活,而且这些印第安部落在历史上与美国联邦政府有着一种条约关系。这些印第安人应当保持他们的社区团体和文化?还是消失在美国主流社会的生活中?这正是政府政策辩论、民间关注和印第安人自我审视的重点所在。众所周知,各印第安人部落总的来说希望保存它们自己的团体和文化,而在 12
大多数历史时期,美国政府的政策都是直接或间接地压制这一愿望。这些关注“印第安人”的民间机构都是“让印第安人为自己的前途做决定”这一原则的热心拥护者,因此它们在现实活动中也是支持印第安人传统社会生活原则的。然而,这种支持并不是从对美国“群体生活”的基本观点或理论出发,而是明显地针对特定的印第安人部落,这些部落在历史上曾遭受殖民征服和镇压,曾与联邦政府签订条约,而且他们古老的文明模式与美国其他人口拥有的欧洲或西方文明差别很大。从我所了解的情况来看,这些机构与关注美国其他类型群体关系的机构十分不同,事实上,这些专注“印第安人”的机构并不去思考美国社会生活中存在的普遍性歧视和偏见问题,它们所关注的与这些普遍性问题甚至连一点边也不沾。在所有关注群体关系的组织当中,它们在思维和行动上有着最为高度集中的关注点。

那些主要关注美国犹太人生活、关注犹太人与其他美国公民关系的机构,对于普遍性的“群体生活”议题大多有一定程度的了解,而且对这些议题有所考虑。这一点并不令人奇怪,这是由于犹太人在各帝国领地、在文化上是基督教一统天下的欧洲各国以及随后在美洲所处的地位所造成的，可以说，自从基督教创立以来，犹太人一直属于社会议题。18 世纪后期和 19 世纪现代民主政体的兴起以及工业革命和城市化时代的到来，使得这一议题具有了全新的社会背景。在 20 世纪，纳粹主义的恶性发展带来的种族灭绝行动和以色列国家凤凰涅槃式的诞生为它又加进了新的元素，这些都十分自然地推动犹太人的宗教领袖
13 和社区领袖们不断地思考美国犹太人和其他美国国民之间的关系。这些机构中的大多数［美国犹太人理事会（American Council for Judaism）是一个引人注目的例外］都以不同形式和程度支持着对于美国生活的“文化多元主义”理念——这种观点将使这个国家各族群的亚群体社区生活和文化特点获得合法性并得以延续，与那种单一形式的文化相比，这将可以为全体美国带来更为生动和丰富的文化。对于这一理念，我们在后面将有更多的讨论。

在这些犹太人组织当中，也许美国犹太人委员会（American Jewish Committee）和美国犹太人理事会是近年来对美国场景中的社会结构调整问题最为关注和给予最多思考的机构。在 1956 年，美国犹太人委员会组织了一次关于美国群体生活的研讨会，在这个会上许多一流的学者和社会科学家集中讨论了这一议题。[1] 美国犹太人理事会最鲜明的特色就是反对犹太复国主义和反对犹太社区生活的意识形态和项目，以及它在当代美国犹太人生活中所处的少数派地位，所以它很自然地关注社会结构和文化适应等问题，其出版物也反映出了这一取向。[2]

---

① 这次会议上的一些论文发表于专题论文集 “Ethnic Groups in American Life”, *Daedalus: The Journal of the American Academy of Arts and Sciences*, Spring, 1961。

② 参阅美国犹太人理事会编著的 “An Approach to an American Judaism”（小册子）; Elmer Berger, *Judaism or Jewish Nationalism*, New York: Bookman Associates, 1957; 以及 George A. Lundberg, “Pluralism, Integration and Assimilation”, New York: American Council for Judaism, 1957（小册子）。

我们不应该从以上讨论中得出结论说,只有印第安事务机构和大多数犹太人机构支持美国的文化多元主义理念,在对这些机构的访谈和这些机构介绍自身项目和目标的出版文献进行梳理的基础上,我得 14
出的结论是:这 25 个机构中有 19 个(占 76%)在一定程度上支持文化多元主义的观点。换言之,它们支持各族群在一定程度上维护自己文化特点及族群共同体的权利,而且认为这种文化多样性对于整体的美国文化而言非常有益。

其他六个对文化多元主义表现得毫无兴趣的机构主要是黑人组织。但这并不意味着它们必然去反对其他组织的主张,也不意味它们在这一议题上站在反对的立场或者反对黑人们对文化多元主义的理念表示赞同。但是我从访谈材料和它们出版的宣言等得出的推论是,它们并不认为把一个黑人亚社区及其自身的机构保留下来对于美国黑人来说是一个值得向往的长远目标——也就是说,是一个需要有意识地去追求的目标。在被问到他所在的组织如何看待黑人共同体的问题时,某黑人机构的一个负责人是这样回答的:“我们希望看到人们有完全的自由选择权,我们坚定地区分公共情境和私人关系,只要属于朋友或私人交往范围之内,这就是个人喜欢或不喜欢的问题。我们并不把它视作应受法律运作影响的事情。*然而,我们相信,在平等身份条件下的交往中,这些带有私人意义的交往最终会发生,当它自然发生时,我们认为这正是人们所向往的。[随后]我们立场的逻辑是明确反对狭隘的偏见和反对社区化。*[然而]在可见的未来,我们假定将出现一个可限定的黑人群体”(着重部分是我所加)。

如果我们考虑到黑人绝大多数都是新教徒,他们并没有与美国社会主导文化不同的任何其他宗教价值体系,他们与祖先的文化的联系已微乎其微或完全丧失,因此,这些机构对黑人共同体议题的冷淡并不 15
难理解。对于最贫苦黑人大众具有吸引力的黑人穆斯林运动,在这些年里得到一些呼应,表现了黑人社区分裂中的一种极端形式,提出了非基督教的宗教信仰，以及与亚非人群的认同意识。[①] 在1956年，由一群黑人知识分子成立的一个新组织，代表了社会、经济和文化光谱上的另一端。它的名称是“美国非洲文化学会”（American Society of African Culture），它的目的是增进美国人（特别是美国黑人）对非洲文化历史和现状的兴趣，并且传播非洲文化的知识以及非洲文化对美国人的生活所做出的贡献。在这个学会所组织的一个研讨会上，它的主席霍勒斯·曼·邦德博士（Dr. Horace Mann Bond）是一位著名的黑人教育家，《纽约时报》报道的原话是这样介绍的：“美国黑人对非洲的传统反感和把非洲文物视作遗产中令人耻辱部分的想法，正在迅速转变为强烈的兴趣和赞同。”《纽约时报》又加上了这样的话：“这个学会的发言人预言，在美国黑人以自己为‘本土之子’（the native son）的态度转向坚信文化多元主义并对自己的特有身份感到骄傲的道路上，这次研讨会迈出了历史性的一步。”[②] 非洲国家获得独立并兴起，一些强有力而重要的非洲政治领袖踏上世界历史的舞台，这些事件无疑会对美国黑人的
16 集体自我形象起到一种振奋人心的有益影响。[③] 但是，在创立一种对持久的黑人共同体和独特文化身份的渴求方面，这些外部的进展究竟能够对大多数美国黑人产生多大的影响，这一点仍然有待观察。

“文化多元主义”的观点以某种方式在上述的群体关系机构中目前占据着主导地位，但我们不应因此就认为，这些机构认真思考过这一观点的内容及其背后的意义，特别是对于美国社会结构和体制生活的不同方面的意义。正如我在前面指出的，大多数情况恰恰相反，在这方面存在一个明显的倾向，这就是把对文化多元主义的思考局限于行为中

① 参见 C. Eric Lincoln, *The Black Muslims in America*, Boston, Beacon Press, 1961 和 E. U. Essien-Udom, *Black Nationalism: The Search for an Identity*, Chicago: University of Chicago Press, 1962。

② *The New York Times*, June 27, 1959.

③ 有关这一观点的证明和有说服力的讨论，参见 Harold R. Isaacs, *The New World of Negro Americans*, New York: John Day, 1963。

的文化差异这个话题，同时轻视甚至忽略与社会结构相关的议题以及它们与社区的群体生活的关系。甚至在文化行为的领域，那些与各族群价值假设可能出现冲突的相关问题，也通常被忽略，或者始终不能得到表达，而对那些有效发挥功能的民族文化而言，在价值差异中各民族文化可能存在局限性这一问题，虽然有时也会被提及，但显然缺乏应有的深度。在我与被访谈的机构官员们交谈时，我努力了解他们对于美国群体生活方面的想法，在我提及的各种各样的问题中，有一个非常直接的问题：“请你谈谈你所理解的文化多元主义？”下面是一些代表性的回答（每条编号的回复都是单独成段、完整给出的）[1]：

1.“各种宗教、种族和国籍群体能够友好共处，而不是相互敌视。尽管群体虚荣是人类生活的本性，但我们不会要求人们去刻意减少他们身上的犹太人、新教徒或天主教徒的特征。我们希望人们有能力去理解和欣赏这些其他群体的特点。”

2.“认可其他群体的价值，尊重它们在不同文化基础上进行的建构，这暗含着一种不去追求一致性的平等。”

3.“我猜想（文化多元主义）的含义是几种文化相互接触，但 17
并不混同。这将使人们从其他文化中获取营养。如果人们意识到，即使存在着这些差异，也仍然会有一种不可或缺的重要精神普遍存在于所有群体之中，多元主义理念无疑将加强人们之间的兄弟情谊。假如存在太多的分离倾向，人们是很难感受到彼此之间的兄弟情谊的。”

4.“在整体的美国文化中，亚群体（subgroups）的这个概念有助于保留各自的群体认同和父辈的文化，这样做不仅有利于自己群体的幸福和发展，而且对美国整体的幸福和发展也将有所贡献。

① 在一个案例中，在讨论其他内容时有一个人主动对这个问题做了回答。

我们计划在明年编印一个关于文化多元主义的小册子，并将在更深层面上来思考这一问题。”

5.“多元文化所具有的权利和价值，使得各群体在一些具有共性的领域里共同努力来保存它们希望保存的那些文化的组成部分，只要这些部分没有侵犯到其他群体的权利。多元文化的权利就是共同生存并保留各自的文化，只要这样做不会妨碍其他群体的权利。这是实现多样性的一种积极途径。”

6.“（文化多元主义）意味着接受不同宗教、族群和文化群体所具有的文化差异。保留这些差异对于一个群体的成员们而言很重要。在美国人所拥有的各项权利中，有一项就是‘可以与众不同’。只要这些文化理念和活动不会导致相互冲突，也不与全民族的文化相冲突，人们应当有权利保持他们的这些差异。我们不会强制每个人都变成一样的人，也不会试图彻底消除因差异导致的相互紧张，而是努力把这种紧张降低到一个可以容忍的程度。这里有一个限度，当差异超过这个限度，就会伤害到每一个人。我相信民族文化模式是群体差异的磨蚀剂，它可以克服这些差异。但在宗教群体中存在一个很强的倾向，就是要促成族群街区（ethnic neighborhoods）。”

7.“（文化多元主义）是对文化差异性表示完全和真诚尊重的理念。在公民之间没有屏障。我以为某种文化多样性的存在是有必要的，但是一个稳定的社会系统能够在多大程度上容忍这些差异，我就不知道了。”

8.“（文化多元主义）显示了具有不同文化认同的人们在这个国籍（nationality）的框架内保持他们各自认同的可能性。”

我们注意到，他们的这些回答，除了比较简洁之外，还有着对文化
18 行为的特别强调，并且几乎完全缺乏对社会结构的关注。有些回答承

认价值冲突的可能性，另一些则没有涉及。总体来说，这些回答显示人们缺少机会对社会结构和群体生活的长期目标进行深度的讨论、思考和辩论。

如果致力于美国生活中群际关系和族群的社区性事务的这些组织对于美国社会结构中的问题和社会结构的长期发展目标给予如此之少的关注，那么，我们可以假设，作为一个整体的美国公众对此的考虑就更少了。这就是我写这本书的原因。在下面的章节中，我希望做的，就是为填补美国目前有关群体关系的讨论和现实问题之间的鸿沟做出一些贡献。要做到这一点，必须对社会关系、组织生活、社会机构以及价值冲突和融合这些概念的涵义进行仔细和周密的思考，只有这样，才能使一个由有着不同种族、宗教、民族背景的群体构成的社会能够在现代工业化和城市化的语境下运转，能够在一个对外宣称不介意任何程度的族群共同体的民主政体下运行。从这一点来进行思考，我需要发展出一套可以称之为群体生活"理论"的东西。我将尝试说明它与美国有关群体生活的其他理论之间的关系，也将依据那些发挥专业技能和耐心致力于研究美国的群体分野和群体关系的社会科学家们的发现，来对这一理论进行检验。最后，我将努力对这一理论所涉及的内容进行提炼，归纳出可供我们长期努力的奋斗目标，以根除被编织进美国生活经纬中的那些以种族、宗教教义、祖籍民族为基础的偏见和歧视的线缕。

第二章

亚社会与亚文化

19 当一个人被问及一个非常古老的问题，或者当他反问自己这个问题时，他将如何回答呢？我们假设有一群更新世的（Pleistocene）猎人在迷路后找不到他们预定的篝火营地，他们试图穿越一片黑暗茂密的森林，以便探索新的回家之路。正在这时，他们猝然遇见一个奄奄一息、被野兽咬伤的人，他们马上就意识到，他们从来没有见过这个人。这就是他们所见到的第一个陌生人吗？他们向这个人提出的古老的问题就是："你是谁？"

如果这位陌生人是一个石器时代的成员，或者更确切地说，是一个新石器时代的人，他就会回答说，我是"祖尼人"（Zuni），是"阿拉佩什人"（Arapesh），或者是"卡列拉人"（Kariera），这些人是我所属的群体，在这个群体（the people）中有我的母亲和她的兄弟们，而且这里就是我们的土地，也是我们的世界。换言之，他把自己放置在一个作为政治单元的群体之中，这个单元内部的成员们在文化特征上完全相同，同时占据着一片边界明确的地理疆域（在他们的眼里，这位于整个宇宙的中心），而且他与这个群体中的其他成员之间具有特定的亲属关系。

现在还有一些处于前文字时代且与其他群体相互隔绝的群体，他们尚未能经历被我们称作"文明化"的社会发展进程，这类群体的数量

已在不可挽回地持续减少。除了这些群体之外,从某些观点来看,人类
社会的历史就是关于一系列事件的连续记录,正是这些事件以其持续 20
增长的力度和复杂性挑战着上述人类对于自身认同的简单模式。

定居农业和家养畜牧业的发展使得人们有可能积累多余的食物,以前为了满足食物的供应,所有社会成员都必须投入狩猎、采集和捕鱼活动,而现在,这些多余的食物可以使部分社会成员从中解脱出来。为了满足人口的增长及希望吃得更好的需求,人们投身于一些特殊的工作,例如采集矿石来铸造更有效率的金属工具,为了与神灵沟通而修身研习,对人口规模更大、组织结构更复杂的群体进行治理。对于这些新职业,人们采用不同的标准来进行评估和给予报酬。这些职业也创造出各种形式的新的生活方式,而且,这些职业分工可能被他们的子孙们所继承,由此便出现了社会阶级分野。最后,这些剩余的农产品使得有些人能够在位于农业社区之外、有城墙围护的城镇里居住,他们在欣欣向荣的城镇市场上出卖自己的劳动服务和手工艺产品,用以换取来自乡下的农民们挥着木棒吆喝驱赶着毛驴、骆驼运来的各类农产品。而农夫们则带着怀疑的目光来打量这些不在白天劳作流汗以生产自己所需食品的“不工作的人”,并小心地避开这些人在城镇组成的用以寻欢作乐的邪恶娱乐场所。每当农夫们进城时,他们都会看见那些统治者下辖的士兵们身着制服,傲气凌人,佩戴的刀剑铿然作响。

这些农夫偶尔也会在城里度过一些不需劳作的夜晚,在尚未卖掉的小麦和味道难闻的役畜旁边,他们睡在用稻草铺的床上,他们可以听到窗外那些溜须拍马者的冗长细语,醉汉们亢奋并充满了酒气的呼喊以及美女们挑逗性的迷人笑声。这些女人穿着上好的亚麻衣衫,身上涂满芬芳的脂粉,农夫们从未在自己的村庄和家里见过这样的女人。

此时此刻,当一个人被别人问起他是谁时,他将如何回答呢? 不 21
错,我是个“亚述人”(Assyrian),但同时我也是一个法学家,在宫殿里
我坐在国王右手边,和我坐在同一张桌子上的是一些教士和贵族,我的

女儿应该嫁给他们其中一个人的儿子。我住在城里，对于大麦如何播种和收割一无所知，那些在田里劳动和为我清扫马厩的虽然都是属于“我的人”（my people），但我和他们自然是不相同的。我们当中的每个人都清楚地知道自己的特定位置，这是一件好事，难道这不正是伟大的阿舒尔神[①]所规定的吗？所以，这个人把自己的身份定位于某个群体的成员，同时，他在这个群体中属于一个特定的社会阶级，而且属于社会生态系统中的一个特别的组成部分即城市居民。

以上情形的复杂程度还不算太高，在这个世界上还会很自然地出现战争、征服和迁移。现在有一群人被另外一群人征服了，于是他们被迫迁移到征服者的领土上居住，其中一些人成为奴隶，另一些人仍保持自由。我是一个犹太人，但是我住在巴比伦，希望上帝能够让我尽早返回父辈的土地，或者，让征服者们也占领那片土地并建立统治。我是一个希腊人，但是我所在城市的总督和向我收税的官员们都是罗马人。到了这个时代，人们身份关系的复杂性进一步升级了。在我们祖先的年代里，人们崇拜的是奥林匹斯山上的诸神，现在我们当中有些人已经转而崇拜罗马诸神，还有些人去追随密特拉神[②]（Mithras），我还在我们的城市听说了一种新出现的教派，他们遵循的是来自拿撒勒的耶稣（Jesus of Nazareth）的教诲，那是一个在提比略[③]时代被钉死在十字架上的一个犹太人。

在遥远的印度，据学者们推测，从来自西北方向的征服者的文明中发展出了印度教，这个宗教要求非常严格的种姓、亚种姓的等级制和血缘承袭制，这种制度体系非常细致地规定了每个人的社会地位、生活空间、职业身份和认同意识。我是一个婆罗门（Brahman），因此我是一个神圣经学的守护者和解释者，所有那些非婆罗门种姓的人对于我而言

① Asshur，古代亚述人崇奉的主神和战神。——译注

② 波斯神话里的光明之神，2—3 世纪在罗马帝国成为被普遍崇拜的对象。——译注

③ 提比略（Tiberius，公元前 42 年—公元 37 年），古罗马帝国皇帝。——译注

都是劣等的人，他们必须对我表示尊崇。

罗马帝国崩溃之后，基督教在欧洲取得的胜利使得它可以在西欧 22
民众中强制推行宗教的一致化。东欧则在拜占庭帝国和东正教的旗帜下走上自己的发展之路。然而，像神圣罗马帝国和法兰克王国这类政治单元的组织体系都十分松散，只存在一些绝对必须管理的松散事务，这使得那些非同质性的各族群群体仍然得以保持一定程度的文化自治，大多数的族群群体都占有属于自己的土地[①]。在封建秩序的这种“等级”制度下，贵族和教士们统治着广大农夫和民众。这一制度所强调的，是人们各自所属的带有半世袭性质的社会阶级身份，它认为阶级身份凌驾于各自族群背景和刚刚萌生的民族身份之上，并反对人们效忠于后者。在肖伯纳写的《圣女贞德》(*Saint Joan*)一剧中，一个贵族曾这样揶揄一个教士：“嗨！你是一个英国人，对吗？”这个教士立即如是回答：“当然不是，大人，我是一位绅士。”

我们称之为新教改革的重大宗教分裂以及民族国家(nation-state)的兴起，把我们引入了一个现代的纪元，民族疆界(national boundaries)和国家概念(concepts of statehood)开始把具有不同祖先血缘的各个群体和差异极大甚至相互冲突的宗教群体都包含在内。在由欧洲白人发现并征服的西半球，白人开始接触到新的种族群体——土著印第安人，新大陆对廉价和高强度劳动力的需求，引发了与非洲进行的奴隶贸易的繁荣，并导致成千上万黑人被强迫运送到“新世界”(the New World)。这个现代纪元的最后发展阶段是工业革命，它使得从欧洲来
到美洲的大批自发移民不仅成为可能，也变得势在必行。大城市的迅 23
速增长使得西部地区的生活方式越来越变得城市化，在自由私有企业的资本主义体制下，社会流动的渠道得到根本性的拓展，于是，一个人在自己的人生历程中就有可能改变本人的社会阶级地位。在这样的社

① 对于这最后一点，肯定存在一些例外。其人口包括了基督徒、摩尔人和犹太人的西班牙即是一个例子。在这一时期，欧洲的犹太人分散地居住在人口规模很小的飞地中。

会背景下，我们就面临一个属于当代的问题。那就是，在今天，当一个人被问到“你是谁”时，他将如何回答？

族群

在我们努力尝试对这一问题给予明确的回答之前，让我们先来对我们开启的这一讨论进行一个简略的历史回顾，并把相关概念提炼一下。首先我们注意到，早期的人把自己的身份定义为一个群体——他的“群体”（his “people”）——的成员，这种“群体性”（peoplehood）的边界，粗略地讲，与一个既定的地域空间、一个政治性的政府（无论其形态如何原始）、一种共同文化（其中的基本要素是由这个群体全体成员大致共享的同一套宗教信仰和价值）以及一个共同的种族背景（保证成员之间在体质上不存在显著差异）的边界大致相当。如果我们借用罗伯特·雷德菲尔德的术语“乡民社会”[①]，这个社会的经典类型包括了若干基本要素，这类社会所产生的性格塑造被大卫·里斯曼描述为属于“传统导向”的（tradition-directed）人[②]。出于我在本书中的不同思路，我
24 想把注意力集中在“群体性”（peoplehood）方面，在我们描述的场景中，这一概念是单一和不复杂的。这个“群体性”意识如果用一个很方便的词汇来表述，那就是“族群性”［ethnicity，源自希腊词“ethnos”，表示“群体”（people）或“民族”（nation）］。所以，我们将把一个内部分享“群体性”（peoplehood）的群体称为“族群”（ethnic group）。

① Robert Redfield, “The Folk Society”, *American Journal of Sociology*, Vol. 52, No. 4 (January 1947), 293—308; *Tepoztlan, A Mexican Village*, Chicago: University of Chicago Press, 1930； 以及 *The Primitive World and Its Transformations*, Ithaca, N.Y.: Cornell University Press, 1953。当然，在雷德菲尔德和其他学者有关“乡民社会”的讨论中，还提到其他要素，其中重要的是没有文字以及和其他群体的相对隔绝。

② David Riesman 和 Nathan Glazer, Reuel Denney 合作写的 *The Lonely Crowd: A Study of the Changing American Character*, New Haven: Yale University Press, 1950。

此后人类文明不断得到发展,人口增长、社会阶级的形成、战争、迁移、城市的创建、各种宗教的发展以及规模越来越大的政治单元的组建,这些都以某种加速度使“群体性”意识也就是“族群性”(ethnicity)遭到破坏并使之碎片化,使那些曾经构成统一整体的各个要素相互分离,也使各要素之间彼此隔离封闭。伴随这些变化,出现了与之相对应的意识形态的萌生和强化。在现代工业化的城市国家,一个起源于18和19世纪的自由主义意识形态模型,开始与民族主义(nationalism)混合在一起,这使人们把一些庞大的民族也视为“群体”,而那些原有类型的族群性残余则被视作会带来麻烦的历史遗迹,在民主国家里这些遗迹仍会得到容忍,但也决不会得到鼓励。在理想主义—自由主义的“单一世界”(one-world)、“民族联邦”(federation of nations)或者“世界政府”这些更极端的意识形态体系所提出的最终目标中,甚至民族也被看作是过时的社会—政治实体,这一目标所预想的“群体性”意识包含了世界全部人口——这是一种“人类兄弟情谊”(brotherhood of man),不存在民族边界和其他任何边界。在这个概念下,在部分人群中仍然存留的代表特定祖先身份认同的族群性意识,将会彻底消失。

在我们讨论的这个阶段,我的目的并不是想对我们是否需要“族群性”这一概念或者对其表现的各种形式给予价值判断,我想要做的,只是努力确认这些存在形式的现实性。我的核心观点是:族群性意识已被证明是十分顽强的。虽然它自身灵巧多变,但是在人类本性中,有些 25
基本要素仍然在坚持追求这一“族群性”意识——某种东西会强使人们把自己的个体身份融进某种有共同祖先记忆的团体身份中,这个团体远比人类整体规模要小,通常比民族(nation)的规模也要小——这就使族群归属意识得以存活。它会以各种不同的形式保存下来,也会得到不同的称谓,它远没有消亡。而且,20世纪一个城市居民与自己石器时代的祖先之间的相近程度,要远远超过他自己对此的理解。

此时我们必须离开主题指出,族群性的碎片化导致群体性意识出现了彼此竞争的多种模式，所以人们被迫或者从这些模式中进行选择，或者以某种方法把它们整合起来。我们也许可以把这些模式排列成一组同心圆，这些同心圆从人的人格和自我认同的核心向外围一步一步地扩展。我们对于历史上人类社会的心理学认识很有限，但我们可以做些猜测。例如在中世纪后期封建制度下的农夫，他会把自己看作是基督教世界的成员。在群体自我认同的外层，他可能也有着把自己同时视为勃艮第人或撒克逊人，甚至把自己看作一个法兰西人或英格兰人这样一种很淡（也许非常淡漠）而次要的认同意识。但是更接近他自我认同的人格核心的，是他作为农奴（serf）或佃农（villein）的身份，他居住在一个特定的村庄，或者是服侍一个特定庄园领主的农夫群体的一员。众所周知，在所有年代里，农夫们的生活都是对外隔绝和自给自足的，他们对外面更大的世界知之甚少。统治农夫们的帝国、国家和民族的进程与疆界可能发生混乱和改变，但是这些变化对于这些地位低下的耕田人来说又有多少意义呢？他们的生活还会像从前那样继续，公牛必须在黎明时套上犁田的挽具，然后去君主的田地里耕作，不管此时是盎格鲁—撒克逊人的爱德华还是诺曼人的威廉在挥舞王室的权杖。

26 在上面的例子中，我希望让社会阶级身份意识与族群身份意识在范畴上保持区别。尽管社会阶级仍然是被涵盖在白人种族内，涵盖在基督教徒内，而且更直接地融入村落和庄园群体中——在那里所有成员都讲同一种方言，但是，社会阶级身份实际上显得要比族群身份更为重要。

在 20 世纪的民族国家，特别是在美国，相互竞争的几种族群性模式（models of ethnicity）有民族国家自身、种族、宗教以及祖籍民族或民族背景。当谈及祖籍民族或民族背景时，我在这里所指的，是最早来到这个国家的我们祖先所来自的民族（nation）。美国人在回答“我是谁”这个问题时，从族群的观点来讲，将做如下回答：我是一个美国人，我是一个白人或黑人或属于蒙古人种的人，我是一个新教徒、天主教徒或犹太教徒，我有着德意志、意大利、爱尔兰或其他的民族背景。当我们根据这样一个次序把不同层次的族群认同观念围绕着“自我”（self）放在外围时，这个模型可以用图 1 中的图形加以表示。

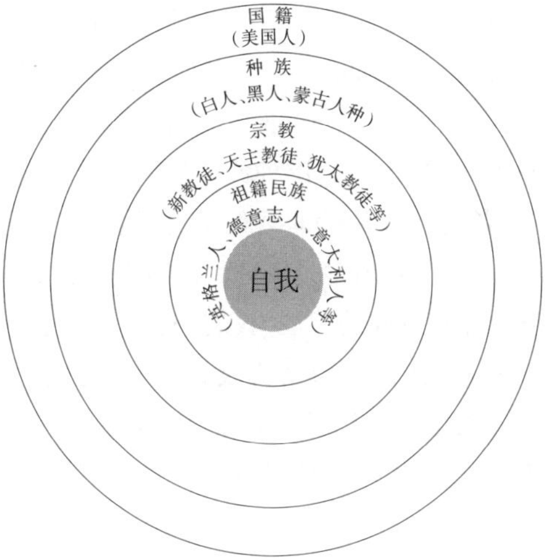

图 1　一个美国人的族群身份

在具体情况中，以上这几个分离的范畴有可能直接与“自我”连接，彼此并不相互分割或出现系列分隔，而是相互结合在一起。在这个国家内部，我们的日常用语中有关族群身份的词汇大致就是这些。这一位美国人是个祖籍民族为盎格鲁—撒克逊的白人新教徒，那一位是个祖籍爱尔兰的天主教徒（众所周知属于白种人），这个人是个黑人新教徒（众所周知祖先来自非洲），那个人是来自俄罗斯的犹太人（众所周知是白种人）。在美利坚民族（American nation）的边界内，当我们从族群的视角来思考“我们是谁”这个问题时，这就是我们相互间进行身份认定以及对我们这个群体进行认定的方法。当我们诞生在这个世界上的某个家庭而不是另外一个家庭时，我们心理上的自我意识必然将要与这些历史身份联系到一起，这是有关群体身份的一些标签。每当提到一些幸运的美国黑人时，报纸编辑们时常会傲慢而狂热地写道："约翰·多伊（意指某某人）对他的群体（people）而言，是一个荣誉。"编辑们在这里说的"群体"指的是什么呢？我们都知道，指的不是他的国家（country），而是他的种族（race）。

27 当我使用"族群"（ethnic group）这一概念时，我所指的是在美国疆界内的某类群体，可能指的是以种族、宗教信仰、祖籍民族来定义的任何一个群体，或者是这些范畴的某种组合。我并不认为这三个范畴是完全相同的东西，而它们确实是不同的。专业点讲，种族指的是由于遗传基因的不同组合而造成的特性，我的理解是，这是指体质方面如肤色或头发类型的差异，在种族与文化模式、制度之间不存在内在的联系。宗教和祖籍民族这二者都是文化现象，也各有十分不同的制度背景，宗教和祖籍民族的变化并不必然伴随着文化与制度的变化。然而，所有这些范畴都具有共同的社会心理对象，因为这些范畴都是在同一
28 历史条件下由美国人创造出来的"群体性"认同意识。人们对这些"群体性"的共同理解，使得美国公众在这三个范畴的使用中通常呈现出一种可以互换的方式。我们所持的观点，不是主张通过确定一个名称来使这一多元状况合法化，而是指出，对于"种族"、"宗教信仰"、"祖籍民族"这些范畴而言，社会上存在着一个社会心理学的核心即群体性的意识，而"族群"对于表达这个共同元素是一个很有用的词汇。[1]

[1] 有些社会学家使用"族群"这个概念来表示祖籍民族群体，如意大利裔或波兰裔族群。因为我们有一个特定的词汇"祖籍民族"或"民族背景"来表示这类群体，我倾向于在更宽泛的意义上来使用"族群"这个概念。我们需要一个更宽泛的词汇来表达包括了种族、宗教和祖籍民族的群体性共同意识的社会心理的对象。简单地说，这只是为了语义学的便利。我的使用方法也符合前文所引用的弗朗西斯（E. K. Francis）著作的用法。

对于“群体性意识”自身,我们也需要做进一步的考察。它是由什么构成的?它的组成元素是什么?对于一个石器时代的社会成员(史前时代的人)来说,这将是一个很难理解的问题。因为对他而言,与“群体性”有关的所有元素都结合在了一起,成为一个不可分的整体。与他的家庭联系在一起的成员们共同生活在一块土地上,他们崇拜同样的事物,他们对于什么是正确的和什么是错误的,有着大致相同的价值观,他们以同样的方式狩猎、捕鱼或耕种,彼此的外观也十分相似,而且他们实行自我管理。如果他们当中在人格类型,或者在体质强弱或技能方面出现差异,这些差异都是以个体为单元的。人们在划定所属群体的边界时,绝不会超出自己的亲属关系范围。在这样一个时代,“族群性”仅仅简单地是人们生存和行动的人类环境。

然而,当人类进入有历史文献记载的时代后,出现了城镇人口、职业分工、战争与征服、人口迁移和宗教演变,这些事态的发展推动人们在顽强地坚持原有“族群性”意识的同时,实际上也被迫开始顺应难以预测的历史变迁(人们自身也是其中的一部分),来塑造自身模糊的形
态。在某个时期,他可能觉得自己的群体性是基于现实或过去的民族 29
集群,在另一个时期,他可能觉得是基于共同宗教信仰的凝聚体,在其他某个时期又会基于共同的种族身份。然而,在位于所有这些客观条件基础之上的,是一种关于一个群体的、既包含祖先身份也包含未来身份认同的特定意识的社会心理元素。这些人是我的祖先们所属的“群体”,所以也是我所属的群体,而且他们还将是我的子子孙孙们所属的群体。我可能与其他群体的成员们一起参与政治运动,同属一个职业,一起分享公共市政服务,甚至偶尔也会成为很好的朋友,但是历史以某种特殊的方式注定了的是,我在这个世界和社会中只与某个群体而不是其他任何群体分享一种持久和亲密的群体认同意识。

当这些特定族群身份的态度发展起来以后,身份意识会通过持续增长和彼此共享的预期系统在相互交流中不断被强化。正如威尔·赫

伯格所指出的，在美国社会中，无论我们是否正式从属于某个天主教堂或犹太教堂，人们期待我们或者是一个新教徒，或者是一个天主教徒，或者是一个犹太教徒[①]。而作为一个黑人、一个白人或一个蒙古人种的东方人，人们的这种“身份”（status）不可能根据自我意愿而随意改变。偶尔有些个体会独自决定他不想要这类标签（宗教或种族身份），但他会发现，社会组织结构和绝大多数美国人所享有的内在的社会和心理范畴还是会把他放在某个位置，并违背他的意愿而强加给他一个“名字”。群体范畴一旦在人们的情感中建立起来，就具有了自己的社会惯性，也就不再简单的是个人意志和行动可以决定的。赫伯格对此是这样表述的：“一个人如何确认自己的身份和地位（‘我是谁？我是什么人？’），这在很大程度上取决于一个较大的社区（community）如何去确定他的身份和地位（‘他是谁？他是什么人？’）。在通常情况下，人们
30 在身份确认方面是彼此映射、彼此证明和相互启迪的，只有在异常的场景下，他们才会出现分歧和冲突。”[②] 对于这一社会现实及其背后意义的认识，成为社会心理学家库尔特·卢因的一条建议的基础，他认为，“命运的相互依赖性”，而非个人特征的相似性或差异性，才是群体构建的基础元素[③]。如果把对这一点的思考再延伸下去，我们可以说，存在于过去年代的人与人之间的相似性或差异性，在任何时候都必然对群体的构建扮演一定的角色，正是这种相似性或差异性，通过历史上社会群体构成的沉淀以及在这样的沉淀中产生的有关群体身份的社会心理预期在说服或迫使我们接受某种群体身份认同，无论这一认同与我们每个个体的利益、愿望和特质是否一致。

① Herberg, *Protestant-Catholic-Jew*, Chapter 3.

② Herberg，同上，第 25 页。

③ Kurt Lewin, *Resolving Social Conflicts*, New York: Harper and Brothers, 1948, pp. 163—166; 183—185.

社会结构与文化

除了扎根于源自历史的"群体性"的社会心理学意识,族群还有另外一个主要特征,可以把它和其他所有"小群体"和大多数其他"大群体"区别开来,这就是族群与那些可归类于"社会结构"的各种现象之间的关系的本质。我在前一章中曾用过"社会结构"这个词,也解释过它的含义,在这里我想对它下一个更明确的定义,因为对这个概念的阐述对于本书所有的讨论都极为重要。当我提到一个社会的"社会结构"时,我指的是一套非常具体的社会关系,在这一个社会关系的框架中,社会成员们被放置在或大或小,或永久或临时,或有正规组织形式或杂散无组织的各类群体之中,正是这些群体把这些成员与这个社会最主要的制度行动联系起来,例如经济和职业生活、宗教活动、婚姻和家庭、 31
政府机构以及娱乐活动。要研究一个社会的社会结构,就必须研究社会的家庭构成、年龄和性别分布以及根据这些特征形成的社会群体,研究这个社会中以种族、宗教和祖籍民族为基础的社会分野,研究它的社会阶级、城市和乡村群体,研究在学校和大学中的社会关系,研究就业市场、教堂中的社会关系,研究投票行为、政治活动参与以及闲暇时娱乐行为中的社会关系。社会结构是一个包含面很宽但十分稳定的、集中关注社会关系的范畴,这些社会关系是具体化的,并不那么简单的只是偶然或变化无常的现象,而是具有重复性模式特征,是在一定程度可以被预测而且也为人们所共同期待的一种社会关系结构。

在根据具体化的社会关系结构来对群体进行分类的各种方法中,有一种方法对于我们的研究特别有用,这就是用"初级群体"(primary group)这个概念来进行分类的方法。这个概念是非常有创见的美国社会学家查尔斯·霍顿·库利提出的[1],由它延伸出来的、相对应的概念包

① Charles Horton Cooley, *Social Organization*, New York: Charles Scribner's Son, 1900, Chapter 3. 也参见 Leonard Broom and Philip Selznick, *Sociology: A Text with Adapted*

括“次级群体”（secondary group）。“初级群体”是这样一类组织，其成员的相互接触是个体之间的，是非正式或“民间”的，是比较亲密而且通常是面对面的，这种关系牵涉个人人格的所有方面，而不仅是人格的某些部分。家庭、儿童游戏群体、社会小集群，这些都是初级群体的例子。这些群体的活动正处在人的“社会化”（儿童在成长中被教育接受他所在群体的文化价值观念）过程之中，无论从时间上来看，还是从对于人们人格塑造的重要性来看，这些群体都属于初级群体。

32 相比之下，在“次级群体”中人们的相互关系通常是非个人的、正式的或偶然的、不亲密的，而且是局部性的，在某些场合中的接触是面对面的，在另一些场合则不是。在美国社会，我们都属于许多“利益”组织，我们从未见过这些组织的大多数成员，但是这些组织要我们缴纳年费的账单总是来得很及时。我们会邀请一些亲密的朋友来自己家里共进晚餐，作为回报，他们也会经常邀请我们，这就形成了一个初级群体。为了保护我们所属社区的公园而组成的市民委员会每年开两次会，这个委员会就是一个次级群体。很显然，也有一些群体是很难加以分类的，因为它们既有初级群体也有次级群体的特征，在这两类群体的坐标线上，它们处在二者中间。用另一个方式来表达，当我们说自己与一些人之间是“*初级关系*”时，这表示我们之间的关系是私人之间的、亲密的、充满感情的，在交往中体现出我的完整人格。与之相比，“*次级关系*”则是非私人和正式的，相互的接触只是局部性的，通常很少涉及个人人格的核心。

在人们具体化了的社会关系中，如果把人类的生活比喻为一枚硬币的话，那么一面是“*社会结构*”，另一面就是“*文化*”。社会科学家使用“文化”这个词汇时，指的是人类的社会遗产——不是通过生物基因遗传，而是通过正式和非正式的教导和示范的方式一代一代继承下来的

Readings, Evanston, Ill.: Row, Peterson and Co., 1955, Chapter 5。

行动方式和做事方式。早期的人类学家泰勒曾提出“文化”的经典定义，他把“文化”描述为“一个复杂的整体，包括知识、信仰、艺术、法律、组织和其他人作为一个社会的成员所需要学习的能力和惯习”[1]。换言之，文化就是社会的生活方式。如果进一步分析的话，文化包含了规定的行为方式或者举止、信仰、价值和技能的规范，以及在这些领域中的 33
行为模式和一致性，这些被称为“非物质文化”（non-material culture），文化概念的延伸包括了由掌握这些技能和价值理念创造出来的人造物品，这些也被称作“物质文化”（material culture）。

很显然，文化与社会结构二者之间密切相关。由于在大多数情况下社会规范和价值理念决定了社会成员们所创造的群体构成和社会关系的性质，文化与社会结构二者也处于一种持续互动和演变的状态。为了说明第一点，我们只需思考一下，那些可以代表美国人生活特点、由已婚和未婚的成年男女所构成的组织，是如何为了共同兴趣和利益而聚集到一起的。关于这方面的例子，我们可以举出一个城市合唱团，一个诗人俱乐部或者美国市民自由工会的一个分会支部。以这种风格形成的组织在一个传统的穆斯林社会是不可想象的。为了说明第二点，我们可以考察一下另外一个组织，即列宁领导下的布尔什维克党，它强有力的冲击造成了重大的文化变迁，使得第一次世界大战期间的沙皇俄国和20世纪60年代的苏联相比较，在人的行为方式方面出现了巨大的鸿沟。

在作为一般意义上的使用时，“文化”这个词汇指的是世界上任何时刻的人类社会遗产的总和。但是，这个词汇更多地被用来特定地表示社会遗产，或者是一个特定时间的、人类社会的一个特定的生活方式。因此，当我们说到20世纪的美国文化时，它与18世纪的法国文化是存在差别的，与当代中国文化也存在差别。因此，这个词汇很显然可

---

① E. B. Tylor, *Primitive Culture*, London: John Murry, 1891 (third edition), Vol. I, p. 1. 该书第一版在1871年出版。

以被用于不同维度的人类群体组合，只要这些组合所涉及的是共享的行为规范和模式，而且这种共享使得这种组合可以区别于其他群体。在一定意义上，美国、法国和意大利都属于西方文化的一部分，因为美
34 国人、法国人和意大利人共享某些行为价值，这是他们共同的欧洲式生活这一社会遗产所导致的结果，他们并没有与具有东方或非洲背景的人们共享一套价值观。与此类似，在一个民族社会内部的各群体可能在它们的文化价值上出现差别，这是因为在一个地域广阔、现代的、成员复杂的多群体民族（multigroup nation）中，是很难达到原始社会中的那种文化一致性的。因此，当我们说到一个群体的文化时，其所涉及的范围要小于一个民族社会。

亚社会和亚文化

在我们讨论了“社会结构”和“文化”这些概念后，现在我们可以开始建立我们自己的论点。我曾经提到，族群与一个复杂的现代社会的社会结构之间存在着某种特殊的关系，这使它不同于其他所有小群体以及大多数大群体。我们的论点是：*在族群内部会发展出一个组织和非正式社会关系的网络，它允许并鼓励族群成员把他们生命历程所有时期的全部初级关系和部分次级关系都保持在族群的范围之内。*从教派医院的摇篮到儿童的游戏群体，到高中的社会小集群、大学里的联谊会和宗教中心、寻求配偶的约会群体、结婚对象、居住的社区、礼拜的教堂和教会俱乐部、男性和女性的社会与服务俱乐部、已婚的成年人小集群、度假胜地，然后是生命周期接近尾声时的老年休养地，最后是所属教派的墓地。在所有这些与人格和自我的核心密切相关的活动和人际关系中，族群成员（如果他愿意，事实上在大多数情况下他将会愿意）将遵循这样一条路径走完自己的一生，并且从不跨越他所属族群亚社会网络的边界。

除此之外,在一个较大的社会中,有些基本的组织性活动也是整 35
个地或部分地局限于族群范围之内。家庭生活和宗教就其性质而言就是局限在族群范围内的。当“教区”学校体系得以实施时,学校教育在一定程度上也局限在族群范围内。甚至在公立学校、非教派私立学校和大学里,为了教育和社会目的而设立的社会小集群体系和自愿的宗教组织也会在教室正式授课之外的时空里有效地把学生们隔离开。因为美国的市场关系并非是基于私人交往的,因此除了政治运动或政府活动之外,经济活动和职业交往比其他任何组织行为都更少受到族群“围栏”的局限。但是即使在这样的情形里,族群“围栏”在一定程度上也并不罕见。在一个雇员全部是白人基督徒的企业工作的白人基督徒,或者在一个全部为犹太员工的企业就业的犹太人,他们的工作职位恰恰位于经济组织和族群的交叉点上。当我们考虑到“完全族群性”(all-ethnic)的经济活动时,那些跨越族群边界的非私人性质的次级关系可能发生在批发或零售业务活动中。但是,如果相关的顾客也主要属于同一个族群的话——例如犹太人的肉店或者是专门出售天主教宗教物品的零售店——那么族群隔离在工作场所里也会成为现实。

对于一个较大规模的社会而言,按照定义,政府机构中的人际关系并不是族群导向的。除了前面提到的那些例外,美国的政治—司法体系不承认公民当中基于种族、宗教或者祖籍民族的差别,同时公民的义务、责任和与国家法律之间的关系也不是根据族群背景来制定的[①]。
政治党派中的那些超越本地街区(很多时候也在街区中)的活动,也必 36
然会跨越族群的边界。毫无疑问,具有族群背景的“集团投票”[②](bloc voting)在美国的政治事务中扮演了重要角色,尽管发动那些无知移民

① 有一个例外在这里值得关注:在那些拒绝服兵役的案例中,美国联邦政府承认个人的宗教信仰及背景是一个具有相关性的理由。但是即使在这种情况下,这种义务的免除也不是绝对的,这些公民将被要求加入非军事性质的“其他服务”(alternative service)。

② 指由代表按所代表人数投的一批票。——译注

大众去投票的日子已成为过去，但是族群背景在很大程度上依然影响着人们的投票行为[①]。我们完全有理由猜想，在经过一段很长的时间之
37 后，每个族群内部的社会—经济分化将会逐步淡化族群因素对政治活动参与的影响。自从种族隔离在军队中被废除以来，兵役将具有各种族群背景的人们不加歧视地混杂在了一起。

我将稍后再回到这个主题的细节上来，并讨论在我展示的美国社会"模式"之外的各种个体和模式化的那些例外，我在此处的目的，是想勾画出一个更宏观的图画。根据我所使用的这些词汇，我们可以把美国社会结构看作是一个"民族社会"（national society），在它的政治疆界内，包含着一系列以族群认同为基础的"亚社会"（subsociety）。构成族群亚社会的组织网络、非正式社会关系和组织活动，都倾向于预先占有其成员的几乎全部初级群体关系，同时，其成员们跨越族群边界的次级关系则出现在一个"更大的社会"里，主要出现在他们的经济和职业性活动、市民义务和政治活动、公立和私立非教区学校的教育，以及大众娱乐的领域。所有这些初级和次级关系的活动都保持在共同的政治忠诚的范围之内，保持在政治法律的约束和责任之内，保持在美利坚民族性（American nationality）的预期范围之内。图 2 展示了这一结构。表 2 则以简要的方式提供了族群性与组织功能之间的关系。

① Paul F. Lazarsfeld, Bernard Berelson, and Hazel Gaudet, *The People's Choice*, New York: Columbia University Press, 1948 (second edition); Bernard R. Berelson, Paul F. Lazarsfeld, and William N. McPhee, *Voting*, Chicago: University of Chicago Press, 1954; Angus Campbell, Gerald Gurin, and Warren E. Miller, *The Voter Decides*, Evanston, Ill.: Row, Peterson and Company, 1954；以及 Samuel Lubell, *The Future of American Politics*, New York: Doubleday and Co. (second edition, Doubleday Anchor Books), 1956。

政治边界—民族社会

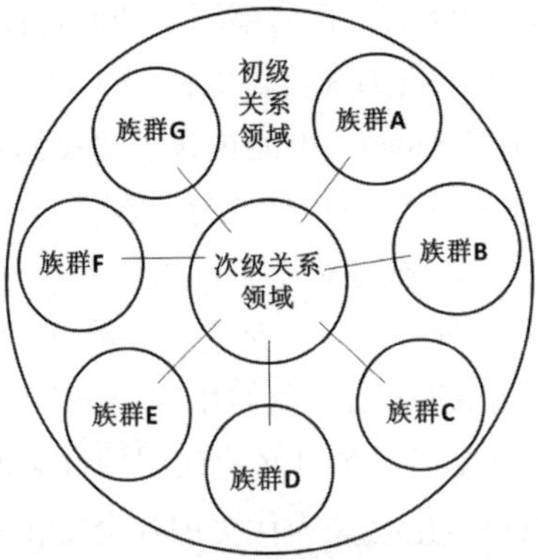

图 2　美国社会

注:图中族群的数目是随意定的。

表 2　族群性和组织行动

组织	族群性
政治的	大多数是混杂的
经济的	大多数是混杂的,但是存在重要的例外情况
教育的	部分混杂——教区学校,在社会活动中存在某些隔离证明公立和私立非教区学校体系的正式结构存在着混合型影响
宗教的	族群封闭
家庭的	族群封闭
娱乐的	在人们参与活动时出现族群封闭,除了在大众娱乐型功能出现的非个人关系

到目前为止,我们希望大家能够关注族群或亚社会的两个基本功 38
能特征。首先,作为群体构建自我认同的一个源泉,它可以在心理上产

生群体性的内部意识。其次，它为群体和组织提供了一个模式化的网络，这使得一个个体在自己人生道路的任何阶段都能够把他的初级群体关系限定在自己的族群里。它的第三个功能特征，就是它通过自身文化遗产的三棱镜折射出行为和价值的民族文化模式。这一独特的亚民族遗产（sub-national heritage）可能包含了移民们从迁出国带来的文化规范，它可能由不同的宗教价值所支撑，或者包含了作为一个群体在美国境内经历了许多代的强迫隔离而累积起来的感受，或者包括了文化多样性各个源泉的某种综合。正是这样一种现实清晰地构成了"文化多元主义"这一概念的基础。我们用这个词汇来描述美国社会的基本模型，这是一个由保存了各自文化认同的许多群体混合组成的社会。① 我希望在后面再讨论有关当代美国社会文化多样性的真实程度的问题，我在这里只想指出，使一个较大的民族社会的文化多样性成为可能，这是族群亚社会的第三个主要的功能性特质。因此，当我们谈及作为生活文化方式或民族社会文化模式的民族文化时，人们会联想到那些族群亚社会（ethnic subsociety）也有自己的文化模式，正是这些文化模式组成了由各族群特定的文化遗产混合或折射而成的民族文化模式，对于这种混合或融合，我们可以将其最初的形式称之为"族群亚社会的亚文化"。

"亚文化"已经被许多社会学家用来表示在一个民族社会内部任
39 何类型的亚群体所具有的文化模式，人们有时会谈及一个帮会、一个工厂、一个医院等团体的"亚文化"。在科恩关于少年犯罪的卓越研究中，他分析一个少年犯罪团伙的文化模式时，使用的就是这个词。② 但是，

① 我们将在第 6 章中追述这个概念的历史发展过程。

② Albert K. Cohen, *Delinquent Boys*, Glencoe, Ill., The Free Press. 关于这个词汇的使用，也可参见 Alfred McClung Lee 的几篇文章："Levels of Culture as Levels of Social Generalization", *American Sociological Review*, Vol. 10, No. 4 (August, 1945), pp. 485—495; "Social Determinations of Public Opinions", *International Journal of Opinion and Attitude Research*, Vol. 1, No. 1 (March 1947), pp. 12—29; "Sociological Discussion of

我们倾向于把“亚文化”这个概念仅仅应用于各亚社会的文化模式，这些亚社会中包含了男性和女性，包含了所有年龄组的成员，也包含了家庭群体，这使得这些亚社会与更大的社会处在某种平行的位置，而且正是亚社会为那些个体在其整个生命周期内提供了群体网络和组织的延展空间。对那些与整体亚社会相比属于局限在一个群体内的文化模式，我们建议称之为“群体文化”[①](groupculture)。这些名词的区分，可以帮助我们把处于不同范畴和不同重要性的那些社会现象加以隔离和区分开来，表 3 对此给予了一个简要的归纳。

表 3　社会单元和它们的文化

社会单元	文化术语
民族社会(或社会): (具有政治边界的民族国家)	民族文化 (或文化)
亚社会: (是比民族社会规模要小的社会单位，在个体的整个生命周期内为其提供了群体网络和组织的延展空间)	亚文化
群组: (重要的社会群体，例如:帮会团伙、游戏群体、工厂、医院、办公室)	群体文化

当我在这里讲到“亚社会”这个概念的时候，它大致相当于族群。然而，当我们不考虑亚社会的功能特征(如作为群体认同聚焦、群体和

Consistency and Inconsistency in Intergroup Relations", *Journal of Social Issues*, Vol. 5, No. 3, pp. 12—18。

① 参见 Alfred McClung Lee 对这一词汇的使用："Attitudinal Multivalence in Relation to Culture and Personality", *American Journal of Sociology*, Vol. 60, No. 3 (November 1954), pp.294—299。Lee 使用这一概念来指称任何群体的特定文化，而不考虑其范围。

组织网络的特点，这种网络使得人们的初级群体关系得以终生局限在其边界之内，又如它作为特定文化模式载体的角色）的时候，很显然，我们的视野也必须涵盖除了族群之外的其他社会范畴。城市的兴起创造
40 出了城市居民与农民之间的差别，这一差别也反映在群体认同、社会关系和文化行为等领域。大民族的最终创立意味着生活在地理距离较远的不同区域里的人们之间会在行为和自我认同意识方面发展出区域差异，也会发展出区域性的社会体系。但是在这个方面最重要的现象是社会阶级的兴起，在我们的历史综述中对此曾有所提及。

社会阶级这一现象，指的是人们在一个社会中依据他们在经济实力、政治权力或社会身份的差异而在社会的等级结构中形成的格局[①]。我在其他地方曾经把"社会地位"定义为表述人们在交往中各自属于"优等"或"低等"的一个观念上的心理体系[②]。阶级等级的三个范畴或"变
41 量"通常在一定程度上同步变化，即那些具有较强经济实力的人也会具有更多的政治权力和较高的社会地位。换言之，这三个变量中的每一个都很容易转换为另一个，在社会中存在一个稳定的互动程序，使得具有较强经济力量的人可以保障较高的社会地位，同时较高的社会地位也使人们更容易获得附加的经济力量。然而，这些变量并不一定完全同步变化，特别是当我们面对一个数量很大的人群时，总会出现一些效用彼此重叠或者无法完全同步的情况。举例来说，神父享有的社会地位通常要高过于他的经济实力。因此，为了在美国社会标示出我们称之为"社会

① 在近期社会学文献中有关社会阶级的研究和理论的基础性分析，参见 Bernard Barber, *Social Stratification*, New York: Harcourt Brace and Co., 1957; Milton M. Gordon, *Social Class in American Sociology*, Durham, N.C.: Duke University Press, 1958; Joseph A. Kahl, *The American Class Structure*, New York: Rinehart and Co., 1957; Leonard Reissman, *Class in American Society*, Glencoe, Ill.: Free Press, 1960; Kurt B. Mayer, *Class and Society*, New York: Doubleday and Co., 1955。关于对社会身份的一般性研究，参见 Vance Packard, *The Status Seekers*, New York: David McKay Co., 1959。

② Gordon, *Social Class in American Sociology*, p. 245.

阶级”的群体,我们有必要决定划出哪一个变量或维度的界限。我们有理由相信,社会身份这个维度与群体认同意识、亲密社交关系圈子、特定的文化模式最紧密地联系在一起,而所有这些正是亚社会的判断标准。所以,我们将使用社会地位作为我们划分社会阶级的基础。当我们说到社会阶级时,我们指的是美国社会中社会地位群体的等级体系,但人们也会理解,在社会地位方面的差别,通常也暗含着在财富和收入方面(即经济力量)的差别,以及在社区和国家内享有的政治权力的差别。

在美国社会里究竟有多少个等级地位群体,一直是社会学家们争论的问题。有些人甚至把美国的地位等级体系描述成一个巨大的等级连续统(hierarchical continuum),而不做任何分组,认为在这个连续统上只是简单地存在着每个个人之间的差异。我个人认为,现已被普遍接受的地位群体的观点,与认为个人地位处于一个不间断连续统上的
观点相比,更符合美国地位体系的现实状况。[1]这些群体并没有硬性的、 42
固定的边界,而是彼此在边界上相互渗透。帕卡德曾这样说:“当存在一个连续统时,真实的情况是人们仍倾向于聚集成群,这就使得这个连续统变成一连串的凸出部分(bulges)和挛缩(contractions)。我们可以把那些主要的凸出部分称之为主要的阶级集群。”[2]这些群体之所以存在,其基础是人们直接或间接地思考自身和其他人社会地位时头脑中那些社会学和心理学的构建或分类,是人们的社会关系和他们与这些主观判定的社会地位群体互动时发展出来的文化行为类型。在各主要社会阶级内部,有可能出现这样的社会地位亚群组,在每个阶级内都会呈现规模较低层面的内部分化。因此,一些人有可能采用正确的步骤,来使自己在阶级体系中的地位得到提升,这就是我们所说的向上的社会流动。在一定的条件下,方向朝下的社会流动也同样会发生。

当社会的变化主要是源于具体社区的类型时,在我们目前的知识

① 关于我的理由,参见 Gordon, *Social Class in American Sociology*, 第 6 章和第 8 章。

② Packard, *The Status Seeker*, p. 30.

认识阶段及一定条件的限定下，对美国社会的整体性社会地位结构最令人满意的描述，是一个包括了六个阶级的结构。我使用的是沃纳的术语，他是在美国社会地位结构领域中具有先驱性的研究者，他和他的合作者把这些阶级区分为“上上等阶级”（upper-upper）、“低上等阶级”（lower-upper）、“上中等阶级”（upper-middle）、“低中等阶级”（lower-middle）、“上低等阶级”（upper-lower）和“低低等阶级”（lower-lower）。[1]

我将在后文中详细讨论美国阶级体系，特别是它与族群之间的关系。在这里我们对这些阶级的特征只需要进行简略的归纳。那些“上上等阶级”是些“老氏族”贵族，他们主要居住在东部沿海的大城市，这
43 里悠久的移民史使得他们有可能炫耀他们祖先的声望。他们通常很有钱，但是更重要的是，他们可以举出本家族在社区中长期以来以财富和领袖地位为代表的家庭传统。这种财富和社会地位的历史背景向下传递了许多代，并且发展出来在穿戴、服装和举止方面的一套文化模式，这使这些家族的成员们具有了与生俱来就在权力、威望和“优良趣味”的世界里成长的标志。这些人士是银行家、重要企业的拥有者和经理，或者在那些拥有较高社会威望的位置（如医生、律师或建筑师等职务）就业。这些家族列入了城市社会的“社会花名册”（*Social Register*）或相应的登记簿中，而且当 19 世纪后期人们开始编纂这些社会精英的姓氏、住址和就读学校的名录时，这些家族就开始被列入进去了。在他们所在城市的“社会”中，他们的领袖地位是名副其实并且已经被十分牢固地树立起来。

但是，这些“上上等阶级”逐渐发现，他们与其他近期累积起相似财富和权力的家庭在分享着权力、威望和社会关系。这些人就是“新富

① 参见 W. Lloyd Warner and Paul S. Lunt, *The Social Life of a Modern Community* (Yankee City Series, Vol. 1), New Haven: Yale University Press, 1941。关于对沃纳对社会阶级的研究方法和研究成果的详尽的批评和评价，参见 Gordon, *Social Class in American Sociology*，第 4 章。

人”，即“低上等阶级”（lower-upper），他们积累的财富可以追溯到美国南北战争后的工业扩张时期，或者甚至是更近的、工业和军事迎来发展的 20 世纪，因此他们没有获得绅士的授勋，但是经过了足够的时间之后，他们的地位毫无疑问最终会被社会所接受。起初，这些“低上等阶级”是被上层阶级冷淡地接纳，但是他们随后即逐渐渗入到“上上等阶级”的组织、社会小集群和机构之中，这种逐步渗透的标志之一，就是他们当中有许多人开始被列入了当地的“社会花名册”。族际通婚和时光流逝在上层阶级中造就了许多“新”家族，并在美国工业的近期发展中打造出了一个全新的“低上等阶级”。在时间的流逝中，“上上等阶级”和“低上等阶级”之间的界限开始变得模糊不清。由于开发历史短暂，位于美国东部以外的其他地区实际上从来也不存在一个我们所归纳的“上上等阶级”，那里的社会结构特征应当是一个由五个阶级组成 44
的阶级体系，居于首位的是一个内部分化不足而且不便细分的“上等阶级”。[①]

美国社区中的“上中等阶级”可以被描述为“基础稳固和富足的公民”。这些人中的大多数过着舒适的生活或享有足够的收入，但尚未达到真正的富裕程度或较高的社会地位。如果年龄在四十五岁以下，那么他们大多接受过大学教育，大学教育越来越成为进入“上中等阶级”的“护照”。他们是社区内产业的经理人员和专业技术人员、一些中等规模企业的拥有者、大公司的中层经理人员、医生、律师、建筑师、工程

① W. Lloyd Warner 和他的合作者们，以及 August B. Hollingshead 在 20 世纪 40 年代对同一个中西部小社区单独开展的研究，把这个社区划分为五个阶级，“上等阶级”被不加区分地归类为“亚阶级”（subclass）。参见 W. Lloyd Warner and Associates, *Democracy in Jonesville*, New York: Harper and Brothers, 1949；August B. Hollingshead, *Elmtown's Youth*, New York: John Wiley and Sons, 1949。有关大都市上层阶级的卓越研究，参见 E. Digby Baltzell, *Philadelphia Gentlemen*, Glencoe, Ill.: The Free Press, 1958。关于美国社会上层阶级整体情况特别是强调权力而非地位维度的有启发性的讨论，参见 C. Wright Mills, *The Power Elite*, New York: Oxford University Press, 1956。

师、科学家、神父、大学教授（后面两种职业属于这一阶级中相对低收入成员），以及数量越来越增多的服务业经理人员和政府机构的官员。以上只是这个规模很大（而且仍在增长）群体所从事职业的部分名单，这些人受过大学教育，在美国规模不等的大小社区中占据了权力和抉择的中层位置，在大都市里，他们乘坐通勤火车往返于市区和位于斯卡斯代尔（Scarsdales）、蒙特克莱（Montclairs）、阿德莫尔（Ardmores）这些市郊城镇的居所。

沃纳把“上等阶级”和“上中等阶级”归在一组里，称为“高于普通人的等级”（Level Above the Common Man），帕卡德则把他们集体称为
45 “文凭精英”（the Diploma Elite）。在他们之下的，是“低中等阶级”和两个低等阶级。在“低中等阶级”和“上低等阶级”［这两个阶级被沃纳称为“普通人等级”（Level of the Common Man）］之间的边界也在逐步变得模糊，因为大型工厂里的蓝领工人已经被强有力的工会组织起来了，他们在收入水平和收入可购买的物质财产方面正在逐步超越低等级的白领工人。也许我们可以这样来解读这一现象，从历史上来看，“低中等阶级”是一个主要由低等级的白领人员所构成的阶级，包括办事员、推销员、秘书、小业主和类似职业，也包括一些从事高等技能工作的蓝领世界“贵族”。“上低等阶级”则主要是技能性或半技能性的体力劳动者的利益，再加上一些可以维持最低生活标准的无技能劳动者。第二次世界大战后，强有力的工会为蓝领工人们赢得了经济利益，其代价是损害了那些基本没有加入工会的白领劳动者的利益。这一现象向我们提出了一个问题，即如何分析随后发生在收入、权力、地位和生活方式领域的这些阶级之间的互动，社会学研究者对于这一问题尚没有给予充分的回答，这些专题无疑仍然处在研究过程之中。有关社会地位的归类，我们所能够说的是，蓝领工人在传统上被归类为“上低等阶级”或“劳工阶级”（working class），但是根据前面所提到的原因，社会阶级正在发生的动态变化可能最终将改变这一格局，至于会发生何种

程度的改变,我们目前只能做些预测。

“低低等阶级”是由无技能的体力劳动者和经常失业的那些人组成的,他们住在城市与乡镇的贫民区里,生活标准很低,社区中的其他居民通常用蔑视或怜悯的眼光打量他们,他们的生活方式也极少使他们对自己或孩子们的未来萌生希望。男人抛弃家庭,这在这个阶级中是司空见惯的事,而通常需要公众的救助才能使那些被遗弃的母亲和孩子们得以存活下去。

根据农场规模和经营范围大小和他们家庭的生活方式,农场主们 46
可以被归类为“低中等阶级”或者“上低等阶级”,有些人甚至可以被归入“上中等阶级”。

对于我们的讨论而言,社会阶级分析的意义就在于:虽然其边界不像族群那样被严格地限定死,但社会阶级同样成为群体身份意识的来源,成为建立初级关系的社会领域以及成为行为文化模式的载体。事实上,从某种观点来看,这是社会科学家们在过去三十年中对美国社会阶级现象加快开展调查探索的研究成果积累中最为重要的发现。换言之,社会阶级虽然不是正式划定的群体,但是各阶级在有特征的组织、制度性行为和社会小集群方面形成了自己的网络。这些都是被创建起来的,因为属于同一个阶级的人们具有相似的兴趣和口味,具有同样的教育背景,他们从事的职业使他们能以各种方式开展交流并获得相同的人生经历。所以,他们彼此共处时有一种“舒服”的感觉。比起纯粹的“社会势利心”或地位意识,这些理由更加令人信服,并在感情上让那些存在阶级地位差距的人在初级群体关系中保持距离,同时毫无疑问,这些理由也在相互影响并产生社会分隔。

在属于特定阶级的特定家庭里成长的孩子,从小就开始学习这个阶级的文化价值观,在家庭的熏陶中,在街区游戏的群体中和带有阶级色彩的教育模式中,他逐步接受了这些价值观念。属于同一阶级的成员们由此而分享同样的文化价值观和模式,正是这种价值观与文化模

式把他们与具有不同阶级背景的其他美国人区别开来。人们如果想实
47 现向上的社会流动，就有必要学习和接受他希望进入的那个上层阶级的价值观念和行为方式。

我们现在把美国这个民族社会中参与创造"亚社会"的四个因素或社会范畴区分出来了，它们分别是族群、社会阶级、城乡归属，以及他们居住在国内的具体地区。在我 1947 年最早发表这一理论时的初期提法中，我的基本观点是，这四个因素既非彼此独立，也不是成序列地发生作用，而是结合在一起或相互交织作用构成美国社会最基础的大规模社会单元，正是这些社会单元承载和传递着美国的各种"亚文化"。[1] 我们在理论上把这些因素加以区分，但是在它们的组合中却形成了"一个具有功能性的单元，它对涉及的个人发挥着综合性的影响"[2]。由此看来，一个人并不仅仅简单地是一个白人新教徒，他同时是一个属于"低中等阶级"的白人新教徒，住在南部的一个小镇上。另外一个人是居住在东北地区大都市里属于"上中等阶级"的白人天主教徒，还有一个人是住在南部乡村的属于"低等阶级"的黑人，诸如此类。用另外的方式来表达，族群分层在直角线上与社会阶级分层相交叉，也与城市—乡村、国内特定区域这样的社会空间所限定的社会单元相交叉。这一分析框架被归纳在表 4 中。

---

① 参见 Milton M. Gordon, "The Concept of the Sub-Culture and Its Application", *Social Forces*, Vol. 26, No. 1 (October 1947), pp. 40—42。以及 "A System of Social Class Analysis", *Drew University Studies*, No. 2 (August 1951), pp. 15—18; *Social Class in American Sociology*, cit. supra, pp.252—256。关于进一步的探讨，参见 "Social Structure and Goals in Group Relations", in *Freedom and Control in Modern Society*, Morroe Berger, Theodore Abel, and Charles H. Page (eds.), New York: D. Van Nostrand Co., 1954。在这些出版物中，我对"亚文化"一词的使用，大致等同于我在这里定义的"亚社会"和"亚文化"这两个概念。

② Gordon，同上，第 40 页。

表 4 亚社会和亚文化

共同构成亚社会的因素：

族群	
种族	
宗教	
祖籍民族	具有特定亚文化的亚社会
社会阶级	
城市—乡村居住地	
国内区域居住地	

具有特定亚文化特征的特定亚社会的例子：

上中等阶级白人新教徒，居住在南部城市

低中等阶级白人天主教徒，居住在北方城市

低低等阶级黑人新教徒，居住在南部乡村

上中等阶级黑人新教徒，居住在北方城市

低中等阶级白种犹太人，居住在西部城市

上等阶级白种犹太人，居住在北方城市

这一类型分析的核心，自然是族群分层体系与社会阶级分层体系 48
之间的关系。我在 1951 年写道："美国社会是一个由两组分层结构交叉而成的十字形。一组基于社会地位、经济实力和政治权利方面的差异，是不考虑族群背景的；另一组是完全基于人口中的种族和民族背景而决定的社会地位与权力关系，人们被区分为'老辈美国人'（Old Americans）、黑人、犹太人、天主教徒、日裔美国人、意大利人、法裔加拿大人，等等。"[①] 实际上，这表示每个族群内部可以被进一步划分为基于

① Gordon, "A System of Social Class Analysis", *Drew University Studies*, No.2 (August 1951), pp.15—16 ; *Social Class in American Sociology*, cit. supra, p. 252.

社会阶级身份的亚群体，而且在理论上，每个族群可以视为内部包含了社会阶级的各个层面，但是在实际社会中，我们发现有些族群的成员只分布在部分的社会阶级亚群体中。

与此同时，耶鲁大学的社会学家霍林斯黑德和迈尔斯一直在研究
49 纽黑文市的社会结构，他们在分析美国社区的族群与社会阶级体系之间的关系时得出了相同的结论。在1952年发表的一篇有关这一研究的报告中，霍林斯黑德是这样说的：

> 数据显示，这个社区目前的社会结构**在垂直方向上**是按种族、族群和宗教划线区分开的，同时垂直方向上的每个分区内部在水平方向又按照一个阶级系列再进一步被划分开。围绕着种族这条社会—生物学轴线（socio-biological axis of race）的是两个社会天地，一个是黑人的世界，一个是白人的世界。白人世界根据族群和宗教又进一步分为天主教徒、新教徒和犹太教徒三组。在这些区隔中，有无数的族群派别。爱尔兰人避开意大利人，在另外的场合意大利人又避开波兰人，犹太人与非犹太人保持距离来维持自己的宗教和社会生活。与垂直方向的族群结构相交叉的，是水平方向的阶层结构，它的基础是由职业、教育、社区居住地和交往圈子所决定的社会价值观念。因此，族群、职业、教育和居住地结合成为一个复杂的社会地位系统。
>
> 垂直方向的分化因素是种族、宗教和族群，当它们和水平方向的分化因素如职业、教育、居住地等结合在一起时，就产生出来一个高度分隔的社会结构。[①]

① August B. Hollingshead, "Trends in Social Stratification: A Case Study", *American Sociological Review*, Vol. 17, No. 6 (December 1952), p. 685; August B. Hollingshead and Frederick C. Redlich, *Social Class and Mental Illness*, New York: John Wiley and Sons, 1958; Jerome K. Myers and Bertram H. Roberts, *Family and Class Dynamics in Mental Illness*, New York: John Wiley and Sons, 1959.

在对由这个体系创造出来的社会层级内部组织性活动的性质进行考证后，霍林斯黑德指出，这一体系是“在种族、族群和宗教限定范围内的平行阶级结构的发展”。[1]

在构成美国亚社会分化的这些因素的性质方面，毫无疑问，居住 50
区域因素和城乡差别因素的作用随着时间的流逝在不断下降，但是甚至在今天，当我们在讨论这个问题时仍然不能完全把它们排除。北方白人和南方白人在对待黑人的态度和行为方面的巨大差异，也在有力地提醒我们，地理位置、气候和历史的多样性在不同区域的美国人身上打下了多深的烙印。至少自从伟大的历史学家特纳（Frederick Jackson Turner）那个时代开始，历史学家、社会科学家和文学批评家对于这些多样性及其影响就已开始给予极大的重视[2]。正如罗宾·威廉姆斯所言：“不仅这些区域间的系统性差异影响着人们的行为模式，那些不同的‘历史记忆’和群体性情感也持续存在，其力量有时会使得国家政策的决策者们不知所措……”[3]

然而，这些区域之间的差异，以及萎缩的美国乡村和膨胀的美国都市在生活方式上的差异，都受到了迅速发展的交通运输、大众传播、各类生产企业（包括农业）机械化的加速冲击[4]，正是这些变化使美国的

① August B. Hollingshead, “Trends in Social Stratification: A Case Study”, *American Sociological Review*, Vol. 17, No. 6 (December 1952), p. 686. “族群的”（ethnic）一词在这里的用法仅为“祖籍民族”（national origin）这一较狭窄的含义。

② 参见 Merrill Jensen (ed.), *Regionalism in America*, Madison：University of Wisconsin Press, 1951；Howard W. Odum and Harry Estill Moore, *American Regionalism*：New York, Henry Holt and Co., 1938。

③ Robin M. Williams, Jr., “Unity and Diversity in Modern America”, *Social Forces*, Vol. 36, No. 1 (October 1957), p. 2.

④ 关于美国农村生活方式近期变化的谈论，参见 Charles P. Loomis and J. Allan Beegle, *Rural Sociology: The Strategy of Change*, Englewood Cliffs, N. J.：Prentice-Hall, 1957, Chapter 14。

农场和乡村之间的,或者说中西部和西部之间的文化鸿沟在持续变窄。
也许我们可以这样来表述,当我们试图以其亚社会参与情况为基础来
对任何既定的人所持的文化模式进行判断时,当我们知道他的“居住地
51 区”以及他是农村还是城市居民(或者他在乡村—城市这一维度上的位
置)后,再去了解他的族群身份和所属阶级,将会增加我们对他的亚文
化行为所做判断的准确程度。但是,当我们已经知道了他的族群身份
和所属阶级后,再去了解他所居住的区域和农村—城市特征等信息,对
我们所做判断准确度不会有太大帮助,而且这些信息的价值会随着时
间流逝而递减。我们知道,在美国人生活中存在着具有自己亚文化的
亚社会,而族群和阶级作为构成这些亚社会的本质性背景因素,其重要
性将会不断增加。

族群阶级

假如由族群和社会阶级的交叉所产生的社会空间很快会发展成为美国亚社会的基本形式,那么,为了讨论时的方便,我们就需要给这个亚社会类型起一个名字。我对于新名词并没有太大兴趣,我尽可能不用新名词。我现在建议的这个名词具有这样的特质,它会很自然地使我们联想到奥威尔在《一九八四》中所描述社会的“新闻”(Newspeak)。此外,我也想对那些潜在的批评意见提前做些说明,一是在讨论中确实需要一些新的名词,二是我所提议的名词至少具有简洁性以及清楚的来源。我倾向于把由垂直方向的族群分层和水平方向的阶级分层交叉而成的亚社会称为*族群阶级*(ethclass)。这样,一个人的*族群阶级*可能属于“上中等阶级”白人新教徒,或者属于“低中等阶级”白人爱尔兰天主教徒,或者属于“上中等阶级”黑人新教徒,诸如此类。

我们现在必须探讨一下,当群体身份、社会参与和文化行为这三个

基础性变量从属于族群阶级这样的亚社会时，它们有什么变化，并了解一下族群阶级的功能与族群自身相比又有哪些不同之处。我将在下面 52
提出一组理论假设，它们在下一章中将被与现有的经验研究联系起来进行讨论。这些假设的应用对象是20世纪中叶的美国社会。

1. 当我们分析文化行为的时候，社会阶级差异就比族群差异更加重要。这表示属于相同阶级的人的行为是同样的，甚至当他们拥有不同的族群背景时也是如此。属于不同阶级的人的行为是不同的，尽管他们也许拥有同样的族群背景。

2. 当我们分析在初级群体和基础关系层面的社会参与时，人们倾向于把这类关系和活动局限于自己族群内部自己所属的那个社会阶级的成员中，也就是说，局限于自己的族群阶级范围中。

3. 讨论有关群体身份认同的问题，必须把两类身份认同相互区分开。一个是我们前面讨论过的“群体性”，另外一个是仅仅与这一“群体”中的一个阶级分支相联系的归属感。我可以引用一段我以前写下的话来对此加以表达：“按照心理学的观点，群体身份，与‘群内’（in-grouping）和‘群外’（out-grouping）模式，是十分复杂的，因为我们在这里需要考虑不止一个维度。虽然一个人可以参与一个主要由族群边界和社会阶级边界来限定的社会领域，族群成员身份归属感自身在我们的文化中仍是一个强有力的模式，这个模式是在来自族群内部和外部的双重压力下产生的。例如，对于黑人或犹太人而言，期待他们对与黑人或犹太人群体相关的事件或价值判断不做出强有力的反应，几乎不可能。然而，人们的参与范围以及行为模式的相似程度，很可能是以阶级边界来限定的，也有可能是以族群边界来限定的。因此，我们可以根据这些相关的经验性模式而把两种类型的心理群组加以区分。‘我 53
是紧密地与这些人的命运联系在一起的’［参见前面提到的卢因（Kurt Lewin）关于‘命运的相互依赖性’概念］。我们可以把它称之为*历史身份认同*（historical identification），因为它是过去和现在的历史事件的延伸。在另一个方面，‘和这些人交流，我有一种在家的感觉，而且精神可以完全放松’。与这些人相关联的是一种归属的感觉，我们之间的交往频繁而且分享着高度相似的行为模式。依照亚文化假设，这些人应当属于同一族群且同一社会阶级（并属于同一区域和相同的城乡社区背景）。对于这种集群（constellation），我们可以称之为参与性身份认同（participational identification）。概而言之，以心理学角度来看，族群像是一个历史身份认同的群体，如果从亚文化的角度看，在大多数情况下，族群是一个参与性身份认同的群体。必须指出的是，那些规模较大单元的身份认同，例如美国社会作为一个整体，又如‘西方社会’或‘全人类’，其身份认同会出现在不同的构建层面上。”[1]

简而言之，历史身份认同意识体现在族群上，参与性身份认同意识体现在族群阶级上。如果遇到一个属于相同阶级但是来自不同族群的人，人们会与他分享相似的行为模式，但是并不分享“群体性”意识。如果遇到一些属于同一族群但是属于不同社会阶级的人，人们会与他们分享“群体性”意识，但并不分享相似的行为模式。能够符合这两个标准的群体，是那些来自同一族群且属于同一社会阶级的人。我们可以与这些“长着我们羽毛的鸟”一起共同分享早期社会学家吉丁斯（Franklin Giddings）所说的“同类的意识”（consciousness of kind），这
54 是人类的一些特定的成员，只有和他们在一起时，我们才能真正完全放松而且没有任何压力[2]。

---

① Gordon, “Social Structure and Goals in Group Relations”, *Drew University Studies*, No.2 (August 1951), pp.146—147.

② 弗朗西斯（E. K. Francis）把族群描述为一个“二级社区”（secondary community），经由一个抽象和转换的过程，初级群体关系的特性会转换到族群身上（参见 E. K. Francis, “The Nature of the Ethnic Group”, op. cit., p. 399）。他讲得非常好，但我们可以补充另外两条特性：（1）初级群体特性会转换给族群阶级，而不是族群自身；（2）严格地说，族群阶级并不具备初级群体特性，因为它的人口规模太大了。相比之下，族群成为初级群体，也成为初级群体关系得以构建并得到心理认同的潜在来源或者人口集群。

偏离与边缘性

为了概念的清晰，我曾经以不加限定条件的方式讲述了最后一个假设。当然，它最多也只是在一定程度上才是真实的，这些限定条件对于所有的假设都是必须的，正是这些假设构成美国人生活中的亚社会和亚文化的理论。任何此类理论必须包括一些具体范畴和概念，所涉及的是那些对主要模式而言不可避免的例外。这些美国亚社会和亚文化理论所要求的初级群体关系模式的例外情况，在两个维度下可以简单地得以交叉归类，一个是它们发生的频率，一个是它们是否介入基础关系的交叉线或跨越族群边界。在频率这个维度上，这些跨越亚社会界线的初级群体层面的互动可以被分为两个范畴：例外的活动和系统内的活动。例外情况的类型分析为我们提供了四个维度：（1）例外情况——跨越阶级界线；（2）例外情况——跨越族群界线；（3）系统内情况——跨越阶级界线；（4）系统内情况——跨越族群界线。

现在我们来分别看看这些类型。跨越社会阶级界线或者族群界线 55
的"例外情况"及偶然发生的基本群体接触在美国社会之所以发生，是因为在就业、学校、公共机构等领域会出现初步的次级接触机会的多样性，因为个体的情趣和相互吸引也会导致出现这样的机会。于是我们就看到一个白人新教徒有个亲密的犹太朋友，或一个亲密的黑人朋友，或者有个小镇上的一位律师每月都会和一群密友打一次扑克，其中包括一名曾是他高中同学的工厂工人。这种跨越美国人初级群体生活边界的人际交往，对于普遍的行为模式而言，只是一些偶然的例外。这样的私人接触并不会破坏他与自己族群或自己所属社会阶级的联系，也不会威胁到他在亚社会生活方面对于自己所属族群或阶级的全身心投入。沉浸在自己所属的族群阶级的亚社会群体和组织网络中，他感到舒畅和安全，这个人有时会把跨越族群界线的交往简单地视为有趣的探险活动,这对于自己通常的社会交往模式而言,只是某种猎奇性的例外。他的这种例外的活动恰恰是在“证明人们日常的交往规则”。

当我说到在初级基础关系层面跨越阶级和族群界线的“系统内的”社会交往时,我所指的是那些经常和持续发生的交往,这些交往构成了一个人全部初级群体层面交往中的重要组成部分。我们需要对这两种亚类型分别进行讨论。

“系统内的”跨越社会阶级的基础群体层面的交往,通常意味着垂直方向的社会流动。这即是说,当一个人的社会交往对象通常地或主要地是社会阶级等级结构中高于自己的那些人时,他很可能是处在积极争取获得或加强自己在更高社会阶级中的地位的过程之中。当人们的教育水平、职业和经济地位发生变化时,这是他们争取向上层社会流动的惯常步骤,这些变化体现在他们的情趣、口味和价值观念的变化
56 中,而且最终体现在他们与阶级结构中居于更具优势和权势的那些人之间交往关系的构建中,体现在他们行为中出现的新文化模式中。朝下层方向的垂直流动也涉及在初级群体关系交往中的相似过程。这种向上层流动是一种得到普遍认可和可以实现的现象,体现的正是强调“改善自我”、“从赤贫到巨富”和个人价值等美国价值观。在这种社会阶级结构的向上流动中,当人们尚未完全脱离原来地位时,他们在改变社会关系时所面临的问题,与他们在族群内部初级群体层面的日常交往中所遇问题的重要性是不一样的。在跨越族群界线的基础性关系中,我们发现了更加令人生畏的“边缘性”(marginality)问题(对此我将在下文中讨论这个概念)。

那些在基础性交往中经常并持续地跨越族群界线(特别是种族和宗教界线)的个体会承担一种风险,用标准的社会学用语来说,就是成为“边缘人”的风险①。边缘人是指这样一类人,他们站在两个文化世界

① 这个概念最早出现在帕克(Robert E. Park)的文章“Human Migration and the Marginal Man”, *American Journal of Sociology*, Vol. 33, No. 6(May 1928)中,并在斯通

的边界或边缘上，又并不完全属于其中任何一个世界。他也许是种族混血或者不同宗教信仰者通婚的后代，或者由于个体人格和生活经历等因素而敢于背离自己祖先所属的文化群体，他的性格和经历使他愿意寻求更广泛的社会接触，并进入一个更有吸引力的社会天地。在后 57
一种情况中，这样的人经常是一个少数族群成员，但是受到自己所在的民族社会中的主导群体或多数群体亚社会和亚文化的吸引。由于被自己期望进入的那个更广阔的社会天地阻挠和拒绝，面对这个他认为自己先天有权利进入但又对自己设有诸多限制的社会天地，他的态度相当矛盾，受到彼此冲突的文化标准的困扰，使用经典观念来说，他发展出了一种不稳定、喜怒无常、过度自我和神经质的人格特征。虽然这种人格所具有的边缘性从来没有得到关键性的证明，但是至少一个敏锐的当代美国社会现象的观察家已经指出一些可描述的边缘性人格的表现，如更宽广的视野、更深刻的自我理解和更强大的创造力[①]，我们确实可以在这些人身上感觉到他们所处的这种社会学意义上的边缘性位置。对于我们的讨论而言，最贴切的提法是：他们处于偏离了标准的族群行为的位置上——这些人以一种实质性的方式冒险跨越了族群的亚社会边界去寻求朋友、参与社会小集群和组织，这些交往活动构成了他

奎斯特（Everett V. Stonequist）的文章 “Problem of the Marginal Man”, *American Journal of Sociology*, Vol. 41, No. 1 (July 1935), pp.1—12 以及他的著作 *The Marginal Man*（New York：Charles Scribner's Sons, 1937）中得到发展。随后的相关讨论参见 Arnold W. Green, “A Re-examination of the Marginal Man Concept”, *Social Forces*, Vol. 26, No. 2 (December 1947), pp.167—171；Everett C. Hughes, “Social Change and Status Protest: An Essay on the Maginal Man”, *Phylon*, Vol. 10, No. 1 (First Quarter 1949), pp. 58—65；David Riesman, *Individualism Reconsidered*, Glencoe, Ill.：The Free Press, 1954, pp. 153—178；David I. Golobensky, “The Marginal Man Concept: An Analysis and Critique”, *Social Forces*, Vol. 30, No. 3 (March 1952), pp.333—339；Aaron Antonovsky, “Toward a Refinement of the 'Marginal Man' Concept”, *Social Forces*, Vol. 35, No. 1 (October 1956), pp. 57—62。

① 参见 David Riesman, *Individualism Reconsidered*, Glencoe, Ill.: The Free Press, 1954，第 153—178 页。

的初级群体关系。

在一些案例中，有些边缘人可以无限期地保持自己的边缘位置；另外一些人最终退回到他感到舒适和熟悉的原属族群中，他们过去带着很高的期待曾经离开这里出发去探险。然而，我们也不能忽略第三种可能性，这就是完全由我们在这里定义的边缘人逐渐形成的一个亚
58 社会。① 我的论点是，在一定程度上，这样的事正发生在当今的美国社会，特别在一个领域——即"知识分子"的社会天地和有创造力的艺术界和演艺界，包括作家、音乐家、舞台和影视表演家。我将在后面的一章中对这一点给予更多的关注。在这里指出一点就足够了，男人和女人们因为在观念上具有强烈共同情趣、创造性的艺术和彼此的专业追求走到一起，此处我们发现经典社会学表述的族群狭隘性在这里遇到了敌手。那些希望维持族群共同体的力量很快就意识到了威胁并努力进行抵制，他们设法在本族群的边界内部提供可以令知识分子满意的艺术和专业空间。然而，这种对抗性努力只获得了部分的成功，因为知识界和艺术界活动的主要潮流是在一个超越族群性的更广阔的空间流动。社会成员中出现的边缘性，以及由边缘化的知识分子在互动中创造的社会天地，构成了人们关注的研究专题。

在讨论了边缘性之后，我们现在对亚社会和亚文化理论进行总结。我们最先讨论的是"群体性"，在石器时代的人类社会中，"群体性"是没有分裂成碎片的，它简单而且单一。我们也看到了随后的城市发展、职业分工、社会阶级、军事政府、人口迁移、工业化以及规模巨大的民族国家，这些都使原有的"群体性"意识得到转变，但并没有毁灭它。我

① 参见 Everett C. Hughes, "Social Change and Status Protest: An Essay on the Marginal Man", *Phylon*, Vol. 10, No.1 (First Quarter 1949), pp.58—65；Milton M. Gordon, "Social Structure and Goals in Group Relations", *Drew University Studies*, No.2 (August 1951), Milton M. Gordon, "Social Class and American Intellectuals", *American Association of University Professors Bulletin*, Vol. 40, No. 4 (Winter, 1954—1955), pp. 517—528。

们在留存下来的"群体性"意识中思考种族、宗教和民族背景的各种集合体，正是它们构成了更大规模的美国社会。我们也观察到了位于水平方向的一个强有力的社会阶级分层体系，它与族群这一分野相互交叉。现在，乡村—城市维度差异和区域差异正在不断缩小，这使我们称之为"族群阶级"的社会单元成为具有自己亚文化特色的亚社会的模型——这样的社会单元使其在自身的社会组织、小集群和机构网络中 59
可以在人们的生命周期内保持和维系初级群体关系，也是其具有特色的文化行为模式的载体。我们讨论了族群和族群阶级之间在身份认同、社会参与和文化行为几个维度上的差异。最后，我们分析了偏离者或者所谓的边缘人，他们公然蔑视或无视亚社会生活中常规的交往和行为边界。相关的理论被描述为有关美国社会生活的一组假设，在后面的章节中我们将补充相关细节，而且将结合经验研究的证据来讨论这一理论，来看看我们是否可以证明其有效性。与此同时，随后的探索即使不能带给我们最终的答案，至少可以使我们对于"社会认同"这一专题的复杂性有进一步的理解。正是这一专题开启了我们研究工作的大门，它的复杂性自身即构成了对悠久的人类社会历史极有意义的测度，而这段历史从更新纪的猎人一直跨越到现代世界的人群。

第三章

同化的性质

60 正如一句俗话所说，“当人们相遇时”，将会发生什么事情呢？[1] 在现代世界中，在不同的条件下，人群之间都可能发生这样的“相遇”：殖民征服、军事占领、为容纳多个族群而对疆域进行的重新划定、大规模的贸易和传教活动、对欠发达国家的技术援助、土著人的重新安置，还有使东道国人口的族群构成变得更加复杂的自愿移民等。以美洲大陆的经验来看，后面这两个因素是更具决定性的。美洲的印第安人族群被迫迁离了原居住地，白人征服者则试图按自己的意愿对这些部落进行整合，还有超过 4100 万人的大规模移民涌向北美这块土地，这些移民大多来自欧洲以及美洲的其他部分，小部分来自亚洲。从原来人口稀少并由不同族群组成的沿海共和国时代，美国到目前已扩展到了整个大陆，成为一个新的国家。正是所有这些过程构成了美国语境下的“各民族的相遇”（meeting of peoples）的背景。

61 社会学家和文化人类学家已经用诸如“同化”（assimilation）或“文

① 一本关于种族和文化接触的论文集采用了这个题目。参见 Alain Locke and Bernhard J. Stern (eds.), *When Peoples Meet*, New York: Hinds, Hayden and Eldridge, revised version, 1946。

化适应”[1]（acculturation）这些术语来描述族群之间的“相遇”过程和结果。有时，这些术语表示的是同样的事物，有时在其他用法中，它们的意义又并非完全同一，而是彼此重叠（社会学家一般常用“同化”一词；而人类学家则倾向于使用“文化适应”一词，并给予它一个相对狭窄但基本一致的内涵）。至于“同化”这一术语，它在某种程度上仍然有些含混。进一步说，我们迫切需要对“同化”这一概念进行严格和系统化的分析，需要将其分解为所有可能被包括在此范畴中的具体相关因素或变量。在前面章节讨论的基础上，本章即努力来尝试进行这样的分析。但是，首先让我们来考察一下社会科学家们用以描述人们相遇情景的一些已有概念的定义，这将对我们很有帮助。

对“文化适应”的一项具有权威性的定义，是 20 世纪 30 年代中期由社会科学研究理事会（Social Science Research Council）所任命的一个研究文化适应的分支委员会做出的。它分析和描述了文化人类学领域内有关这个基本专题的研究，这些分析和描述非常重要。这个特别分支委员会里包括了杰出的人类学家罗伯特·雷德菲尔德、拉尔夫·林顿和梅尔维尔·J. 赫尔斯科维兹。他们给“文化适应”下的定义是：

> [文化适应]包括的是如下现象：当具有不同文化的各群体进行持续而直接的接触后，双方或一方原有文化模式因之而发生的变迁。[2]

在这里我们注意到，这个术语仅用于界定人们相遇的一个因素或 62

① 国内也有人把 acculturation 译做“涵化”。——译注

② Robert Redfield, Ralph Linton, and Melville J. Herskovits, “Memorandum for the Study of Acculturation”, *American Anthropologist*, Vol. 38, No. 1 (January—March 1936), p.149. 关于人类学对这个术语的进一步讨论，参见 Melville J. Herskovits, *Acculturation: The Study of Cultural Contact*, New York: J. J. Augustin, 1938；Ralph Linton (ed.), *Acculturation in Seven American Indian Tribes*, New York: D. Appleton Century Co., 1940。

一个维度，即文化行为。在接触中，两个群体中任何一方的文化都可能发生变迁，或者是双方发生相互交叉的影响，导致两个群体的文化借此都得以改变。但是该定义对于两个群体的社会关系，对于它们的“结构性混合”的程度和性质（如果有的话），对于群体的自我认同问题，以及在此情形下可能出现的其他变量，都只字未提。

两位社会学家罗伯特·帕克和欧内斯特·伯吉斯在早期对“同化”所作的一个很有影响的定义是：

> 同化是一个相互渗透和融合的过程。在这一过程中，一个个体或群体获得了其他个体或群体的记忆、情感以及态度，并且通过分享他们的经历和历史，与他们一起被整合进了一种共同的文化生活。[①]

这个定义显然包括了上述社会科学研究分支委员会对“文化适应”的定义。从“分享他们的经历”、“与他们一起被整合进了一种共同的文化生活”这两句话里，可以看出来他们又提出了新增的有关社会结构关系的标准。在后来的解释中，他们进一步提出并界定了这种标准：

> 社会接触激发了互动。同化就是互动造成的完美的最终产物。在此过程中，社会接触的性质是决定性因素。如果接触是初级性的（primary，即他们的关系是亲密无间的，如家庭范围中，以及亲密的、意气相投的小群体中的相互关系），同化会很自然地迅速发生。如果接触是次级性的（secondary），则会促进适应（accommodation），但是不会强烈地促进同化，因为这一种接触是

① Robert E. Park and Ernest W. Burgess, *Introduction to the Science of Sociology*, Chicago: University of Chicago Press, 1921, p. 735.

外在的，双方关系比较疏远。[①]

作为美国社会学所造就的最多产的思想家之一，罗伯特·帕克在其稍后为《社会科学百科全书》（*Encyclopedia of the Social Sciences*）撰写的"同化"词条的定义中，则倾向于将此术语限定在（具有政治含义的） 63
文化行为中，并暗含了次级关系的同化。根据这个定义，"同化"［在此称之为"社会同化"（social assimilation）］是：

种族背景和文化传统不同的人群，占据共同的地域，获得一种文化一致性（cultural solidarity），这种文化一致性至少足以维持一个民族的存在。这类过程即称之为同化。

他继续补充道：

在美国，一个移民一旦掌握了当地社区的语言和社会仪式，并且没有遭遇到当地人的偏见而能够公平地加入共同的经济和政治生活，人们普遍就认为他被同化了。而一般人的看法则认为，一个移民一旦"在这个国家能生活下去"，这个人就会被视为被同化了。此外它还暗含，在所有的日常生活事务中，此人在保持个人特质的基础上仍能够在社区中找到自己的位置。在这一过程中，他既不会招惹他人的厌恨，亦无须改变自己的种族背景或文化传承。[②]

① Robert E. Park and Ernest W. Burgess, *Introduction to the Science of Sociology*, Chicago: University of Chicago Press, 1921, pp. 736—737.

② Robert E. Park, "Assimilation, Social", in *Encyclopedia of the Social Sciences*, Edwin R. A. Seligman and Alvin Johnson, (eds.), New York: The Macmillan Co., 1930, Vol. 2, p. 281.

这里提出了另一个变量(如果在偏见和歧视之间可作适当区分的话,实际上是两个变量)。它表明,只有东道主社区(host community)对移民不持偏见态度,也没有歧视行为,因而移民可以正常地发挥其日常功能时,同化才会发生。

帕克和伯吉斯还界定了"血缘融合"(amalgamation)过程。它是:

> 一个生物学的过程,通过杂交和族际通婚而达到种族融合。而同化则只限于文化融合。(但是在这里,"社会结构"又发生了什么变化呢?)

64 然而,他们也指出了血缘融合和同化这两个过程之间存在的关系:

> 血缘融合尽管仅限于通过族际通婚而达到种族特征的交融,但它也自然地促进了同化或社会传统的互补。[1]

早在20世纪40年代出版的一本社会学词典中,就曾有两处提到有关术语,其中之一对"社会同化"的定义是:

> 具有不同社会遗产的人,共同分享情感、传统和忠诚的过程。[2]

这里,重点是在文化价值和行为的变迁上。"忠诚"这个术语的使用,在某种意义上也提出了一个心理学变量,但这里并没有给出更进一

---

① Robert E. Park and Ernest W. Burgess, *Introduction to the Science of Sociology*, Chicago: University of Chicago Press, 1921, p. 737.

② Edward Byron Reuter, *Handbook of Sociology*, New York: Dryden Press, 1941, p. 84.

步的解释，所以我们无法明确地表述作者关于这个变量的性质的构想。在另一本词典中，社会同化则被定义为：

> 不同文化或代表不同文化的个人或群体融入一个同质性单元（homogeneous unit）的过程。

在这本词典里，作者把社会同化与生物学过程中的体质性同化作了比较，也提到虽已出现分化但仍协调一致的细胞单元的复杂性，随后，这个定义宣称：

> 同样，社会同化并不要求所有单元都具有完全的一致性。但它要求这些单元做出一些修正，如消除国外原籍的特征等等，这样可使所有人都能顺利适应新文化单元的典型结构与功能。……在本质上，同化是一种民族性模式（nationality pattern）对另一种民族性模式的取代。一般而言，力量较弱或数量上处于劣势的群体不得不对自身进行这些修正。[①]

这个定义有许多含混之处。“融入一个同质性单元”意味着什么？ 65
它是仅指文化行为，还是也涉及社会中的相互关系？若是后者，那又是哪一种社会关系？“新文化单元”的性质又是什么？我们注意到后一段话强调“一种民族性模式对另一种民族性模式的取代”的总结，似乎又将定义仅仅集中在文化模式的变迁上。

在近期文献中，许多社会学家简单地将“同化”等同于“文化适应”，或将其定义为文化适应的一种极端形式。因此，布鲁顿·贝里认为：

---

① Henry Pratt Fairchild (ed.), *Dictionary of Sociology*, New York: Philosophical Library, 1944, pp. 276—277.

我们所说的同化是指**具有不同文化的群体走向拥有一种共同文化的过程**。当然,这不仅仅是指那些相对容易接受和获得的文化项目,诸如衣着、刀叉、语言、食物、体育、汽车等,它也指那些无形的东西,如价值观念、记忆、情感、主张、态度等。因此,同化是指文化遗产的融合,它必须与**血缘融合**区别开来。血缘融合是指起源不同的种族世系在生物学意义上的混合。①

约瑟夫·菲克特将同化定义为:

同化是一种社会过程。通过它,两个或更多的个人与群体相互接受或履行对方的行为模式。我们常说一个人或一个少数群体被同化进另一个群体或社会,但在这里我们不能只将其理解为一个单向的过程,这是一种双方互动关系。其中,尽管有一方对于对方的影响可能会远远大于另一方,但双方行为的影响仍是相互的。②

阿诺德·罗斯将“文化适应”定义为“一个人或群体采纳另一个社
66 会群体的文化,或者是导向这种采纳行为的过程”。紧接着,他又将“同化”界定为:

一个人或群体对另一个社会群体文化的采纳。这种采纳程度是如此彻底,以至于没有任何特征可以把这个人或群体与其原先文化联系起来,他们对其原有文化也不再具有任何特别的忠诚。导向这种采纳的过程即是同化。③

① Brewton Berry, *Race Relations*, Boston: Houghton Mifflin Co., 1951, p. 217.

② Joseph H. Fichter, *Sociology*, Chicago: Chicago University Press, 1957, p. 229.

③ Arnold M. Rose, *Sociology: The Study of Human Relations*, New York: Alfred A.

约翰·丘伯尔将群体之间的相互竞争及竞争的逐步减弱这个变量，加到其对“同化”的简明定义中：

> 同化可被定义为文化差异（和竞争）趋向消失的渐进过程。[1]

阿诺德·格林对同化的讨论引用了帕克和伯吉斯的定义，在对其进行评价时，他富有洞见地区分开了文化行为和社会结构性参与：

> 个人和群体可能“获得其他个人或群体的记忆、情感和态度”，但又不能“分享他们的经历”，同时发现自己在“被整合进一种共同的文化生活”这件事上被无限地拖延着。为什么？因为接收群体的许多共同的记忆、情感和态度都是共同财产。在美国，这包括了诸如爱国主义、基督教、尊重私人财产、对神话英雄的崇拜等许多东西，这些都是赋予全社会的，它们很容易为所有的人所接受。而另一方面，“共享经历”和“整合进共同生活”，首先受到了接收群体意愿方面的限制，其次受到新来者这一方面对于是否积极参加接收群体社会的意愿程度与要求的限制。
>
> 尽管社会参与的障碍常常是由接收群体设置的，但移民群体或其中的一部分，同样有可能希望设置这种障碍。[2]

在我们看来，对于应当如何对“同化”进行定义，在学者们观点中 67

Knopf, 1956, pp. 557—558.

① John F. Cuber, *Sociology: A Synopsis of Principles*, New York: Appleton-Century-Crofts, 3rd ed., 1955, p. 609.

② Arnold Green, *Sociology: An Analysis of Life in Modern Society*, New York: McGraw-Hill Book Co., 1st ed., 1952, p. 66.

存在的这些差异是极为重要的。因为要理解美国所经历的同化过程到底是什么，主要关键之一即存在于对文化行为和社会结构的细致区分之中。当今人们在讨论美国多元社会的性质时，已将这种区分界定为“行为同化”和“结构同化”① 的差别。下面我们将会进一步讨论这种区分。

最近有两篇有关移民与本地人互动过程的文章强调了建构文化多元主义框架的可能性。它们使用“吸纳”（absorption）与“整合”（integration）这两个名词来指称这种互动过程。艾森斯塔特在对巴勒斯坦和以色列移民的研究中，高度关注初级群体、精英分子、移民和接收社会的本地人之间的社会结构和心理上相互接触的功用，他在论述移民调适的过程中，很好地利用了角色分析②。他的“制度性弥散”（institutional dispersion）的概念，即“在社会制度的不同领域内移民的分散和集中程度”③，指出了同化过程的另一个很有意义的方面。波利
68 等人在联合国教科文组织会议的文件和记录基础上所做的研究，则主要依赖于“整合”（integration）的概念。这一概念出现在威廉·伯纳德

① Milton M. Gordon, “Social Structure and Goals in Group Relations”, in Morroe Berger, Theodore Abel, and Charles H. Page (eds.), *Freedom and Control in Modern Society*, New York: D. Van Nostrand Co., 1954, p. 51.

② S. N. Eisenstadt, *The Absorption of Immigrants*, London: Routledge and Kegan Paul Co., 1954；也参见他的“The Place of Elites and Primary Groups in the Absorption of New Immigrants in Israel”, *American Journal of Sociology*, Vol. 57, No. 3 (November 1951), pp. 222—231；“The Process of Absorption of New Immigrants in Israel”, *Human Relations*, Vol. 5, No. 3 (August 1952), pp. 223—246；“Institutionalization of Immigrant Behaviour”, *Human Relations*, Vol. 5, No. 4 (November 1952), pp. 373—395；“Communication Processes Among Immigrants in Israel”, *Public Opinion Quarterly*, Vol. 16, No. 1 (Spring 1952), pp. 42—58；“Analysis of Patterns of Immigration and Absorption of Immigration”, *Population Studies*, Vol. 7, Part 2 (November 1953), pp. 167—180。

③ S. N. Eisenstadt, *The Absorption of Immigrants*, London: Routledge and Kegan Paul Co., 1954, p. 13.

为一次会议[①]准备的一篇论文中,其定义和讨论如下:

> 事情的真相是,美国并没有去同化外来者,也没有刻意去吸收他们。我们的移民群体和所谓的"本土"群体,已经被整合到一起。这就是说,每一个因素都通过与其他人的联系而有所改变,但并没有完全丧失自己的文化认同。这种文化认同是非常重要且充满活力的。它在文化混合(如你愿意的话,也可称之为文明)的过程中发生了一些改变,因而与原先的形态有所不同。只要不落入形而上学的泥潭,我们就可以说,这样的整体大于各部分之和。各个部分虽然受到彼此互动的影响,却仍然保持独立,并具有相互补充的作用。
>
> 显然,在社会统一体的框架内,整合的概念必须以相信文化分化(cultural differentiation)的重要性为基础。它承认群体和个体有保持自身与主体社会的差异性的权利,只要这种文化分化不会导致对他人的支配或分裂。[②]

既然我们已经回顾了一系列用于描述群体相遇过程和结果的术语的不同意义和用法,并且已经注意到在不同的程度上被分出来的许多变量,那么就让我们着手解决本章开头即提出的任务:仔细分析同化过程,即对其主要的变量或因素做出单个的、详细的说明,并描述它们之间的关系。我们刚才回顾的术语名称和用法,将部分地成为我们进行的分析的基础,而对实际社会情况的分析说明则将主要以美国为例。

首先,让我们设想一种情景。有一个东道主国家[我们给它一个

① W. D. Borrie, *The Cultural Integration of Immigrants*(可参见 M. Diégues, Jr., J. Isaac, A. H. Neiva, C. A. Price, and J. Zubrzycki 等人的个案研究), Paris: Unesco, 1959。

② William S. Bernard, "The Integration of Immigrants in the United States", Paris: Unesco (mimeo.), 1956, p. 2. 也参见 W. D. Borrie, *The Cultural Integration of Immigrants*, op. cit., pp. 93—94。

69 编造的名字，叫它西瓦尼亚（Sylvania）]。其人口所有成员具有相同的种族、宗教和先人的民族血统。除了内部的社会阶级差别之外，其文化行为是相对一致的。与此类似，西瓦尼亚社会的群体和制度即“社会结构”，仅仅在社会阶级的基础上才有所区别和分化。另一群人通过迁移进入了这个国家。这群人与东道主社会的人口具有不同的民族背景和宗教，因而具有不同的文化模式，我们将其称为蒙多维亚人（Mundovian）。让我们进一步设想一下，又过了一个世代，这群原属蒙多维亚民族的人（现在主要由出生在西瓦尼亚的第二代人组成），已经完全接受了西瓦尼亚人的文化模式，丧失了对蒙多维亚族群的任何归属感。他们的宗教信仰已变成了西瓦尼亚人的宗教，对于那些主要或完全由蒙多维亚人组成的任何社区组织，他们采取的是回避的态度，他们在各个阶级层次上参与进西瓦尼亚人的社交小集群、俱乐部和机构，并受到热情接纳。他们与西瓦尼亚人自由频繁地通婚，西瓦尼亚人对他们也没有偏见或歧视（一个原因是他们与其余的西瓦尼亚人在文化行为上和社会结构上不再有任何差别）。在西瓦尼亚的公众生活中也不再产生族群价值冲突问题——因为蒙多维亚人已与东道主国家的文化和社会完全同化。注意，在此我们仅从社会学角度上进行分析，而对设定这样一个目标的必要性、可行性或道德正确性不作任何判断。仅仅是为了方便，我们才进行了这种抽象的设想，建立起一个“理想类型”（ideal type）——这一理想类型并不表示它在价值意义上是最值得追求的，而只是代表“同化”概念的不同组成部分以及它们之间的关系，这些关系被表现于“纯粹的”、没有任何先决条件的形式之中（“理想类型”这个方法论工具，是由德国社会学家马克斯·韦伯创立和命名的）。

70 通过这个例子，我们可以认识到讨论所涉及的七个相关的主要变量。换句话说，在蒙多维亚人同化进西瓦尼亚社会的过程中，发生了七个基本的亚过程（subprocess）。这些亚过程可以进行如下的排列。我们可以说，蒙多维亚人已经：

1. 将他们的文化模式（包括宗教信仰、礼仪习惯）改为西瓦尼亚人的文化模式；

2. 与西瓦尼亚人建立起大规模的初级群体关系，即完全进入由西瓦尼亚人的各种群体、机构和社会结构所组成的社会网络之中；

3. 与西瓦尼亚人通婚，并在血缘上完全混合；

4. 具有了西瓦尼亚人的群体性或族群性，并取代了原来的蒙多维亚人的相应意识；

5. 不再遭遇到当地人的歧视行为；

6. 不再面临当地人对他们的偏见态度；

7. 当他们提出涉及西瓦尼亚社会的公共或世俗生活本质的要求时，不会引起任何与本土西瓦尼亚人发生价值冲突和权力冲突的问题（如生育控制问题）。

这些步骤或亚过程的每一步，均可被视为同化过程的一个特殊阶段或方面。因此，我们可以把它们概括为同化的各种类型。比如，我们可以用“结构同化”来指蒙多维亚人进入西瓦尼亚人的初级群体关系之中，或者用“认同意识同化”来描述对西瓦尼亚群体性的接受。对于一些特定的同化亚过程，已经存在着特定的用语，我们已经在前面做了介绍。例如文化或行为同化就已经被定义为“文化适应”。在表 5 中我们列出了同化亚过程或变量的一般名称和已有的特殊名称。

表 5　同化变量

亚过程或条件	同化的类型或阶段	特殊名称
把文化模式变为主流社会的文化模式	文化或行为同化	文化适应[1]

① 有关双向的文化影响问题，我们将在后面谈到。

在基层群体层次上，大规模进入东道主社会的小集群、俱乐部、机构	结构同化	无
大规模族际通婚	婚姻同化	血缘融合[①]
发展出完全基于东道主社会的群体性意识	认同意识同化	无
族群之间消除偏见	态度接受同化	无
族群之间消除歧视	行为接受同化	无
族群之间消除价值冲突和权力冲突	公民同化	无

71 同化过程不仅仅主要涉及的是一个同化程度问题。很显然，上面区分开的各阶段或亚过程也会各自在不同的程度上发生。

在刚才的例子中，同化现象发生在社会和文化的方方面面，在移民到来之前，这些社会和文化一直为东道国的本地人所专有。在其他情景中，当新群体到达时，在东道国社会中可能已经存在几种亚社会与
72 亚文化，但是其中必然有一种亚社会及其生活方式，或者因为最早占领该地而先拥有了权力，或者凭借人口数量的优势在社会上占据了支配地位。在两种情况下，我们都需要用一个术语来代表占支配地位的亚社会，它为其他群体的调适及测量调适的程度提供了标准。我们已尝试使用过“东道主社会”（host society）这个术语，但现在它需要一个更加中性的名称。A. B. 霍林斯黑德在描述纽黑文市的阶级结构时，用

① 我在此用这个术语，并非是基于两个相互通婚和杂交的群体的种族多样性。由于对“种族”一词含意的理解的加深，以及它作为一个科学术语的相对性和随意性，这个标准变得更不重要了。我们可以谈论这两群人所代表的“基因池”（gene pool）之间的“血缘融合”或混合，而不用去管这两个基因池有多么相似或相异。

“核心群体”(core group)来指称殖民地时代沿袭下来的传统美国家庭,他们主要是盎格鲁—撒克逊人的后裔,在传统上即由他们支配着社区权力和地位体系,这个城市其他群体阶级体系的主文化模型(master cultural mould)也是由他们提供的。[①] 乔舒亚·菲什曼也提到过美国生活中的“核心社会”和“核心文化”。这个核心“本质上是由白人新教徒和中产阶级构成的,所有其他成员都被这个核心所吸引”。[②] 如果美国生活中有什么东西可以被视为美国的主体文化,并能为移民及其子女提供参照的话,那么在我们看来,对于它最好的描述就是,它是那些新教徒的、大部分拥有盎格鲁—撒克逊背景的白人中产阶级所拥有的文化模式。而后期进入美国文化并对其有微弱影响的其他文化,只能暂 73
时摆在一边,同时为了研究的目的,上中等阶级与低中等阶级在文化世界中的差别可以被忽略。

有一点,我特别希望不要被误解。我从未暗示说,非盎格鲁—撒克逊人的人群对美国文明的贡献很小或微不足道。恰恰相反,有许多美国人,他们的祖先并非来自英国,其传统也是非英国的,在许多情况下甚至与英国传统有距离,但他们在工业、商业、专业技术、艺术方面所取得的成就是绝对超群的,许多个体成员的成就极其辉煌。再考虑到这

① 参见 August B. Hollingshead, “Trends in Social Stratification: A Case Study”, *American Sociological Review*, Vol. 17, No.6 (December 1952), p. 686; August B. Hollingshead and Frederick C. Redlich, *Social Class and Mental Illness*, New York: John Wiley and Sons, 1958, 第3—4章。我并不完全清楚,Hollingshead 用“核心群体”一词,是仅指上层和中上层的旧美国家庭,还是指整个阶级结构中的美国人。

② Joshua A. Fishman, “Childhood Indoctrination for Minority Group Membership and the Quest for Minority Group Biculturism in America” (mimeo). 这篇论文的修订版以“Childhood Indoctrination for Minority Group Membership”为题发表,见“Ethnic Groups in American Life”, *Daedalus: The Journal of the American Academy of Arts and Sciences*, Spring, 1961。对于使用“核心文化”这个术语指美国低中等阶级的文化,也参见 Jurgen Ruesch, “Social Technique, Social Status, and Social Change in Illness”, in Clyde Kluckhohn and Henry A. Murray (eds.), *Personality in Nature, Society, and Culture*, New York: Alfred A. Knopf, 1948。

些非盎格鲁—撒克逊人群体对美国工业和农业发展的贡献,对社会人口的巨大的实质性影响,我们可以说,20世纪中期美国的伟大是具有不同种族、宗教、民族背景的人共同贡献的结果。[1]尽管如此,我的观点是,除了一些例外,当移民们及其子女成为美国人时,他们作为工人、农民、医生、律师、科学家、艺术家等的贡献,是通过文化模式的方式做出的。这些文化模式主要由美国文化所塑造。美国文化则以具有英国特征的盎格鲁—撒克逊文化为主体,其支配地位从殖民地时代即已开始,它的文化统治在美国至今未受到严重的威胁。人们必须区分开文化模式自身的影响和对社会进步与发展的贡献。对美国移民及其子女而言,在后者的领域中,他们才产生了决定性的影响。

74 因此,我赞成菲什曼把由白人新教徒中产阶级所组成的群体称之为“核心社会”,或用我的术语“核心亚社会”;将这个群体的文化模式称为“核心文化”或“核心亚文化”。我将使用霍林斯黑德的术语“核心群体”,来指称位于任何社会阶级层次的白人新教徒。

现在,让我们暂时再回到我们虚构的西瓦尼亚国土,并想象一下蒙多维亚人的另外一场有着明显不同结果的迁移。在这场迁移中,西瓦尼亚人从蒙多维亚人那里接受了许多新的行为模式和价值观,就像蒙多维亚人改变了许多他们的习惯以期与西瓦尼亚人的风俗一致那样。这种相互变化基于恰当的修正和相互妥协。在这个过程中,一种新的文化体系渐渐形成。它既不完全是西瓦尼亚人的,也不完全是蒙多维亚人的,而是两者的混合。这是一种复合文化,是“熔炉”的产物。这个熔炉将两个群体的文化在同一个社会容器中熔化,形成统一标准的新文化产品。当然,这个过程也包括了初级群体和次级群体层面的彻底的社会混合,以及大规模的族际通婚过程。这个熔炉让两个社会群体在社会和文化上合二为一。

① 参见 Oscar and Mary F. Handlin, Chapter 1, “The United States”, in *The Positive Contribution by Immigrants*, Paris: Unesco, 1955。

在此，我们不想讨论刚才所描绘的这一过程是否可能。它也是一个“理想类型”，是一种不同于我们所能实际测度的已发生事实的抽象。我认为我们分解开的同化过程的七个变量，能够对“熔炉”和“对核心社会和文化的适应”这两个目标进行测量。这就是说，在设定了“熔炉”目标后，我们就可以问，两个群体在多大程度上发生了文化适应并形成一种复合文化，以及在多大程度上发生了社会结构的混合，等等。[①] 我们现在已经有了一个同化模型，这个模型有七个变量，我们可以应用这 75
些变量，参照两个不同目标系统中的任何一个，对同化过程进行分析。这两个目标系统是：(1)“对核心社会和文化的适应”(adaptation to the core society and culture)；(2)“熔炉”(melting pot)。在理论上，参照对“文化多元主义”(cultural pluralism)的目标系统的执行，对这一变量分析模型的应用也是可能的。但是由于人们对文化多元主义的概念本身的理解还很不充分，所以这种做法显得还不成熟。在后面的章节，我们将考察这七个变量与文化多元主义概念的关系。而对“熔炉”这个概念，我们也将作进一步的讨论。

现在，让我们在美国选择一个“少数”族群，尝试应用同化模型来进行分析。表6中的范式让我们得以简要地、有比较地来记录并总结大量信息。为清楚起见，我们在此考察四个群体：黑人、犹太人、天主教徒(黑人与说西班牙语者除外)、波多黎各人。基本的参照目标是“适应核心社会和文化”。在此意义上，表中各条可被视为假设。注脚将对本表做出限定性解释，对每栏标题的定义，读者可参阅表5。

① 感谢宾夕法尼亚大学的理查德·D. 兰伯特(Richard D. Lambert)教授。他指出，如应用我的这一系列变量，必须参照同化的基本目标。而在我原先的论文大纲中，我只将其用于“适应核心社会和文化”的目标系统。

76

表6 同化范式

（应用于在美国所选择的群体，基本的参照目标：核心社会和文化的适应）

群体	同化类型						
	文化的[①]	结构的	婚姻的	认同意识[②]	态度接受	行为接受	公民的
黑人	随阶级而变[③]	否	否	否	否	否	是
犹太人	本质上是	否	本质上否	否	否	部分	大部分
天主教徒（黑人与说西班牙语者除外）	本质上是	部分（随地区而异）	部分	否	部分	大部分	部分[④]
波多黎各人	大部分否	否	否	否	否	否	部分

社会学理论有一项任务，那就是不仅要在任何一个给定的社会过程或情境中识别出存在的因素和变量，而且要假定这些变量之间的相

① 当然也发生了一些双向的文化影响。自从与美国印第安人第一次接触以来，美国的语言、饮食、娱乐方式、艺术形式、经济技术等已受到非盎格鲁—撒克逊群体文化的某些影响。但是美国文化的影响更大，因而双向影响作用较小。参见 George R. Stewart, *American Ways of Life*, New York：Doubleday Co., 1954，可参阅我们后面章节的讨论。此外，少数民族群体并没有完全放弃他们在移民来美国之前所保有的文化模式。他们特别保留了新教以外的宗教。因此我用“本质上是”(substantially Yes)来表示这种适应程度。

② 正如我早已指出的，在一个复杂的现代社会中，民族认同可分为几个“层次”。我并非指美国黑人、犹太人和天主教徒不把他们自己看作是美国人。他们认为自己是美国人，只是他们还保有一种“深层”的群体性意识，即认为他们是黑人、犹太人、天主教徒，而不是“白人新教徒”或“盎格鲁—撒克逊的白人新教徒”。后者才是相应的核心社会的深层民族认同。

③ 尽管很少，在美国黑人中也发现了非洲文化的痕迹。下层黑人生活中的奴隶制残余、内战后的歧视、城乡的贫困，以及由外部力量造成的与白人中产阶级世界的隔离，这些都使得他们与美国文化规范相距甚远。另一方面，上中层黑人已经适应了美国的核心文化。

④ 此处，出现“部分”的原因是，天主教徒与其他大部分美国人在诸如生育控制、离婚、人工流产、政教关系等问题上的价值差异和权力冲突。

互关系。让我们用这个观点来审视一下这七个同化变量。我们注意到，
表6中列举的四个族群，实际上只有波多黎各人被认为并未在文化上
被同化。波多黎各人是相对较晚才来到美国的一个主要移民群体。在 77
黑人（他们是美国最老的少数群体之一）那一栏，我们发现除了在各社
会阶级层面发生了文化同化外，在多数其他变量方面也并未发生同化。
这两个并列的事实，为我们理解文化同化与其他变量的关系提供了一
条线索。这种关系可表述如下：（1）文化同化，或文化适应，可能是少
数群体移民后最早发生的第一类同化；（2）即使其他任何类型的同化
没有同时或随后发生，少数群体的文化同化或文化适应也有可能发生，
并且这种"只发生文化适应"的状况，有可能会无限期继续下去。

如果考察一下来到美国的移民的历史，这两个命题看起来都可以
得到证实。在这个共和国诞生后，一次次的移民浪潮不断扩散到全美。
这些移民起初来自北欧和西欧，随后来自南欧、东欧和东方。最早出现
的同化过程，就是他们接受了英语和美国人的行为模式，甚至当新移民
殖民地的创立将他们的成员从美国人"核心社会"的广泛的初级关系
中隔离出来时，甚至在人们对少数族群的偏见和歧视还十分强烈时，实
际发生的同化过程也是如此。尽管在第一代移民当中，对英语和美国 78
人行为模式的接受还只是部分的，但是对于在美国公共学校培养的、母
语已是英语的移民第二代人及以后各代人而言，美国文化适应过程的
影响已经占据了绝对优势。剩下的是社会阶级流动以及这种流动所要
求的某种文化适应问题。在另外一个方面，成功的文化适应并不能保
证每一个少数群体成员都能够进入白人新教徒的初级群体和社会组织
（即亚社会）。除了那些来自北欧和西欧的白人新教徒移民（特别是斯
堪的纳维亚人、荷兰人、德国人）之外，总的来说，社会基础层面上的结
构性混合并未发生。这种成功的文化适应也没有能够消除族群偏见和
歧视，在大多数情况下，也没有导致他们与核心社会成员之间大规模族
际通婚的现象。

我对美国式经历所体现的文化适应过程的速度和成功性所作的概括性结论，仅有如下几个限制条件：(1)如果一个少数群体在空间上被孤立，或在农村地区被隔离开(无论是否自愿)，例如美国印第安人仍然居住在他们的"保留地"里，那么他们的文化适应过程将是十分缓慢的；(2)如果不同寻常且十分明显的歧视(如美国黑人所遭受的歧视)一直剥夺了大量少数群体成员的受教育机会和就业机会，使得他们注定要停留在劣等生存环境中，那么，该群体的文化适应过程就会被无限期拖延。从美国历史的长远观点看，以美国黑人为例，这种歧视无论如何只会导致文化同化的拖延。使情况好转的某些迹象是，现在开始出现了数量明显的黑人中产阶级。

在我们结束对文化适应变量及其关系的特定考察前，最好先区分
79 一下两类文化模式或文化特质，它们可用以表示任何一个族群的特征。有一些方面如宗教信仰和实践、族群价值观、音乐爱好、大众娱乐方式、文学、历史语言、对共同经历的认识，它们是这个群体文化遗产和传统的必不可少、至关重要的组成部分，而且它们也恰恰来自这种遗产。我们称其为本质的(intrinsic)文化特质或模式。其余的诸如服饰、举止、感情表达方式和在英语发音上的小瑕疵，往往是一个群体在适应当地环境的历史和现实过程中的坎坷经历的产物(也反映出社会阶级的经历和价值)。在真正意义上，它们是外在于该群体族群核心文化传统的，这些可称之为非本质的(extrinsic)文化特质或模式。举例说，来自东欧、南欧的移民信仰天主教和犹太教，这与美国核心社会及其新教徒的宗教归属，在本质文化方面表现出一种差异。核心社会的中上层美国人，其情感表达比较含蓄，与之相比，东南欧农民则更加容易激动和情绪化，这个方面就构成了二者在非本质文化上的差异。再举一个例子，最近从南方迁入各地城市的下层黑人，其与众不同的说话方式或暗语在南北部城市都广泛流行。这就是外在环境的产物，而不是黑人文化必不可少的东西，因此它也是一种非本质的文化特征。这种暗语是黑人

实现社会流动和适应核心社会文化的一个很大的障碍。倘若它消失了，黑人作为一个群体的自我认定，或者黑人的族群历史感与认同感，都并不会因此而受到重大影响。尽管对本质文化和非本质文化的区分是尝试性的，并且不可能同样地应用于所有的文化特质上，但它还是很有用 80
的概念，特别是在涉及与偏见和歧视的关系时，这种区分有助于我们进一步理解文化适应过程。

当我们再次检视同化过程中的一系列变量时，其他几种相互关系便自行显现了出来。其中之一，就是我们发现"结构同化"和"婚姻同化"二者依据各自发生的时间顺序联系得十分紧密。这就是说，少数族群成员在初级群体层次上进入核心社会的社会小集群、俱乐部、机构，这将会不可避免地导致出现相当数量的族际通婚。如果族群背景不同的孩子先是属于同一个游戏群体，后来又属于同一个青少年小集群，在大学又属于同一个联谊会，而且他们的父母属于同一个乡村俱乐部，而且彼此会邀请对方到自己家中晚餐，那么，这些孩子长大后就可能会互相恋爱、结婚，并可能在欢愉的关系中完全忘却各自先前的族群出身。一些努力想维持自己族群认同的宗教性或民族性的群体的领导人认识到了如上的联系，于是便大量增设青年团体、成人俱乐部和社区机构，这些组织常常将其成员的初级关系交往范围完全限定在本宗教或本族群内部。①

作为"结构同化"不可避免的产物，如果"婚姻同化"也全面发生，那么少数群体就会在较大的东道主社会或核心社会中丧失其原有的族群认同意识，于是"认同意识同化"便发生了。偏见和歧视便也不再是一个问题，因为原先的这些少数群体的后裔最终将变得不可识别。初级群体关系也往往变成一种包括所有群体成员的"内群"感

① 可参阅 William E. Vickery and Stewart G. Cole, *Intercultural Education in American Schools* (New York: Harper and Brothers, 1943, pp. 43—44) 一书中所做的对文化特质类型的区分。

(“in- group” feeling)。如果所有的本质和非本质文化特质上的同化都
完成了,那么在现在已分散到社会各个部分的少数族群后裔和核心社
会成员之间,就不可能产生关于公共或世俗问题的价值冲突。因此,余
81 下的这几类同化就都完成了,就像是被一次出色的击打接连撞倒的一
组保龄球一样。我们暂时可作如下概括:一旦“结构同化”(或与“文化
适应”同时,或随其后)发生,那么所有其他类型的同化将自然而然地
随之而生。几乎无须指明的是,正如我们上面所强调的一样,尽管“文
化适应”并不必然导致“结构同化”,但“结构同化”会不可避免地产生
“文化适应”。因此,正是“结构同化”而非“文化适应”才是同化的关键。
但这种同化的代价是,一个独立的族群及其独特价值将会消失。

通过这些变量还可显示出许多其他重要的假设和问题。当然,最
重要的一个问题是:当“文化适应”发生而“结构同化”并没有发生时,
“态度接受”同化和“行为接受”同化(即抛弃偏见和歧视)是否会发
生?我们的分析模型能否应用到“文化多元主义”上?这也是一个关
键问题。我们将在后面的章节中对此进行讨论。另一个有趣的问题是:
在核心群体与少数族群之间的本质文化差异与非本质文化差异二者当
中,哪一个与偏见和歧视具有更为密切的关系?我的假设是,至少在
我们的时代,非本质文化上的差异比本质文化上的差异更容易产生偏
见。[①] 宗教信仰上的差异,并不必然导致20世纪美国社会中彼此之间
82 的尖酸刻薄[②],尤其是当宗教差异发生在那些外貌、说话方式、行为举止
显然一致的美国本土中产阶级中的时候。一方面,贫民窟中的青少年
穿着祖特服[③],留着连鬓胡子;另一方面,美国中产阶级则衣着保守,循

① 参见 William E. Vickery and Stewart G. Cole, *Intercultural Education in American Schools*, p. 45。

② 参见 R. M. MacIver 的名言:“但是我们没有找到足够的理由,将宗教本身视为引起美国社会日常关系中的表现出来的紧张、分裂的重要因素。”参见 *The More Perfect Union*, New York: The Macmillan Co., 1948, p. 12。

③ 若干爵士乐迷及西印度群岛居民穿的衣服,其上衣及膝,裤子狭窄。——译注

规蹈矩。这两群人之间在非本质文化特质上的差异,明显地使他们彼此之间产生怀疑和敌意。这并不是说,美国族群间本质价值的差异(尤其是当这些差异已大到影响美国公众生活时)不会产生权力冲突。但是人们必须区分开非理性的族群偏见和公众场合中的群体冲突。前者可能被称为守旧意识,后者则是基于相反价值观之间的冲突,此时的双方往往是在真诚地各执己见。

现在我们不再讨论分析模型中的变量[1],因为前面的讨论已说清楚了它们的潜在用途。现在,我们有了一个分析框架——一套概念范畴, 83
它使我们真正认识到了同化过程的复杂性,注意到了它变动的多种方向,辨别出了其中某些部分之间的关系。当我们考察同化理论和美国历史上少数群体的生活时,这种分析工具能够很好地为我们提供服务。

---

① 客观的歧视行为现象,能否在主观的偏见态度削减或根除之前而被削减或根除?这一问题引起当前许多社会科学家和其他群际关系问题关注者的极大兴趣。我们可以借助我们的模型对这个问题加以考虑。那么,可以认为“行为接受的同化”会先于“态度接受的同化”吗?最高法院禁止公立学校中的种族隔离,各州和各市也立法反对歧视。这当然构成了对一个假设的检验。这个假设是:“即使偏见依然存在,对歧视的法律限制也可能是成功的,因为这样的法律限制实际上可能会削减偏见。”参见 Robert K. Merton, “Discrimination and the American Creed”, in R. M. MacIver (ed.), *Discrimination and National Welfare*, New York: Harper and Brothers, 1949;也可参见 Arnold M. Rose (ed.), *Race Prejudice and Discrimination* (New York: Alfred A. Knopf, 1951) 一书中的两篇文章:一篇为 David W. Petegorsky, “On Combating Racism”, 另一篇为 Arnold M. Rose, “The Influence of Legislation on Prejudice”。还可参见 John P. Roche and Milton M. Gordon, “Can Morality Be Legislated?” *The New York Times Magazine*, May 22, 1955, 重印 于 Milton L. Barron (ed.), *American Minorities*, New York: Alfred A. Knopf, 1957; National Community Relations Advisory Council, *The Uses of Law for the Advancement of Community Relations*, A Report of the Special Committee on Reassessment, June, 1955。

第四章

同化的理论(一):导论和盎格鲁一致性

84 当我们简要地讲述美国至今的历史时,肯定会集中在殖民地的设立和移民等主题,自从这个民族建立后,约有 4100 万移民来到美国,正是这些移民构成了世界历史上最大规模的人口迁移潮。但是,对于应当如何设想或讨论一个人们所期待的社会模式,美国人却几乎没有给予任何明确的关注。而正是这样一个模式,构成了人们修正自己行为的一个选择性目标,为那些具有不同背景的移民在适应美国社会时提供一个他们所期待的行为指南,还可以用来描述移民所实际经历的调适过程。此外,我们在文献当中发现的有关这一议题的那些讨论,通常是被嵌入在虚饰风格的浮夸辞藻中,而不是为了推进概念清晰化和分析各种差别所进行的精细计量。在有些情况下,在一些讨论中所讲的究竟是“理想目标”,还是在谈论已经发生的历史过程,还是同时涵盖了二者?对此,我们只能做出个人的猜测性判断。毫无疑问,有一些推论可能是根据对北美土著人对移民和人口迁移所做出的具体实际行动的分析所得出的。随着 20 世纪与此相关的事件不断增长和日趋复杂,如
85 何清晰地思考和表述这一问题,就变得尤为紧迫。但尽管如此,对于美国社会中那些具有多元社会背景和文化特征的人之间所发生的“同化”问题,它所得到的理论关注与其重要性是不相符的。其结果是,如果要

对贯穿美国历史过程的“同化”问题的理论关注进行描述和分类,就必须面对材料贫乏的现状,以及这些记录所揭示出的意义的含混和分析的不完整。

在美国经历的整个过程中,那些“哲学”或者是“同化”的目标体系已经围绕着三条轴线聚集成三组命题,这三个核心的意识形态趋向可以被分别称作:“盎格鲁一致性”① (Anglo-conformity,这是科尔使用的术语)、“熔炉”和“文化多元主义”②。用最简单的方式来讲,我们可以说:“盎格鲁一致性”理论要求移民们接受美国的盎格鲁—撒克逊核心群体的价值观念与行为方式,彻底放弃自己祖先的文化;“熔炉”理念设想的是盎格鲁—撒克逊群体与其他移民群体实现生物学的合并,把它们各自相关文化混合成为一种全新的美国本土文化模式;“文化多元主义”假定新近移民群体的社区生活和文化的重要组成部分在美国公民权的框架下能够得以保存,同时这些移民群体能够在政治上和经济上被整合进美国社会。围绕这三个核心框架,有些人会对“同化”目标提出各种不同的个人修订,但是我们很快就会发现,基本核心趋向是保 86
持不变的。

作为为“同化”过程所设定的一个明确的目标体系,“文化多元主义”到了较晚的年代才出现在美国这片土地上,它基本上是对20世纪美国的经历进行反省的发展结果。无论那些非盎格鲁—撒克逊移民群体曾经有过哪些无意识的或未曾表达的文化目标,也不管殖民地时期和19世纪文化多元主义曾以何种程度在美国存在过,但是在那些年

① G. Cole and Mildred Wiese Cole, *Minorities and the American Promise*, New York: Harper and Brothers, 1954, Chapter 6.

② Isaac B. Berkson, *Theories of Americanization*, New York: Teachers College, Columbia University, 1920; Julius Drachsler, *Democracy and Assimilation*, New York: The Macmillan Co., 1920; William E. Vickery and Stewart G. Cole, *Intercultural Education in American Schools*, New York: Harper and Brothers, 1943; Stewart G. Cole and Mildread Wirse Cole, *Minorities ancl the American Promise*, New York: Harper and Brothers, 1954.

代里，美国生活的主要特征就是以或含蓄或明确的方式坚持信奉一种理论，即要么要求人口当中那些不是来自英伦三岛的成员们接受“盎格鲁化”，要么希望能够从欧洲的多种传统中锻造出一种新的美国文化类型。

在独立战争时期，美国白种人口从来源上讲主要是来自英格兰的新教徒，但是也已经吸收进相当数量的德意志人、苏格兰—爱尔兰人，以及人数稍少一些的法兰西人、荷兰人、瑞典人、瑞士人、南爱尔兰人和波兰人，还有数量很少的来自欧洲其他民族的移民。天主教徒也拥有一定数量，主要居住在中部的殖民地。犹太人属于早期抵达的居民，但数量很少。除了基督教贵格会和少数传教士以外，白人殖民者整体上是以轻蔑和敌视的态度在对待土著印第安人和他们的文化，把他们从沿海平原驱逐出去，并且把西部边疆变成血腥的战场。[然而，这并没有妨碍移居的欧洲人接受土著人的农业作物（如玉米和烟草），学习他们的野外生存技能，以及沿用土著人曾使用的地名。] 虽然在这个时期，黑人已经构成了人口的几乎五分之一，但是他们的奴隶身份，加上种族和文化的偏见，使得他们从未被美国社会认真地考虑为可同化的元素。虽然许多具有欧洲起源的民族群体曾经开始考虑设立自己的族群
87 飞地［宾夕法尼亚州的德意志镇（Germantown）是第一个真正的德意志族群居住的镇，17 世纪威尔士移民在宾夕法尼亚州试图建立一个他们自我治理的“男爵领地”（barony），但是被威廉姆 · 佩恩所劝阻］，大多数历史学家坚信，最终真正发生的是在白种人之间相当程度的族群混合。两位著名的美国历史学家这样描述殖民时期：“具有不同血缘的人们，英格兰人、爱尔兰人、德意志人、胡格诺教徒[①]、荷兰人、瑞典人，他们相互混居并且通婚，丝毫也不在乎彼此之间的差异。”[②] 在这样一个社

① 16—17 世纪法国加尔文派教徒的称呼。——译注

② Allan Nevins and Henry Steele Commager, *America: The Story of a Free People*, Boston: Little, Brown and Co., 1942, p. 58.

会,在人口中占据优势的是英格兰人,白人移民中的其他族群要么讲英语,要么主要来自北欧和西欧国家,他们与英格兰的文化差异并不大。占统治地位的白种人通过法令和宣言排除了非白人的少数群体的福利诉求,我们可以理解的是,此时的同化问题并没有显得非常突出或者复杂。

在下一个半世纪里发生的事件带有不断积累的惯性,它们粉碎了在殖民地时期和独立战争后相对单纯的条件下产生的自满情绪。在19世纪中叶,那些躲避饥荒的爱尔兰人、德意志人和斯堪的纳维亚人(以及少量英格兰人和来自北欧和西欧的其他族群)大规模地移民到了美国[他们被称为"老移民"(old immigration)];随后出现的是黑人奴隶的解放和南北战争后美国社会重建所带来的问题,被征服而且文化遭到破坏的印第安人在政府设定的保留地上被重新安置,随后到来的是被西部金矿的发现和其他机会所吸引的亚洲东方人群;最后,到了19世纪的后二十五年和20世纪初期,则是来自南欧和东欧农村 88
地区的、其规模难以估量或想象的移民大潮[所谓的"新移民"(new immigration)],以及逃避当时的迫害和产业转换的移民。所有这些事件构成了我们前面谈到的"同化理论"之所以兴起的时代背景。[①] 我们将会对这些事件逐个地进行考察。

① 关于美国移民史的调查和讨论,参见 Marcus Lee Mansen, *The Atlantic Migration, 1607—1860*, Cambridge, Mass.: Harvard University Press, 1940; *The Immigrant in American History*, Cambridge, Mass.: Harvard University Press, 1940; Oscar Handlin, *The Up-rooted*, Boston: Little, Brown and Co., 1952; *Race and Nationality in American Life*, New York: Doubleday and Co. (Doubleday Anchor Book), 1957; *The American People in the Twentieth Century*, Cambridge, Mass.: Harvard University Press, 1954; Maurice R. Davie, *World Immigration*, New York: The Macmillan Co., 1936; Donald R. Taft and Richard Robbins, *International Migrations: The Immigrant in the Modern World*, New York: The Ronald Press Co., 1955。

盎格鲁一致性

“盎格鲁一致性”是一个有如“雨伞”那样宽泛的术语，它可以涵盖各种有关同化和移民的观点。但是这些观点都有一个核心的假设，那就是在同化的过程中必须保持（被美国革命改造过的）在美国人生活中占据主导地位和作为行为标准的英格兰式的社会组织、英语和英格兰导向的文化模式。然而，与这一假设密切联系的是人们持有的具体态度，在这幅态度分布光谱的一端的，是信誉扫地的有关种族和“日耳曼人”、“雅利安人”种族优越性的理念，以及本土主义的政治活动和排外主义的移民政策，具有这种理念的移民政策体现在某种杂乱并缺乏深刻思考的、对来自北欧和西欧移民的欢迎态度中（“他们更像我们”）；而在光谱另一端的观点则是，只要移民们及其后代能够充分地接受盎
89 格鲁—撒克逊文化模式作为自己的行为标准，他们就对来自任何地区的移民不表示反对和敌意。

“盎格鲁一致性”以其较适中的形态逐渐成型，并且成为贯穿美利坚民族历史的最流行的同化理念。在殖民地年代，对于具有不同宗教背景和不同民族背景（或二者兼有）的“外国人”的怀疑，一直是十分普遍的。[①] 这些顾虑在宾夕法尼亚州表现得特别突出，因为这个州接受了最多的非盎格鲁—撒克逊移民，在美国独立战争的前夕，这个州的人口差不多有三分之一是德意志人。莫里斯·戴维写道，本杰明·富兰克林“由于德意志人所具有的部族性、对英语的几乎一无所知、德文出版业以及对翻译人员需求的不断发展，曾经对这些德意志人十分担心。关于后一点，他曾经这样说，‘我猜想用不了几年，在州议会里，有一半的议员就需要人们告诉他们，另外一半议员在说些什么’。他并没有完全

① 参见 Roy L. Garis, *Immigration Restriction*, New York: The Macmillan Co., 1927, Chapters 1—2; Maurice R. Davie, *World Immigration*, New York: The Macmillan Co., 1936, Chapter 2。

排斥他们，而是促使移民们在地理上有更广的分布，并在更大程度上与英语居民混合”。①

美利坚民族的国父们并不是没有考虑到偏见问题。宗教的分离以及教会与国家之间的脱钩使得没有一个宗教群体（如新英格兰公理会、维吉尼亚圣公会，甚至所有新教教会的总和）能够向政府要求任何特别的优惠或支持。因此，人们的宗教良知是自由的，这也是他们所鼓励的新的国家政策的基本方位。（在乔治·华盛顿的第一个总统任期内，他曾经给纽波特市的犹太人会众写道：“美利坚合众国政府……不禁止宗 90
教偏执，也不支持宗教迫害。”）人们与祖先故地英格兰之间的政治差异已经在战场上得到了解决，但是没有理由就认为，人们把这个刚刚出生的民族看作为了把欧洲各种文化汇集在一起的一个没有偏见的熔炉，或者看作是一个新生的“多民族的民族”（nation of nations），或者视为（经过重要的政治形式调整的）一个以盎格鲁—撒克逊语言和组织形式作为标准的某个社会。事实上，他们为了争取民主和共和体制而新近赢得的胜利使得他们特别焦虑，因为革命的果实仍然是不稳定的，它不应当受到那些在生活经历中曾遭受专制君主政体束缚影响而且数量巨大的欧洲移民的威胁。所以，尽管他们明确地为那些在欧洲遭受迫害压制、需要救助的不幸者设想了一个新的美利坚合众国，华盛顿和杰斐逊两人对一个过于自由的政策还是表现出了特有的保留态度。在1794年，华盛顿在给约翰·亚当斯的信中写道：“我对于移民的观点是，除了那些有用的技师和一些特定种类的人员或专业人员外，我们没有必要去进行鼓励，那些出现在一个实体（body）中的移民（我指的是把

① Maurice R. Davie, *World Immigration*, New York: The Macmillan Co., 1936, p. 36. 关于富兰克林原文的出处，注明如下："Letter of Benjamin Franklin to Peter Collinson, 9th May, 1753, on the condition and character of the Germans in Pennsylvania", in *The Works of Benjamin Franklin*, *with notes and a life of the author*, by Jared Sparks, Boston, 1828, Vol. VII, pp.71—73。

他们安置在一个实体中)可能会出现很大的问题,因为在这种情况下,他们会保留他们所带来的语言、组织和人生原则(好的或坏的)。”[①] 托马斯·杰斐逊看待种族和奴隶制的态度非常开放,在他那个年代也是超前的,但他也曾对来到美国的大规模移民对美国社会的影响持有某种疑问,虽然他也承认,这些移民“如果是自愿前来,……他们应该被授予公民的所有权利”,但他在 18 世纪 80 年代初期写道:“对于外国移民数
91 量增长所带来的好处,我们不是很容易就可以看到吗?为了在社会中联合起来的那些人的幸福而言,在他们必须通过合作来应对的事务中,他们唯有尽可能地相互保持和谐。社会建构的唯一目标就是公民政府,它的行政体系的建立必须得到公众的同意。每种类型的政府都有自己特定的原则。我们的政府在这个世界上也许比其他政府更加特别,它由英格兰体制中最自由的原则再加上取自自然权利和自然理念的信条所组成。对于这些原则而言,最最不能接受的就是绝对的君主专制。从这一点出发,我们期待着大量移民到来。但是,他们极有可能把他们青年时代接收的关于政府的理念带到美国来,或者,假如他们能够把这些原有的政府理念彻底抛弃,他们又可能变得毫无拘束,无法无天,从一个极端跳到另一个极端。假如他们能够准确地在适度自由的点上停下脚步,那将是一个奇迹。他们的那些原则和语言将会被传递给他们的子女,他们将根据人口比例来和我们共享立法的权利。他们将把自己的精神注入我们的社会,倾斜和扭曲其方向,将其变成异质性的、支离破碎和心烦意乱的一盘散沙。”[②]

在 19 世纪的前七十五年,美国人对待外国移民的态度可以说是暧

① 参见 *The Writings of George Washington*, Collected and edited by W. C. Ford, New York: G. P. Putnam's Sons, 1889, Vol. XII, p. 489。引自 Maurice R. Davie, *World Immigration*, New York: The Macmillan Co., 1936。

② Thomas Jefferson, *Notes on Virginia*, Query 8. 引自 Saul K. Padover, (ed.), *Thomas Jefferson on Democracy*, New York: The New American Library (Mentor Books), 1946。

昧不清的。一方面,美国非常需要吸收大量移民,以提升各州各地区的人口及其重要性,为大草原上新建的定居点和农场提供人手,以开发矿山,修建铁路和运河,参与新兴产业的发展。在这个时期,没有任何有效的联邦法案限制外国人入境,各州存在这样的法律也只是为了阻止个别可能成为社区负担的人员(如罪犯和乞丐)入境。另一方面,在一 92
个新教徒占绝对优势的社会中,大量贫困的爱尔兰天主教徒到来并成群地居住在东部城市的贫民窟里,这在本地人意识当中唤醒了一度休眠的对于"教皇制度"(Popery)和罗马的恐惧。同时,数量众多的德意志人进入城市和中西部的农场,他们讲不同的语言,过着隔离的社区生活,他们在禁欲和安息日组织方面持一种更加自由的态度,这些都使得他们与盎格鲁—撒克逊的清教徒(Puritan)和福音派(Evangelical)传统发生冲突,并成为人们焦虑的另一个原因。对于外国"激进分子"的恐惧和在劳工当中不时出现的在经济诉求方面的疑虑,都对美国本土主义起到了火上浇油的作用。[①] 使情况变得更糟的是,有些欧洲国家和地区,特别是英格兰和一些德意志城邦,事实上把美国看作是自己遣送罪犯和乞丐的最方便的地方,而且他们也确实在如此行动,而美国法律在很大程度上反而对此没有效力。这些移民旅途中的卫生和饮食条件极度恶劣,这又造成了移民营中的患病和死亡,不管他们如何被评价,移民们仍然能感觉到美国人对他们的反感。在这样一种情况下,即使那些来自英格兰的移民也难逃指责。尽管这个时期入境的英格兰移民中许多是有技能的工匠和农夫,但是那些满载着来自祖先国度救济院和监狱的"不受欢迎的人"而来的船只,还是引起了美国民众的普遍关注。马萨诸塞州参议员约翰·戴维斯在1836年的参议院会议上对他的同僚们说:"现在,先生们,就是这样了吗?大不列颠在道德上有权利把难以承受的、供养本国穷人的负担扔给我们吗?应当允许英国立

① 关于美国本土主义相关元素的分析,参见 John Higham, *Strangers in the Land*, New Brunswick, N. J.: Rutgers University Press, 1955, Chapter 1。

93 法把这些穷人赶出本国，就像强加给我们的税收那样来由我们供养这些人吗？而且英国没有做任何事情来抵消这一政策对我们的影响。让我们这些善良努力的穷人把自己的面包分给那些对我们没有任何正当或自然权利的人，这难道不是错误的吗？除此之外，先生们，难道我们应该无所行动，眼看着这种道德的瘟疫来到我们中间，毒化公众的精神并造成不可弥补的伤害吗？”[1] 在 1830 年，对于一艘抵达诺福克的、载有一群英国老年乞丐的船，《尼罗河周鉴》的社论编辑是这样评议的：“约翰牛[2] 把橘子榨干了，然后又极其傲慢地把橘子皮扔到了我们的脸上……”[3]

在这些担忧所造成的后果中，最极端的例子是 19 世纪 30 年代与 40 年代的本土美国人（Native American）运动，和 19 世纪 50 年代的“美国人党”（American）或“一无所知党”（Know-Nothing），它们组织了反对天主教的运动，要求制定更加严格的归化和移民法律，并要求把在国外出生的人清除出政府机构。这些活动在地方上获得了一定的成功。我们可以看到，它们造成的骚动给社会制度打上了一些“补丁”，但是并没有真正影响国家在移民问题上的立法和政策。同时，我们可以预期，他们的过度谴责也不可避免地引发来自有远见的评论者们的反击。在担任美国总统的几年之前，亚伯拉罕·林肯曾对他的一位老朋友乔舒亚·斯皮德写道：“在我看来，我们堕落的速度真的很快。最初，我们宣称‘所有的人生来平等’并以此成为一个民族（nation）。现在我们在实践中把这句话解读为‘所有的人生来平等，但是黑人除外’。当‘一无所知党’的党徒们控制了国家时，这句话将被解读为‘所有的人生来平等，

[1] Congressional Debates of 1835—1836, Vil. XII, part 2, p. 1378. 引自 Roy L. Garis, op. cit., p.38。

[2] John Bull，指英国人。——译注

[3] *Niles' Weekly Register*, Vol. XXXVIII (July 3, 1830), p.335. 引自 Roy L. Garis, op.cit., p. 39。

但是黑人、外国人和天主教徒除外’。当这一切发生时,我将选择移民去其他至少不会虚伪地装作热爱自由的国家,例如俄国,在那里君主专 94
制是公开而纯粹的,没有掺杂着虚伪。”[1]

来到这个不断向西部扩张领土的国家的新移民潮流在迅速增长,在1841—1850年期间达到了167万人,在南北战争前十年达到250万人。[2] 在这整个时期内,除了“一无所知党”的极端行为外,在“什么是理想的移民管理”这一点上,占主导地位的观念也许可以简要地体现在国务卿约翰·昆西·亚当斯写在一封信里的评议中,在这封信中他回答了弗斯顿维泽男爵(Baron von Furstenwaerther)的质疑:“他们(指来到美国的移民)面临的是一种独立的生活,也是劳动者的生活。如果他们不能使自己适应这个国家在道德、政治和物质上的特质及其平衡善行与恶行的机制,那么,大西洋永远向他们开放,他们可以返回自己出生的祖先的土地。[3] 在这一点上他们必须下定决心,或者,如果只是期待着成为美国人就可以获得幸福,他们对每件事都会感到失望。他们必须抛弃欧洲人的外衣,而且再也不去恢复它。他们必须向前看,要考虑到自己的子孙,而不是总在顾念自己的祖先。他们必须知道,无论他们自己的感觉如何,他们的孩子们也将会坚持这个国家的‘偏见’。”[4] 对于这个已经由英裔人群占主导地位的年轻民族性质,有位作者在1848年 95
发表的对第一代移民条约的评议中作了很好的总结:

---

① 引自 Benjamin P. Thomas, *Abraham Lincoln*, New York, Alfred A. Knopf, 1952, pp. 163—164。

② *Annual Report of the Commissioner General of Immigration* —1930, p. 220;参见 Maurice R. Davie, *World Immigration*, New York: The Macmillan Co., 1936, p. 53。

③ 这是更为优雅的表述,之前的版本是:“如果他们不喜欢这里,他们可以返回他们原来的土地。”

④ 这封信发表于《尼罗河周鉴》, Vol. XVIII, April 29, 1820, pp. 157—158. 摘录被引在 Jesse Chickering, *Immigration into the United States*, Boston, Charles C. Little and James Brown, 1949, pp. 79—80; Marcus L. Hansen, *The Atlantic Migration*, *1607—1860*, pp. 96—97.

> 美利坚合众国的人民，如果作为一个整体来看，是由来自几乎所有国家的移民和他们的后代组成的，但是，他们当中的主要部分从来源上看是来自大不列颠王国，其中包括了英格兰、苏格兰和爱尔兰，几乎所有的人都讲英语，英国式的礼仪虽有所改变，但仍然是占主导地位的，而且英国的自由与冒险精神也激发着全体人民的动力。那些适合于这个国家环境的英国法律和制度，在这里也都得到了采用。……
>
> 新英格兰各州，弗吉尼亚、宾夕法尼亚、马里兰和南北卡罗来纳主要是英格兰人的居住区，纽约和新泽西是荷兰人居住区，密西西比和路易斯安那是法国人居住区，佛罗里达是西班牙裔人群的居住区。在新建立的各州，居民主要来自原来各州的移民，也有一定数量的来自大不列颠、德国、瑞士等国的新移民。我们手里并没有限定来自各国移民准确数字的手段，事情发展的趋势是把所有这些人汇集成为一个民族，他们的主导特征是英国的，这种特征形成于美国的土壤上。[1]

族群对抗逐步被南北战争的汹涌大潮所淹没，这股大潮横扫了这个分裂的民族，战后则是工业规模大扩张年代的开始，同时伴随着面向西部建立定居点的持续进程，这些都创造出对移民的需求，也为移民们提供了优惠的条件。海外移民们的来源国家仍然是北欧和西欧，在这个时期，斯堪的纳维亚各国在移民潮中扮演了更重要的角色，瑞典人和挪威人在西部大草原上的农场定居下来，法裔加拿大人则开始跨越边界进入新英格兰的工业城镇。然而，如雨后春笋般发展起来的资本主
96 义最终还是刺激了排外主义的生长，零星的劳工骚乱的爆发重新唤醒

① Jesse Chickering, *Immigration into the United States*, Boston: Charles C. Little and James Brown, 1949, p.56.

了对外国激进主义的恐惧。反天主教徒的情感也并没有消失,仅仅是进入了休眠状态而已。

1876年美国联邦最高法院宣布,这些对移民的限制违背了国会管理对外通商的特有权力。六年后,第一个处理国际移民的联邦法案生效。这是一个具有针对性的法律,用它自己的话来说,要把精神病患者、白痴、罪犯(不包括政治犯)以及那些可能成为公众负担的个人排除在允许移民的范围之外。在同一年,在太平洋沿岸地区不断增长的排外主义压力导致人们禁止今后引进来自中国的劳工。

事实上,19世纪80年代发生的那些事件开创了一个美国排外主义的时代,随后发生了若干次落潮和涨潮,直至20世纪20年代“配额法”通过之后才宣告结束。[①] 在此前的十年里,不断增长的阶级分野错位和新一波行业罢工在爆炸性的“秣市骚乱”[②](Haymarket Riot)中达到顶峰,这些都加深了人们对国外出生的激进分子的普遍恐惧。本地出生的工人们成功地迫使政府通过了一个法律,它禁止从海外引进合同劳工。市政改革者们开始把城市中的政治腐败、贫困和犯罪与移民的出现联系在一起。新教徒们对于罗马教皇的恐惧再次复苏,他们看到了天主教组织增长的明显迹象,看到了教区学校体系的发展和天主教在一些东北部城市里所具有的重要政治影响力。特别是在1882年,几乎有80万外国移民进入了美国,这是当时最大的数字,在1903年之前的其他各年都没有达到或超过这个数字。更重要的是,19世纪80年代这十年在新移民的来源国方面发生了一个奇特的变化(尽管当时几乎没有人意识到这一点),来自南欧和东欧国家的移民们第一次在移民 97

① 参见 Higham, *Strangers in the Land*, New Brunswick, N. J.: Rutgers University Press, 1955, Chapter 1, 这一章节受惠于 Higham 书中“Patterns of American Nativism, 1860—1925”这一部分。

② “秣市骚乱”是1886年5月4日发生在美国芝加哥秣市广场的警察镇压抗议工人群众的暴力事件。——译注

总数中占有了重要的比例。在随后的十年里，来自这些国家的移民们在数量上占据了主导，意大利人、犹太人和斯拉夫人在数量上超过了英格兰人、爱尔兰人、德意志人和斯堪的纳维亚人。

在世纪之交前的十年里，最著名的排外主义组织是美国保护协会（American Protective Association），它是反天主教的，并对爱尔兰人持有特别的敌意。但是此时那些来自人们相对不熟悉的土地和文化的大量外来新移民（如意大利人、俄罗斯人、奥匈帝国的人和巴尔干人）开始引发美国本土民众的负面关注。这些新移民抵达美国时，正是美国西部边界处于正在闭合或即将闭合的时候，于是他们杂乱地挤在各个城市的贫民窟里，并在产业阶梯的最下层寻找自己的就业位置。此时，新的或直到那时未被强调的、人们不熟悉的旋律开始在排外主义者的七弦琴上奏响，这就是丑恶的种族主义和弦，或者说是杂音。之前对盎格鲁—撒克逊民族性的那些模糊和浪漫的概念，现在与族群中心主义、遗传学的初级知识、进化论中选出来的散乱观点以及来自初期传入的人类学（随后，处于相似发展阶段的其他社会科学也添加了各自的贡献）的幼稚假说结合在一起了，这样就产生了一个教条，即英格兰人、德意志人和其他“老移民”成了身材高大、金发蓝眼的“北欧人”（Nordics）或“雅利安人”（Aryans）这样的优等种族，而东欧人和南欧人则是深色皮肤的“阿尔卑斯人”（Alpines）或“地中海人”（Mediterraneans），后二者都是劣等人种，而且他们在美国的出现无论是以相互混合还是彼此补充的方式都对美国传统的种群和文化构成威胁。这些教条的最经典的表述，出现在大西洋的这一边由社会名流兼运动员和业余动物学家麦迪逊·格兰特（Madison Grant）1916 年出版的《伟大种族的消逝》（*The Passing of the Great Race*）一书中，但是这些观点在几年之前早
98 已广为流传。从这些观点所推导出的明显结论，就是排除人们所说那些的劣等种族，假如新类型的移民是不可能被排除掉的，至少我们要尽自己所能把盎格鲁—撒克逊精神灌输给这些“愚昧的生物”（benighted

creatures,指这些移民)。当时的一位教育家于1909年在他的专业著作中习以为常地声称:“与先于他们到来的北欧人相比,这些南欧人和东欧人是非常不同的人种,他们不会阅读、容易管教、缺乏自信和开创精神,而且没有盎格鲁—日耳曼人所具有的关于法律、秩序和政府的观念。他们的到来极大地稀释了我们民族的种族,而且腐化了我们的公民生活。这些人当中有许多已经定居在北大西洋沿岸和中部的北方城市,不论他们在哪里出现,在这些地方要想享有舒适住房和生活环境、较好道德和卫生环境、诚实并正派的政府以及合理的教育等愿望,将统统变得越来越困难。*无论何处,只要这些人将要在那里成群地定居下来或建立定居点,他们就会在那里树立他们自己的民族方式、组织和礼仪。我们的目标就是冲破这些群体或定居点,把这些人同化并融合为我们美利坚种族的组成部分,以我们至今所能采取的方式,把盎格鲁—撒克逊传统中关于真理、法律、秩序以及政府治理的理念灌输给他们的儿童,唤醒他们心中对民主制度的崇敬,以及对我们在民族生活中作为一个群体所坚持的那些具有永久价值的那些事物的尊崇。*”[1]

“盎格鲁一致性”在被人们称为“美利坚化运动”(Americanization
movement)时得到了最充分的体现。在第一次世界大战期间,这一运
动就像一场热病那样席卷了整个民族。[2] 在它的不同阶段,“美利坚化
运动”具有不同的着重点,但在本质上讲,它是一场目的明确的运动,意 99
在去除移民的本土文化和他的依恋,使他遵循盎格鲁—撒克逊模式的
导向而转变成为一个美国人,而且这些都必须迅速完成。用我们后来

① Ellwood P. Cubberly, *Changing Conceptions of Education*, Boston: Houghton Mifflin Co., 1900, pp.15—16. 楷体部分为我所标示。

② 参见Higham, *Strangers in the Land*, New Brunswick, N. J.: Rutgers University Press, 1955, Chapter 9; Edward George Hartmann, *The Movement to Americanize the Immigrant*, New York: Columbia University Press, 1948; Howard C. Hill, “The Americanization Movement”, *American Journal of Sociology*, Vol. 24, No. 6 (May, 1919), pp. 609—642。

的一个说法来讲,这个运动就是“高压锅烹制同化”(pressure-cooking assimilation)。早在19世纪90年代,那些定居点就开始了耐心地引导来自南欧和东欧贫困新移民群体在美国的调适的过程,这些移民定居点的官员们也显示出对这些移民自身文化遗产的理解并认识到这些遗产对美国人生活可能提供的潜在贡献。另外一些被称作“世系”爱国协会(“lineage” patriotic societies)的民间团体,如“美国革命之女会”(Daughters of the American Revolution)、“殖民地妇人会”(Society of Colonial Dames)和“美国革命之子会”(Sons of the American Revolution),在南北战争前十年左右已经开始草拟和传播一些教育项目,用来教育那些出生在国外的人如何理解美国的政治制度,如何加入美国国籍以及获得爱国主义情感。在这一时期,由于持续的劳工骚动、世界产业工人组织(Industrial Workers of the World)的罢工煽动和阶级斗争宣传,另外一些关心如何对新移民开展“适当的”教育和灌输的群体是企业和行业组织,在1908年,它们组织了“北美移民公民同盟”(North American Civic League for Immigrants),设立了向移民们提供帮助和协调功能的项目。同时,一些有较多移民人口的城市创办了给国外出生者讲授英语的夜校,一些州和联邦机构也开始考虑如何应对移民问题。

第一次世界大战带来的影响,是以“做好准备”(preparedness)的口号开始,并在1917年达到顶点,这一运动把要求移民们“美利坚化”的压力转变为一种巨大的力量。当时,对数量庞大的德裔美国人内心意图的怀疑使许多美国公民心目中浮现出“归化的美国人”造成的威
100 胁,对德意志文化表现形式的憎恨和压制在这个国家曾一度十分流行。这种怀疑难以抑制地转向对所有来自其他国度的人是否“忠诚”这一问题的普遍担心。当时的口号是“百分之百美利坚主义”(100% Americanism),而后以教育局、归化局以及公共信息委员会的组织形式出现的联邦政府,以及州政府、市政厅以及各类民间组织,都名副其实

地积极投入这一运动,共同努力劝说移民们去学习英语,领取国籍申请表,购买战争债券,忘掉自己原来的族源地,放弃自我并完全投身到爱国主义的歇斯底里狂热之中。用约翰·海厄姆的话来说就是:“通过威胁和花言巧语,百分之百美利坚化者在美国人的生活中开启了一次针对外国影响的正面还击。他们开始着手使移民们慌乱地加入美国国籍,接受英语,而且对现实中的美国制度不加质疑地予以尊崇。他们要求移民们彻底放弃对旧世界的忠诚,放弃旧世界的组织和记忆。他们使用了高压再高压的策略。他们对移民们进行哄骗,指挥和控制。”[1]

很显然,正是由几股经纬线交错汇集在一起才编织出了“美利坚化”项目的运动。有关政治忠诚和爱国主义外在表现的关切支配了后来的情感基调,但是在整个过程中都推行了更加日常性的和对移民进行帮助的项目,例如教导人们如何掌握英语,以及了解美国简要的历史、美国政府的性质等等。然而,不论是爱国主义的呼吁还是辅助介绍性材料,都嵌入在一个对移民自身本土文化、移民群体及其制度或者明确予以贬低或是含蓄予以漠视的整体框架中,即使这些制度是移民们在美国的土地上创造出来的。正是在这种环境中,负责纽约公立学校的教育厅长在1918年这样说:“泛泛地讲,我们的意思是……(要通过‘美利坚化’使人们)尊崇这个国家的制度,绝对彻底地忘掉所有那 101
些因为祖先或出生地而对于其他国家负有的责任和联系。”[2] 在同一时期,宾夕法尼亚铁路公司总裁塞缪尔·雷亚在由全国美利坚化委员会(National Americanization Committee)印刷的一份传单中这样写道:“他们(出生在国外的人)必须被劝说放弃他们跨越大洋时带来的语言、风俗和生活方式,作为替代,他们必须接受这个国家的语言、习惯和

① Higham, *Strangers in the Land*, New Brunswick, N.J.: Rutgers University Press, 1955, p. 247.

② 引自 Berkson, *Theories of Americanization*, New York: Teacher College, Columbia University, 1920, p. 59。最初的来源是 *The Evening Post*, August 9, 1918。

风俗,接受美国人的通常标准和生活方式。”① 在 1915 年,美国总统伍德罗·威尔逊在费城的一次入籍公民集会上提到,族群身份是不能与一个“彻底的美国人”身份相提并论的,总统说:“美国不是由这些群体组成的。”“如果一个人认为他自己属于美国的某一个特定的民族群体(national group),他就还没有成为一个美国人。”②

“美利坚化”的十字军圣战之风在停战后势头强劲,而“红色大恐慌”(the Big Red Scare)则导致它变得更加猛烈了。然而在 1921 年,这场圣战结束了,但是它通过那些更日常的形式在 20 世纪 20 年代被保存了下来,其中包括了为国外出生者举办一些英语和公民知识的日常培训项目、扩展成年人教育运动、削减之前移民教育项目的多余部分。然而,由于在战争的空隙后新的移民潮再次恢复,此时又兴起了要求限制新移民流入的呼吁。新兴起的限制主义情绪在很大程度上是
102 基于一种种族主义的假设,这种假设认为来自南欧和东欧的移民具有生来劣等性并难以被同化(“美利坚化”至少还觉得这些群体的同化是具有可行性的),它的目标不仅仅是设法减少来到美国的移民总数,而且还要制定出一个公式,以帮助北欧和西欧移民进入美国,同时把那些不喜欢的移民群体在人数上减至最低。在 1917 年由众议院制定的对于移民受教育水平的要求,因为遭到威尔逊总统的否决而没有达到这一目的。限制主义者的目标是自 1921 年开始努力通过一系列相关法案,其中对“移民数量详细按来源国计算”这一公式加以限定的法案,自 1929 年开始生效,把来自欧洲和非洲的移民总数限制在每年略高于十五万人的水平,并且根据 1920 年白种美国人口中源自各国移民的相

① 引自 Hill, “The Americanization Movement”, *American Journal of Sociology,* Vol.24, No.6(May, 1919)pp.630—631。最初的来源是 Samuel Rea, *Making Americans on the Railroad*, leaflet published by the National Americanization Committee,日期不详。

② Woodrow Wilson, *President Wilson's Addresses* (G. M. Harper, ed.) New York: 1918. 引自 Oscar Handlin, *The American People in the Twentieth Century*, p.121。

关比例来测算出各国今后允许进入的移民配额。绝大多数亚洲人都被彻底禁止移民。

20 世纪 30 年代的美国大萧条和随后的第二次世界大战的大变动并没有给美国的移民政策带来实质性的变化，除了在 1952 年通过的“麦卡伦—沃尔特法案”（McCarran-Walter Act）中有些不重要的调整外（如亚洲国家得到了象征性的配额），来源国移民配额公式被再次确认。种族主义假设和“盎格鲁一致性”这二者可以说都是这一政策的隐含特征。20 世纪 20 年代以“三 K 党”（Ku Klux Klan）为标志的种族偏见潮流，20 世纪 30 年代的反犹主义风潮，这些都在经济困难时期和纳粹德国事件中被进一步激发出来，证明在 20 世纪的这段时期内，排外主义并没有在美国熄灭。在第二次世界大战期间对日本人和日裔美国人的大规模拘留暴露出的是，在那些出现敏感压力的时刻，种族主义能够再次引导政府行为的方向。在目前的繁荣时期，虽然群体调适仍然是部分地区的社会问题，喧嚣的传统排外主义却并不十分显眼。与此同时，出现 103
了对黑人少数群体长期以来要求平等待遇和公民融合的呼吁的抵制，由于从北美其他地区（讲西班牙语的墨西哥和波多黎各）来到美国的移民的增长，新的问题也开始出现。来源国移民配额公式对来自西半球以外移民的影响清楚地表明，白种欧洲人大量移民殖民的时代已经结束。由于死亡率导致老一代人口群体的减少，美国的境外出生欧洲人的数量在持续缩小，他们正在被一些象征数量的新移民所替代，对于人口中的这些新移民而言，同化和调适的问题才更要放在第二代和第三代（本土出生的美国人）的态度和抱负构成的语境中加以理解。在前面描述的所有事件的背景下，“盎格鲁一致性”教条（很可能依然在美国是占统治地位的同化理论，虽然也遭遇了挑战）需要得到重新评估。现在我们就转向这么一次基础性的评估。

首先，我们非常有必要着重指出，坚信“盎格鲁一致性”是美国实现同化所需要的目标，但我们并不能将这自动地与种族主义画上等号。

正如我们对历史的探讨所揭示的,这两种意识形态在美国所经历的特定历史时刻出现了交叉,而且相互推动。但是,情况并不总是如此,从概念上看,我们会注意到,它们其中一个可以脱离另一个而独立存在。在真正的现实中,尽管所有的种族主义者对推行同化这一冒险行为的成功持悲观主义态度,但他们似乎已经承认,任何一个他们不喜欢的群体的权利都可以在美国得到表达,这使他们成为"盎格鲁一致性"主义者。但是反过来看就未必能够成立,因为并非所有的"盎格鲁一致性"的支持者都是种族主义者。非种族主义的"盎格鲁一致性"主义者大概分为两种情况,他们要么是确信在美国发展起来的盎格鲁—撒克逊
104 制度具有文化优越性,要么是简单地相信因为英国文化已经为美国制度的发展构建了一个支配性框架,无论它是优等的还是劣等的,新来的移民应当根据这一框架来调整自己。

根据我的了解,在"盎格鲁一致性"的发言人当中,还没有一个人从社会学的深度对"这一过程实际上都涉及些什么"勾画出一个详细的轮廓。如果我们结合前面章节中讨论的同化的变量体系来考察一下他们的声明和申诉,我们就会注意到,他们提出的最一致和明确的关注焦点是行为同化或文化适应。这即是说,他们或多或少地都不断要求来到美国的新移民放弃他们原居住地的文化形式,接受在美国占支配地位的盎格鲁—撒克逊类型的行为和看法。偶尔得到明确表达但更多地是被含蓄表达出来的,是对族群"殖民地"和社区生活的非难。虽然"盎格鲁一致性"主义者对于任何选项都在细节上表现得含混模糊,但是他们欣赏的方式似乎是,移民们及他们的后代避免发展他们自己的制度和组织,避免保留自身独特的族群认同,而是进入"一般性的"美国体制化生活的结构之中。这可能会导致大量的族际通婚。用我们的术语来说,这就相当于要求推进"结构同化"、"认同意识同化"和"婚姻同化"。他们也期待新移民会接受"美国人的"价值观和目标,不会对国家提出"外国人的"要求,而这就是"公民同化"。偏见和歧视,剩下的

这两个变量在公式程序中很少得到清楚的表达,但是隐含的假设是,如果移民在以上所有这些方面都感到适应,那么针对他的那些令人不快的态度和行为也将消失。

暂且不说基于价值前提的考虑,从我们已经介绍过的美国至今的 105
历史经历和社会学分析的类型这两个角度来看,我们就“盎格鲁一致性”这一目标说些什么呢?我们的基本论点如下:从长期的观点来看,“盎格鲁一致性”目标虽然没有完全达到,但是在*文化适应*方面可以说基本上完成了。而在其他同化变量方面,这一目标还没有达到或者只是部分达到。这个论断当然需要详细的阐述和条件限定。

首先,让我们来思考一下同化过程对于移民们自身所带来的影响,至少是在最初的英格兰人定居点建立之后大量迁来的移民。除了19世纪来的不列颠人之外,所有这些群体起初都集中居住在“殖民地”中,其中既有城镇也有乡村,随后他们发展出来一种社区生活,这种生活在各种细节上都指向为他们自己举行丧葬和提供保障的小社会,围绕着代表他们本土信仰并用他们的母语提供宗教服务的教堂,围绕着那些为本群体成员们提供必要保护并致力于保护本土记忆和精神的组织,这种公共生活保护了与本土组织和语言相关的娱乐方式,以及与本族群的同胞们建立个人友谊关系的社会网络。[①] 而且,他们的生活又为什么不该是这样呢?假如期待的是另外一种生活方式,那反而会显得荒谬和不合理。人们离开自己成长的家园,在一个带有异国文化的国外社会永久地定居下来,即使在最顺利的条件下,这一过程对于移民们而言也是极其困难的。让我们想想在19世纪和20世纪初期美国人的移民经历时,绝大多数农夫的眼界在那之前极少超出过他们自己的村庄,那些没有受过什么教育的劳工和小贩,还有那些来自中世纪式贫民窟

① 参见 Robert E. Park and Herbert A. Miller, *Old World Traits Transplanted*, New York: Harper and Brothers, 1921; Handlin, *The Uprooted*, 以及 *The American People in the Twentieth Century*。

的难民，所有这些移民被一个社会所接受。从最好的方面来看，这个社
106 会具有极大的差异性，而从最坏的方面来看，则是对他们持有深深的敌意。这个社会所关心的仅仅是，在一个粗糙和不加节制进行扩张的资本主义体系中，这些移民具有哪些工具性的经济技能。我们必须认识到，这些不同的移民群体各自隔离且规模足够大到了可以向成员们提供温暖和熟悉的生活方式并使他们有一种被接受的感觉，而这些都防止了他们因为“错位”带来的恐惧而陷入“被拔掉根”的窘境，这是多么幸运的事。

移民殖民地的独立社区生活在移民的调适过程中发挥了一种减压室的功能，在这样的社区生活中，新来者可以依照自己的节奏来进行合理的调适，以适应与他们曾生活的那个现在被称为“旧世界”的社会全然不同的另一个社会的各种新的势力。那些半歇斯底里的人曾试图推进“高压锅烹制同化”运动，它就像是第一次世界大战时期美利坚化运动的征战，它包含了需要花费精力的工具性措施，由于它要求移民个体实现迅速转型并残酷而突兀地脱离其家乡文化模式和对祖国的记忆，这一运动从基本方向上来说是错误的。它没有建筑在对移民的文化传统正面价值的肯定上，没有强调移民的传统背景在理解和精神方面与美国人的共同点，没有保障移民对于自尊心的基本权利，以不加掩饰的轻蔑态度严厉地谴责移民们的“外国人”形象，它完全无视的还有，从社会学的角度来看，正是移民与自己群体之间的稳定纽带才使他成为一个人，这一运动还扩大了移民们和他们子女之间的距离。[①] 在这样的环境中，正如人们普遍承认的那样，“美利坚化”运动在它的那些正式领域中只获得很少的成功，这一点儿也不令人惊奇。那些新移民

---

① 参见 Berkson，*Theories of Americanization*, New York：Teacher College，Columbia University, 1920，Chapter 2；Drachsler，*Democracy and Assimilation*, New York：The Macmillan Co., 1920，Chapter 7；Cole and Cole，*Minorities and the American Promise*, New York：Harper and Brothers, 1954，Chapter 6。

以十分不同的方式、不同的程度,在接受美国模式的文化适应方面逐步取得了适当的进展,并且融入了这个社会的公共生活(这与初级群体关系的领域是有区别的)当中,但是这一变化并不是以“美利坚化”主义所要求的那种强迫的、急行军式的速度发生的。研究这一运动的历 107
史学家 E. G. 哈特曼这样写道:“……那些沿着美利坚化主义者鼓吹的规范路线而美利坚化的移民的数量,肯定是十分少的。特别是把这一数目与他们从未见到的那些身处美国学校教室或居住地房间里的数量巨大的同伴相比时,更是如此。后者中的大多数通过他们的美国邻居和自己在美国出生的子女们那里逐步接受了美国组织、态度、语言和观念,从而变成了美国人。”[1] 考虑到彼此协调的努力和自由放任(laissez faire)这两个因素,值得特别强调的是,在这整个过程中,如果美国公众舆论曾经可以更加善于倾听并足够聪明,会努力把公民认同建构在移民们的传统之上而不是蔑视他们的传统,那么,对于这些新移民和他们的家庭来说,他们所经历的伤心、迷惑和同化的压力就会显而易见地大大减少。

我们现在来讨论那些“被拔掉根”(uprooting)的移民的后代。在他们的身上,我们看到文化适应已经取得了压倒性的胜利。我们把这一胜利的特征和证据留到随后的一章去讨论,在这里我们要注意到,无论父辈文化的行为模式与美国主流社会的行为模式如何持续地争夺着对移民子女的影响,后者可以通过公共学校系统和大众传媒把自己的观念强行施加于年轻一代的认知,所以对于在这一争夺中谁将会成为赢家这一问题,答案是毫无悬念的。事实上,我们面对的问题是不同势力之间的平衡如此不稳定,所以最大的风险在于年轻一代可能在感情上出现的对于家庭纽带的疏离,以及在不同年代的人之间可能出现身份和角色的颠倒,这将会很容易颠覆父辈和子女之间的正常关系。

① Hartmann, *The Movement to Americanize the Immigrant*, New York: Columbia University Press, 1948, p. 271.

对美国人行为的想象通常会因为我们身边一些人的社会阶级背景而被难以理解地偏折和扭曲，有时移民后代拒绝父辈文化中的规则，仅仅是
108 因为他们在接受一个更大社会内在行为模式的规定时也很失败，这种情形助长了少年犯罪现象。总体说来，文化适应进程的巨大力量把爱尔兰人、德意志人、意大利人、俄罗斯人和来自其他地方的人的后代转变成了朝气蓬勃的美国人，无论阶级特征和祖先的影响给他们的观念涂上什么颜色，他们在家里讲英语，怀有各种不同的前景展望，他们积极地沿着社会阶级的台阶向上攀登，因为他们知道这些台阶上写着“美国制造”。

毫无疑问，这种归纳也有着某些例外情况。当少数群体成群地各自聚居在与当地美国人相距很远的农村飞地时，或者当教区学校系统对父辈语言的强调超过英语时，文化适应进程就会受到阻碍。但这也仅仅是被耽搁，而不是被制止。也许等到青少年时代结束、青年们来到城市并具有更广阔眼界之时，这一进程就会开始；或者，在某些人那里这一进程甚至会延迟到第三代成长起来之后。但是，这一进程最终将不可避免地取得成功。

对于黑人、印第安人和拉丁美洲裔少数族群而言，还有些其他的势力介入了这一过程并改变了事态的结果。在美国南部乡村的黑人，遭受着奴隶制和“重建后时期”（post-Reconstruction）的剥削及歧视的双重压迫，发展出了与白人中产阶级核心社会非常不同的一套亚文化模式。当黑人在20世纪迁移到北部和南部的城镇之后，由于针对黑人的偏见及随之而来的歧视有着巨大的影响广度和深度，黑人的文化适应进程曾经一度被延迟。但是黑人中产阶级正在发展之中，自从第二次世界大战以来，其规模无疑在迅速增长，他们的基本行为模式与中产阶级白人已没有多大差别，但是从黑人的阶级结构分布和需要对自身低等阶级亚文化进行必要的调整这些因素来看，黑人距离美国观念中的
109 完全文化适应这一目标还有相当长的路要走。出于类似的原因，特别

是语言差异，在美国西南部讲西班牙语的第二代墨西哥裔族群以一种更慢的速度来发展自己的中产阶级，他们在文化适应进程中明显表现出延缓的迹象。在纽约和北部几个城市中，由于波多黎各裔到达的时间很短，所以不可能观察到两代人的文化适应现象，但是我们也看到一些迹象表明，从他们当中发展出来一个中产阶级的速度不可能像欧洲移民（以及东方人）那么快[①]，其原因很可能是主流社会对他们深深的偏见，以及他们的本土文化因素。美国印第安人则仍然居住在自己的保留地里，如同在乡村飞地上那样与美国社会相对隔绝，仍然对他们的祖先文化和群体身份怀着强烈的自豪感，他们具有特殊的法律地位以保持群体分离主义，在面向核心社会模式和价值的文化适应方面只迈出了十分有限的几步。

那么，文化适应是否完全是一个单向的过程呢？美国社会的核心文化是否完全没有受到移民和少数种族带来的影响呢？为了回答这个问题，我必须再次指出两个方面之间的区别，一个是少数族群的成员们作为个人在结合希伯来、天主教和古典影响所构成的西方文明的盎格鲁—撒克逊版本（根据特定的美国因素有所调整）框架内在农业、工业、艺术、科技方面做出的贡献，另一个是少数群体文化自身对于美国文化的影响。这些个人所造成的影响是如此重要，以至于我们无法设想，假如没有他们的影响，今天的美国社会或美国人的生活将会是什么样子。但我也认为，少数族群文化的影响在大多数领域是有限的，不过在一个领域即制度化的宗教方面具有显著的影响。作为在18世纪后期曾整体以新教为特征的一个民族，美国现在已经转变成一个包括了新教、天 110
主教和犹太教的民族性实体（national entity）。在美国，这三大宗教信仰的组织成员或效忠者已成为社会规范，这三个占统治地位的宗教机

① 参见 Nathan Glazer, "New York's Puerto Ricans", *Commentary*, Vol. 26, No. 6 (December 1958), pp. 469—478。

构及其分支存在的合法性在美国公众观念中普遍受到尊重。[①] 在美国土地上扎根的过程中，天主教和犹太教自身也在组织和表现形式方面有所改变，以应对在美国所遇到的各种势力和挑战。对于其他群体而言，他们也在饮食、娱乐模式、地名、言谈、住所建筑风格、艺术灵感源泉以及其他领域发生了一定程度的改变，这些都为美国文化的整体结构增添了趣味，使其更为活泼，同时也并没有遮蔽美国文化所具有的英国式的框架和内容基调。

经过若干代人之后，发生在美国的文化适应的胜利即使不是全面的，至少也是巨大的，并且在功能上是压倒性的。但是，如果考虑到同化的其他变量，那么这一同化进程并没有走上“盎格鲁一致性”主义者（至少在理念上）为它所设计的路径。揭示造成这一偏离的秘密的关键性变量，既可以展现这一偏离现象，也可以表明它的原因。这一关键性变量是一组与人们是否参与小集群、社会组织和机构相关联的现象，我们称之为“结构同化”。我们有必要再次指出，对于接下来应给出的结论的证据及其具体展示，我们将会留到后面的章节。我们在这里只是简要地勾画出一幅大致的图画，这幅图画我们在第二章中已经提及，这就是：在美国社会中，每个种族和宗教群体（在更进一步的层面上，也包括祖籍群体）都有自己由各种小集群、俱乐部、组织和机构组成的网络体系，这个网络系统倾向于把成员们的初级群体交往限定在各自的族
111 群飞地中，而族群之间的交往在很大程度上仅仅发生在就业、政治活动和公共过程的次级群体层面。每个族群内包含了通常的阶级分野，尽管各自具有不同种族、宗教或祖籍，属于同一阶级的各族成员们的行为模式却非常相似。但是在相似的道路上，他们并没有走在一起，而是依据祖先身份和信仰被一条看不见的藩篱相互隔开。他们的私密生活是在彼此分隔开的族群空间里进行的，族群因此成为美国社会结构中垂

① 参见 Herberg, *Protestant-Catholic-Jew*, New York：Doubleday and Company, Inc., 1955。

直维度的分割线。在这幅由族群分隔空间所构成的图画中,唯一的重要例外是一个标注着“知识分子和艺术家”的分隔空间——我们将在后面讨论这个社会天地。

如果结构同化没有在美国以一种实质性的方式出现,那么我们就有必要问问,这是什么原因?回答就在多数群体和少数群体两方面的态度上,也在双方以各自态度进行相互交流的方式上。今天一种民间的说法就是:“探戈需要两个人来跳。”假如使用这一类推论法,似乎找不到一个很好的理由使我们相信,美国白人新教徒会坚定和热诚地邀请美国少数族群作为自己的舞伴。此外,少数族群成员们自身在这方面的态度上也一直是充满内部分歧和模棱两可的。我们再次对不同类型的少数群体的具体情况依次考察一下。

对于移民来说,如果从他们的数量和社会经济背景来看,结构同化是没有必要的,他们不想要这种同化,而且感到生活在他们自己的社区组织中很舒服。而美国本地人无论在公共场合中说些什么,也没有意愿把自己的初级群体生活开放给这些新近才从国外到来的人群。这种态势在功能上是一种相互补充的僵持状态。

第二代移民所看到的,是一种更加复杂的情景。他们当中有许多人相信自己听到了“塞壬”[①]的歌声,这歌声欢迎他们参加美国白人新教徒的社会小集群、俱乐部和组织。总而言之,似乎看起来这只是很 112
简单地去学习美国人的生活方式,如果不是如此,那他们就还没有成长为一个“美国人”,就还是与他们的父辈在文化上没有区别,就还是个“生手”。这也许出于一种特别的渴望,就像迈伦·考夫曼(Myron Kaufmann)的小说《代我向上帝致意》(*Remember Me to God*)中的犹太人主人翁一样,奋力想冲进哈佛大学本科生校友俱乐部受人尊敬的社会生活中:只要我能够在常青藤名校的礼仪举止方面跨上最后几个

① “塞壬”是古希腊神话中半人半鸟的女妖,常以美妙歌声诱惑经过的海员而使航船触礁毁灭。——译注

台阶，他们肯定会承认我是他们当中的一员，而且接受我。[①] 但是，尽管穿上了布鲁克斯兄弟裁剪的精致西服套装，那些大学生联谊会、城市人俱乐部和乡村俱乐部的大门还是在移民后代的面前“砰”地一声关闭。其实，这些所谓的“邀请”并不是真心的，或者在某种程度上也存在这种邀请，但是正如乔舒亚·菲什曼的口头禅所说，“对于美国少数族群的后代来说，这只是一个‘可以仔细看看我，但是千万别碰我’一类的邀请”。[②] 于是，那个受到挫折的年轻人就回到了自己祖先群体的社区组织中，在那里他得到了像回归家庭一样的可以依赖的舒适感。在这里，他发现同辈的伙伴们从来也没有离开过家庭的火炉。他们当中有些人由于胆怯和缺乏自信而不敢离开，一些人作为族群理想主义者积极投身于自己群体的延续，另外一些人从来也没有相信“塞壬”歌声的
113 真实性，或者只是简单被动地沿着自己熟悉的生活方式去过日子，从不越轨。现在，所有这些人都聚居在一起以从事一个任务，这项工作在社会学角度看是完全可行的，这就是在自己的族群飞地中建构一套社会制度和组织体系，它的人口规模随着第二代的加入不断增大，而且内部也存在社会阶级的分野。

---

① 参见 Joshua Fishman 的论述：“我们假设存在一种能唤起人们激情的美国核心文化，少数群体的孩子们在成长时以一种十分矛盾的情感来面对这一文化。他被这一文化所吸引，自愿地向其投诚，渴望获得参与这一文化的完全的成员资格，就像‘每个热血的美国的’孩子那样。要不是在他内心的热情和行动时予以支持的核心态度（不是思想中的核心态度）之间缺乏十分和谐，在这里也不会存在矛盾心态，也许也不会有保守主义。总之，少数群体的孩子总是准备好了‘压抑自己的自尊心’并会一再去尝试。就像一个永远抱有希望的追求者：‘如果我穿一双新鞋，也许她就会喜欢我；如果我戴一顶新帽子，也许她就会喜欢我。’如果我们对此进行比较就会发现，孩子们看待自己鞋帽的观念是不断在贬值的。”（Joshua A. Fishman, “Childhood Indoctrination for Minority-Group Membership and The Quest for Minority-Group Biculturism in America”，这篇论文的修订版以“Childhood Indoctrination for Minority-Group Membership”为题发表在“Ethnic Groups in American Life”, *Daedalus: The Journal of the American Academy of Arts and Sciences*, Spring, 1961。）

② 同上。

那些曾经谨小慎微或充满自信地在外面冒险尝试了一段时间的人，在当时是受到了一个“美国的”社会结构的幻象的诱惑，这个社会结构似乎可以容纳美国所有的亚群体，而且在族群观念上是中立的。他们难道不是美国人吗？但是他们随后很快就沮丧而失望地发现，在初级群体层面，一个中立的美国社会结构只是一个神话，一个海市蜃楼。站在一定的距离之外来看，飘扬在准公共事业这座大厦上面的是包括了所有美国人在内的美利坚民族性的旗帜，但是更仔细地审视，我们发现这只是一个特定族群（盎格鲁—撒克逊白人新教徒）的俱乐部旗帜，它的运作是遵循其父辈族群性的前提和预期的前景。在这些框架下，向具有其他族群背景的人所发出的任何一种人们所能想到的“邀请”都是勉强和虚伪的，而且也必然会变为空洞的许诺。

对于少数种族成员而言，甚至连这种虚伪的“邀请”也不存在。作为最明显的例子，在绝大多数情况下，黑人都被决定性地排斥在美国白人的小集群、社会俱乐部和教堂的门外。其结果是，在考虑到内部阶级差异的条件下，黑人建立了他们自己的组织和制度网络——即他们自己的“社会天地”（social world）。这种与白人区隔开的社区生活的延续，为黑人提供了许多既得利益和服务，即使许多黑人热切期望消除在就业、教育、住房和公共服务领域中的种族偏见和歧视，但是毫无疑问，他们许多人还是在自己的天地里会感到心情更为舒畅。然而，正如我们在前面曾经注意到的，黑人们对于他们自己所处的社区分离状态，并不存在太多意识形态上的归属感。尽管“泛非主义”（Pan-Africanism）对一些知识分子具有吸引力，尽管在近期“黑人民族主义者”（black 114
nationalist）和“黑人种族主义者”（black racist）这些边缘群体在社区光谱的一端上有所表现。但是，美国黑人对于祖先的非洲文化的认同感，事实上是不存在的。从宗教信仰上来看，黑人们要么信仰新教，要么信仰天主教（前者在数量上占压倒优势），所以“从逻辑上讲”，对于彼此分隔的共同体的存在，我们找不到什么意识形态方面的理由。二元社会结构之所以被创造出来，纯粹是社会偏见和歧视推动的结果，而不是由少数族群对自身的意识形态的义务责任所推动。

所以，结构同化成了导致“盎格鲁一致性”这艘航船最终沉没的礁石。只要结构同化没有在较高的程度上出现，那么血缘融合和认同意识同化也不会在相似的程度上出现。经验性观察的结果一致公认，在美国社会依然存在着偏见和歧视，尽管其程度在缓慢下降；由于不同的宗教信仰而导致的价值冲突仍然出现在公众议题中，这一事实表明，“公民同化”并没有完成。所有这些情况，再加上我们前面谈到的“盎格鲁一致性”的例外情况和条件限定，都说明了同化进程的基础性胜利主要发生在行为领域。“文化适应”确实出现了，但是这是缺乏大规模发生在初级群体层面的“结构同化”条件下的“文化适应”。这种文化适应是美国从多样化群体中创建和发展出一个民族（nation）的实际经历的主要主题，对于我们来说，了解了这一点，就是理解了这一经历所蕴含的最本质的社会学事实。

第五章

同化的理论（二）：熔炉

正当“盎格鲁一致性”以不同的外观出现并成为美国历史经历中 115
最流行的有关同化的意识形态时，一个与之竞争、带有更为宽宏和更具理想主义的色彩的观点，自 18 世纪以来已经逐步争取到了自己的拥护者和倡导者。新大陆的环境条件不断改变着英国殖民地居民从祖国带来的那些习俗。来自其他非英国国家的移民们，如德意志人、瑞典人和法兰西人也同样地面临这种全新的环境。因此，我们为什么不能想象一下，这个正在演化之中的美国社会是否有可能并不只是一个被简单地稍做修订的英格兰，而是一个全新的、在文化和血缘上混杂的社会？用一种比喻的说法来说就是，在美国这个正在形成中的民族（nation）的政治熔炉中，欧洲的群体和民俗能否互不歧视地混合在一起，经过美国环境影响和群体互动火焰的锻造而熔合成为一个与众不同的新类型呢？

正是这样一种关于新社会的理念，在 18 世纪激发了出生在法国的一位浪漫作家兼农学家 J. 赫克托 · 圣约翰 · 克里弗科尔（J. Hector St. John Crèvecoeur）的灵感，他定居在纽约，当在美国居住多年并对现
实环境十分熟悉后，他于 1782 年在一本小书中写下了自己的各种感 116
受与观察，这本书的书名是《来自一个美国农民的信》（*Letters from an*

American Farmer)。克里弗科尔问道:"什么是美国人?这个新出现的人是谁?"他又回答说:"他不是欧洲人,也不是欧洲人的后代,他是奇特的混血儿,你不可能在其他国家发现这种人。我可以向你介绍一个家庭,这个家庭中的祖父是英格兰人,他的妻子是荷兰人,他们的儿子娶了一个法国女人,生下的四个儿子现在有四个妻子,分属于不同的民族。他是一个美国人,他把所有来自祖先的偏见和习惯都抛在身后,他从周围环境的新生活方式中吸收了新的观念和习惯,他服从新的政府,遵守新的秩序。他在我们'伟大母亲'(*Alma Mater*)的宽广胸怀中被接纳了,从而成为一个美国人。在这里,来自所有民族的个体成员们被熔合成为一个人类的新种族,有一天,他们的工作和后代将会极大地改变这个世界。"[①] 在前面的章节中,他把他所接受的这一家园的人们的特征描述为"一个有着英格兰人、苏格兰人、爱尔兰人、法兰西人、荷兰人、德意志人和瑞典人等血统的混血儿"。他宣称:"从这一混杂的品种中,一个被称为美利坚的种族已经诞生。"[②]

对于美国19世纪前七十五年的这种向移民敞开大门的政策,一些观察者认为这反映出本地人对美国熔炉有效性的潜在信心。用奥斯卡·汉德林的话来说就是,他们坚信"所有的人都能够被吸收进来,同时所有的人都能够为一种诞生中的民族性格做出贡献"。[③] 毫无疑问,当许多人看到那些排外主义的煽动时,都会感受到像拉尔夫·沃尔多·爱默生那样的沮丧,这种对一致性的固执追求和对移民的敌意代表
117 了对最好的美国理想的一种歪曲和败坏。1845年,爱默生在他的日记中写道:

① J. Hector St. John Crèvecoeur, *Letter from an American Farmer*, New York: Albert and Chales Boni, 1925(根据1782年伦敦初版重印), pp. 54—55。

② 同上,第51页。

③ Oscar Handlin (ed.), *Immigration as a Factor in American History*, Englewood Cliffs, N. J.: Prentice-Hall, 1959, p. 146.

> 我憎恨美国本土党(the Native American Party)的狭隘性,这是一些损人不利己的家伙,他们与所有关于爱和高尚的信条是绝对背道而驰的,因此,也是与真正的智慧背道而驰的,……人类是所有生物当中最为复杂的,……就像在古老的科林斯神殿燃烧的火焰中,白银、黄金和其他金属被熔化并混合成为一种比其他任何金属都更贵重的新合金,叫做科林斯黄铜;而在这个作为所有民族收容所的大陆上,爱尔兰人、德意志人、瑞典人、波兰人、哥萨克人以及欧洲所有部落的人,还有非洲人和波利尼西亚人的能量汇集一处,成为一个新的种族,一种新的宗教,一个新的国家,一部新的作品,它就像从中世纪"黑暗时代"中诞生的新欧洲那样充满朝气与活力,或者就像从佩拉斯迪克人(Pelasgic)和伊特拉斯坎人[①]的野蛮年代中诞生的欧洲一样。La Nature aime les croisement(大自然热爱交融)。[②]

熔炉假说最终在一个仅限于历史学界和翻译界的领域中找到了自己的位置。19世纪晚期的许多美国历史学家(其中有些是刚从德国大学毕业的研究生)倾向于接受这样一个观点:美国的制度在本质上是来自盎格鲁—撒克逊传统,而且最终根源是日耳曼人。但是另外一些人对这一点并不那么肯定。[③]其中之一是弗雷德里克·杰克逊·特纳,他是一位来自威斯康星的年轻历史学家,在约翰·霍普金斯大学完成了研究生学业。特纳在1893年美国历史学会召开的芝加哥会议上宣读了

---

① Etruscan,古代意大利北部的部落。——译注

② 引自 Stuart P. Sherman 对 *Essays and Poems of Emerson* 的介绍,New York:Harcourt Brace and Co.,1921,p. xxxiv。

③ 参见 Edward N. Saveth,*American Historians and European Immigrants,1875—1925*,New York:Columbia University Press,1948。

一篇论文，题目是《美国历史上边疆地区的意义》（“The Significance of the Frontier in American History”），这篇论文成为美国学术史上最有影响的论文之一。它提出的观点得到了特纳随后的出版物和教学活动的
118 支持，影响了至少一代人对美国历史的解读。[①] 特纳最核心的观点是：构建并形塑了美国制度和美国民主的主导影响，不是来自这个民族的任何形式的欧洲遗产，也不是来自东部沿海城市发散出来的力量，而是由动态的、多样化的西部边疆所创造出来的一种特殊经历。在那些可以归因于边疆特殊环境及其挑战的许多影响当中，这种经历的功能就像是化解许多民族群体民族遗产和分离主义倾向的溶剂，这些民族群体加入了面向西方的大篷车队，他们当中包括了 18 世纪来的德意志人和苏格兰—爱尔兰人，19 世纪来的斯堪的纳维亚人和德意志人。特纳断言：“边疆促进了各民族的混合，造就了美利坚民族，……在这个边疆的大坩埚里，移民们被美利坚化、被解放，并相互熔合成为一个混合的种族。英国既不代表其民族性也不代表其特征。这一过程从早期一直延续到今天的时代。”[②] 在他随后发表的一篇论述密西西比河谷作用的论文中，他提到：“外国移民大潮的兴起是如此的稳定，它成就了具有混合来源的美利坚民族，他们之间的血缘融合注定要产生出一个新的民族。”[③]

根据特纳的观点，美国中西部的民主所具有的特殊性质不仅鼓励了人们在生物学意义上的混合，也鼓励了不同文化之间的混合。“不仅仅是西部地区的地域扩大得非常迅速，而且这些地区是由具有许多

① 自从 20 世纪 30 年代以来，对特纳“边疆论”观点的批评不断增加。有关支持和反对特纳立场的两派论文所汇集的文集，参见 George Rogers Taylor (ed.), *The Turner Thesis Concerning the Role of the Frontier in American History*, Boston, D. C.: Heath and Co., 1949 (Amherst College, Problems in American Civilization Series)。

② Frederick Jackson Turner, *The Frontier in American History*, New York: Henry Holt and Co., 1920, pp. 22—23.

③ 同上，第 190 页。

不同文化的各种人群所构成的,其中既有区域性的人群,也有来自欧洲的人群,”他宣称,“更有意义的是,这些人群并没有如同在新英格兰地区[①]的典型情况那样,在社会结构中保持作为彼此分离的不同层面,同时在这种分离状态下有一种已经建立起来的统治秩序。所有的 119
人都得到接纳,他们混合在一起,共同组成一个具有弹性和吸纳力的社会。”他的结论是:“因此,中西部给我们上了关于民族杂交优势而非民族彼此敌意的一课,告诉我们创造一个新的、更丰富的文明的可能性,这一可能性所依靠的不是保护那些未经调整或孤立封闭的老的组成元素,而是依靠打破群体之间的界限与樊篱,把人们的个体生活融入一个共同的结果中,一个新的、承诺容纳得下全世界兄弟情谊的结果。”[②]

对于自己的主张,特纳没有提供任何来自经验研究的证据,来证明西部边疆确实发挥了民族遗产和民族血统溶剂的作用,或者证明西部边疆在这方面的功能确实超过了东部城市。他那影响深远、更为宏大的理论所探讨的,是边疆在形塑美国社会和身份的独具特色的面貌的过程中所扮演的角色,而“边疆熔炉”理论一直是他的这一宏大理论的一个重要组成部分。

直至这一时期,“熔炉”理念的倡议者们所考虑的主要是由于从北欧和西欧国家迁来大量移民所导致的多样化的问题,这些人被称为“老移民”,包括了在文化上和外观上与盎格鲁一撒克逊人十分不同的群体。不错,爱默生在谈到人群混合的成分时,确实不带偏见地将非洲人、波利尼西亚人和哥萨克也包括了进来,但这已经是到19世纪的最后二十年了,此时来自南欧和东欧国家的移民大潮已经兴起,这些人被称为“新移民”,此时十分紧迫的问题是:这些完全改变了原有生活方式的

① 指美国东北部英国最早建立殖民地的地区,俗称“新英格兰”。——译注

② Frederick Jackson Turner, *The Frontier in American History*, New York: Henry Holt and Co., 1920, pp. 350—351.

“新来者”在集体涌进美国的大城市和经济产业中心后,能否成功地被“熔化”?基本上属于乡村社会性质的“边疆熔炉”被认为是完成了“熔化”的功能,那么“城市熔炉”是否也能很好地发挥相同的作用?值得注意的是,特纳对于这些后来的移民的态度非常冷淡。这些新移民居
120 住在城市的贫民窟里(如同之前的爱尔兰人),满足了当时工业化不断扩张的劳工需求,但是特纳并没有把这些群体也包括在他的美国熔炉进程的视野中。[①]

这个问题留给了一位具有很强社会威信的英国犹太作家,他仔细考察了美国作为欧洲穷人和被压迫者的天堂这一角色,并为自己的观察所感动,他表现了更为宽广的美国熔炉的景象,其表达方式吸引了公众的普遍关注。1908 年,伊斯雷尔 · 赞格威尔编写的戏剧《熔炉》在这个国家上演而且获得极大成功。整部戏剧以主人公的视角展开,他是一个来到美国的年轻俄国犹太移民,是一位作曲家,他的目标就是创作一部宏大的“美国”交响乐,用以表达他对于这个接受了他的国家的一片深情,这个国家是一口由上帝降到人间的充满灵气的坩埚,在其中人类所有的族群将会抛弃祖辈传下的彼此间的敌意和差异,共同熔合成为一个标志着人类兄弟情谊的群体。这部戏的结尾是这一交响乐曲的最终完成和演奏,在饱经曲折并克服了具有传统意识的双方家庭的反对之后,主人公戴维 · 奎克萨诺(David Quixano)和自己的恋人举行了婚礼。在这些事件的发展过程中,戴维用当时的措辞,表达了自己如下的感情:

> 美国是上帝的坩埚,在这口伟大的坩埚中,欧洲所有的种族都在被熔化并且重构!你站在这里,我的朋友,想一想我,当我在伊利斯岛(Ellis Island)看到他们的时候,你站在五十个群体当中,

---

① 参见 Saveth, *American Historians and European Immigrants, 1875—1925*, New York: Columbia University Press, 1948, Chapter V, “Frontier and Urban Melting Pots”。

> 带着五十种语言和五十种历史记忆，还有五十种血仇和五十个竞争对手。但是，我的兄弟，你不久就不会再像这样了，你迎来的上帝之火就是为了消除这些，这就是上帝之火，可以为你消除前嫌与世仇！德意志人和法兰西人，爱尔兰人和英格兰人，犹太人和俄罗斯人——他们都同你一同进了这口坩埚？上帝正在制造美国人。

他随后又说道：

> 是的，东方和西方，南方和北方，棕榈和松树，北极和赤 121
> 道——伟大的炼金术士将怎样运用自己的净化之火才能把它们熔解并融合在一起！在这里，我们所有的人将要联合起来建造一个人类的共和国、上帝的王国。所有的民族和种族都到罗马和耶路撒冷去朝拜和怀旧，但是比起美国的光荣，罗马和耶路撒冷的荣耀又算得了什么！在美国，所有的种族和民族来到这里一起工作并期待着未来。①

我们在这里得到了一个关于熔炉的概念，对于这个熔炉来说，不存在任何例外或限制，它吸收所有族群的成员，并把他们在一个巨大的坩埚中熔化。英格兰人、德意志人、法兰西人、斯拉夫人、希腊人、叙利亚人、犹太人、异教徒，甚至黑人和黄种人，在赞格威尔的诗句中都特别地被列举到了。很明显，这口坩埚必定要在美国的大城市中沸腾。

在那个处于世纪之交的年代，作为对美利坚民族接受移民经历的一个回应，"熔炉"理念曾经嵌入进了那个时代的话语之中。例如，我们

① Israel Zangwill, *The Melting Pot*, New York: The Macmillan Co., 1909, pp. 37, 199.

可以在两任总统西奥多·罗斯福和伍德罗·威尔逊[①]的文稿和讲演中发现这个提法。很有意义的是，当赞格威尔的剧本出版时，它的标题就指名献给（第一位）罗斯福总统，因为是他在领导这个民族。现在我们可以清楚地看到，当时提出的“熔炉”概念存在一定的模糊性，所以它的支持者们曾以不同的方式来加以解读。不论是西奥多·罗斯福总统还是更为慎重的威尔逊总统，他们都不支持种族优越性的理论（虽然我们很可能在他们的文字中会发现，他们还是比较青睐于早期移民的来源地[②]），两人都相信，来自南欧和东欧的新移民在本质上是能够被吸收进
122 美国社会的。但是，在罗斯福把美国看作一个“代表由许多来自旧世界的种族熔合而成的一个新类型的”民族时，他同时认为，“这个坩埚把所有新类型熔合为一个类型，它是在1776—1789年期间定型的，在华盛顿那一代人的年代，我们的民族性在它所有的基本方面已经明确地定型了”。[③]根据对这一主题的仔细研究，我们发现威尔逊总统也具有类似的观点。爱德华·萨维斯写道，在罗斯福和威尔逊两位总统的心目中，“边疆熔炉出现在早期而且被认作是民族缔造过程的组成部分，与边疆熔炉有所不同，人们把后来移民的混合更加看作是一个同化的进程，在这个进程中，来自南欧和东欧的移民们接受了由早期移民们建立的美利坚主义的准则”。[④]

“熔炉”理念很快就遇到了一种有关群体调适的新哲学的挑战（我们将在后面加以讨论），同时也始终需要与有更多支持者的“盎格鲁一致性”展开竞争。然而，它持续地吸引了部分民众的关注，在20世纪前半叶，相关的讨论也都有意地指向美国舞台上的这一话题。20世纪

① 参见 Saveth, *American Historians and European Immigrants, 1875—1925*, New York: Columbia University Press, 1948, pp. 112—121 and pp. 137—149。

② 同上。

③ 同上，p.121；最原始的来源参见 “Speech at the Unveiling of the Sheridan statue in Washington”, cited in introduction to *The Jews in Nazi Germany* (New York, 1935), p. viii。

④ 同上，p. 148。

40 年代中期，在康涅狄格州纽黑文市开展了族际通婚趋势调查的社会学者鲁比·乔里夫斯·肯尼迪提出了描述这座城市发生的“熔合”过程的另一种修订概念，她建议对这一理论进行基础性的修订。在对 1870—1940 年期间纽黑文市发生的族际通婚进行了调查之后，肯尼迪女士指出，在这整个时期内，在各具有同一民族族源群体的族内通婚比例都很高，尽管族内婚在全部婚姻中的比例从 1870 年的 91.20% 下降到 1930 年的 65.80%，再下降到 1940 年的 63.64%，但比例依然较高。虽然人们在选择婚姻对象时对于“选择来自同一族源成员”的强调会有所降低，但是仍然存在很强的从具有同样宗教信仰的群体中选择婚姻对象的倾向。在 1940 年，79.72% 的英裔美国人、德意志人和斯堪的纳维亚人相互通婚，也即是说，在“新教”这个“池”（pool） 123
内通婚；83.71% 的爱尔兰人、意大利人和波兰人相互之间通婚，这是一个“天主教”的“池”；同时 94.32% 的犹太人相互结婚（对来自中欧的犹太人和来自东欧的犹太人之间的族际通婚情况没有调查）。在分析天主教徒和新教徒之间发生通婚的案例时，我们应当注意，在 1940 年，当作为天主教徒的爱尔兰人和意大利人与本民族群体之外的人员通婚时，他们更倾向于选择英裔美国人，而不是其他任何族群的成员，这些婚姻的大多数获准举行天主教婚礼，借此在婚后让孩子们作为天主教徒成长。换言之，发生的族际通婚已经跨越了民族背景的界限，但是我们发现其中还是存在很强的倾向性，即它们依然被限制在三大主要宗教群体之一的基础性范围内：基督新教、天主教、犹太教。因此，肯尼迪女士宣称，纽黑文市所呈现的这幅图景更像是一个基于宗教分野的“三元熔炉”，而不是一个“单一熔炉”。[①] 据她所说，她的研究表明，

① Ruby Jo Reeves Kennedy, “Single or Triple Melting-Pot? Intermarriage Trends in New Haven, 1870—1940”, *American Journal of Sociology*, Vol. 49, No. 4 (January 1944), pp. 331—339. Ruby Jo Reeves Kennedy, “Single or Triple Melting-Pot? Intermarriage Trends in New Haven, 1870—1950”, *American Journal of Sociology*, Vol. 58, No. 1 (July 1944),

“当族内通婚的限制开始放松之后，宗教性的族内通婚仍在顽强地持续着，未来的分界线将不会像过去那样是沿着民族的边界，而会是沿着宗教的边界。假如情况果真如此，那么，有关美国同化的传统‘单一熔炉’理论就必须被抛弃，它将被一个新概念即我们称为‘三元熔炉’的新理
124 论所替代，这个新理论将真实地展示出，在美国的各民族群体身上都发生了什么”。[1]“三元熔炉”理论随后被一位神学家威尔·赫伯格（Will Herberg）所吸收，为他分析美国社会的宗教趋势的著作《新教徒—天主教徒—犹太教徒》[2]（*Protestant-Catholic-Jew*）提供了一个重要的社会学参考框架。

现在我们已经考察了“熔炉”理念的兴起与发展，让我们再前进一步，借助我们的分析框架，把它放到美国真实的群体生活的背景中来进行考察。我们先来看看“单一熔炉”版本，因为这一版本并不仅仅在历史和逻辑上最早出现，而且正是在这种形式下，这个理念曾经在一个半世纪里被一些人清楚地表达为关于美国社会的一种想象。

坚决支持“美国是一个巨大‘熔炉’”这一理念的人们，就像那些“盎格鲁一致性”的支持者那样，都没有为他们的观点勾画出一个系统性的理论框架。事实上，这一概念只适宜以模糊的言辞来加以表述，无论它的目标是多么崇高，对于社会组织和行为多样性的具体形式，它并没有提供哪怕是最低限度的线索来帮助我们理解其实际内涵。当然，我们也可以根据逻辑做出一些推论，一个特点就是在所有关于“熔炉”理念的阐述中提出的一个设想：通过族际通婚使所有的人群达到一个完全的混合。换言之，也就是婚姻同化或者血缘融合。

当涉及文化行为时，“熔炉”理念最有特色的一点就是认为：各个

---

pp. 56—59.

① “Single or Triple Melting-Pot? Intermarriage Trends in New Haven, 1870—1940”, p. 332.

② 同上。

不同群体的文化将会混合起来，构成一个新的混合体，它完全不同于其中任何一个单独群体的文化。然而，这个文化混合的模式所忽视的一点是：是否所有群体将会对这口沸腾的坩埚提供各自具有同等影响力的贡献？或者，根据不同群体的人口规模、掌握的权力、战略性区域，他们施加的影响力在程度上是否将具有不同的比例？例如，让我们用假设性、简单的方式来表达，这里有10万“西瓦尼亚人”（Sylvanians）占有他们自己的国家，有2000名“蒙多维亚人”（Mundovians）作为移民进入了这个国家。那么，按照文化相互渗透的“熔炉”模式，结果产生出来的混合物（假设一些粗略的计算是可行的）将平等地包含“西瓦尼亚 125
人”和“蒙多维亚人”各自的文化吗？或者说，“西瓦尼亚人”对这一新文化的贡献，在重要性和影响力上是否将是“蒙多维亚人”的五十倍？对于这一问题的回答，对于这两个提供贡献的群体来说，显然有着重大意义，因为它关系到群体文化能否延续以及群体心理状态。

作为一个比较极端的解读（当然，肯定是不够严格、逻辑不太严谨的），“熔炉”概念设想移民的文化将会被完全彻底地“熔化”进东道国社会的文化之中，而不留下任何自己原有文化的痕迹。似乎这种理念的一些拥护者在感情上会有这样的设想，认为对于那些来自南欧和东欧的移民来说，这种融入是他们在美国“熔合”进程中要扮演的一个适当的角色。在这种模式中，“熔炉”理念包含了文化适应的观点，它在性质上与“盎格鲁一致性”几乎很难被区别开。不同之处是，“盎格鲁一致性”强制性地要求所有移民都朝同一个文化混合的方向发展，而对这个文化做出最初贡献的是来自北欧和西欧移民群体的文化。

考虑到同化的其他变量，我们的分析可以向前进一步推进：如果大规模的族际通婚已经出现，那么很明显，移民们应该已经能够进入到东道国社会中的社团、俱乐部、其他初级群体和制度之中，此外，他们在一定程度上还能够在这些社会结构中留下自己的印记。于是，结构同化的进程必定也会反映出一种混合的效果。认同意识同化将会以这样一种形式发生，即所有群体把他们各自原先的群体性意识合并成为一种新的更大的族群认同，这个新的族群认同在一定意义上对其多元来源予以尊重，同时它构成的这个实体与这些来源群体都有区别。偏见和歧视肯定是不存在的，因为这里甚至已经没有任何在身份上可以相互区别的群体能够被作为偏见和歧视的对象。“公民同化”也将发生，因
126 为我们假定那些各不相同的文化价值已经熔合，发生在群体之间的权力冲突应该既没有必要，也不可能出现。这就是熔炉过程的“理想—典型”（ideal-typical）模式。根据这里的分析和前面的讨论，让我们来看看这个模式如果应用到美国人的经历时，会是怎样的情况。对于其中一些议题的更全面的讨论，将会留到后面几章。

尽管无法得到这方面的准确数字，我们可以有把握地说，在殖民地时期和19世纪前七十五年里，非英国移民的后代中很大一部分（爱尔兰天主教徒和德国犹太人除外）现在已经被吸收进美国生活中白人的“社会学意义上的新教徒”（sociological Protestant）这一部分当中。这即是说，他们没有生活在他们的移民祖先所创建、由本族直系后代聚居的社区性亚社会中，而且正如他们自己所理解的，现在他们很简单地就成了“美国人”，他们可能在某些地方还有模糊的来自非英国起源的移民自我意识，但是这些对于他们的今天而言毫无意义。这个群体包括了许多苏格兰—爱尔兰人、德国新教徒、瑞典人和挪威人的后代，还有其他来自北欧和东欧的移民后代，而且很可能还包括一些殖民地时期的犹太人后代，这些犹太人是皈依天主教的早期美洲开拓者（不用说，还有一些特殊的个体，他们的祖先是黑人和白人的混血，这些人在某些年代“进入”了白人群体[①]）。这并不是说，那些代表了大部分族群祖先

① 对这些永久性“进入”白人群体的浅肤色黑人的数字的推测是每年2000—30000人，由于这种身份转变的操作很显然是秘密遮蔽的，这些限制使我们很难了解到真实的数字。参见Maurice R. Davie, *Negroes in American Society*, New York : McGraw-Hill Book Co., 1949, pp. 401—407 ; Gunnar Myrdal, with assistance of Richard Sterner and Arnord

群体并有相应制度的社区性亚社会已经不存在了,但是与这些族群后代的总数相比,这些亚社会的人数在不断减少和分散,因为第三代和第 127
四代离开了他们位于乡村或小镇(偶尔也包括城市)的族群飞地,进入了更广阔的社会天地去闯荡。

现在我们观点的主旨已经很清楚了。这些移民的后代进入一个已经存在的白人新教徒社会的社会结构中,这一过程的顶点就是族际通婚。这种进入并没有导致创立新的结构,没有创立新的制度形式,也没有创造一种无偏见地来自所有族源的新的认同意识。与之相反,这些移民后代沉浸在一个已经存在的群体与制度的亚社会网络中,这个亚社会已经被固定在打着盎格鲁—撒克逊新教徒印记的基本框架之中。已经预先存在并成为伦理规范的盎格鲁—撒克逊制度形式,英语的普遍流行,以及盎格鲁—撒克逊人口在数量上的优势,这些都使得这一结果不可避免。

如果我们转向文化领域,我们就会发现几乎完全相同的结果。各种不同来源的"老移民"和"新移民"都共同地对美利坚文明做出了巨大贡献,他们提供发展农业和工业的劳动力,成为人口增长的来源,带来重要的新知识和技能,赞助文学艺术的发展,他们所做出的这些贡献是毋庸置疑的。对于无数移民个人和他们的后代在这个民族的经济生活、专业领域、科学和艺术生活中所做贡献的卓越记录,也是无需置疑的。所有这一切我们都讲得很充分了。我们要讨论的议题是各种文化形式的改变。我们在这里所论证的是,在很大程度上,真实情况并不是来自所有移民来源的各不相同的文化模式都会被毫无偏见和公正地熔合在一起,在现实中发生得更多的情形是,后来的移民做出的特定文化贡献被浇铸进了已成型的盎格鲁—撒克逊铸模之中。正如乔治·斯图尔特所表述的,如果要以一种更准确的比喻来描述美国的经历的话,那

Rose, *An American Dilemma*, New York: Harper and Brothers, 1944, pp. 129—130 and pp. 683—688。

128 就像是进入了一个“转变的炉子”,在这个炉子里,“那些外国元素,在各个时刻被一点一滴地添加进炉子,它们并不是被简单地熔化,而是在很大程度上被转变了形态和性质,在这样做的时候,正如人们所期待的那样,并不会对原有的金属发生明显的影响”。[①] 威尔·赫伯格回应了这个观点,他写道:“那些‘熔炉’理念的热衷者……在涉及同化过程的文化领域时……所持的观点是错误的。他们期待的是一个名副其实的文化混合体,每一个族群都会做出自己的贡献,在熔合中炼出来一个全新的文化合成物,其中英国元素不会超过德国元素或意大利元素,而且在某种程度上胜过并包含了它们全体。在一定意义上,真实的情况却是这样的:我们的美国人的烹调包括了意式开胃菜和意式面条、德式牛肉香肠和裸麦粗面包、法式烤里脊肉片和炸薯片、俄式甜菜浓汤、酸奶油和犹太鱼羹,再配上炸鸡、熏肉和鸡蛋、猪肉和豌豆。但是如果我们从以上这些现象得出推论,认为美国人看待自身形象(这里指的是各族群成员看待自己作为美国人的形象)就是把‘美国人’看作参与构建美国的所有族群元素的混合体或熔合体,那将是一个错误。其实完全不是这么一回事,美国人眼中的自身形象还是盎格鲁—美国人的理想,它在美国获得独立时就已经创立了。它的理想的‘民族类型’从来都没有改变,而且一直保持其稳定性。它就是‘五月花号’,就是约翰·史密斯、戴维·克罗克特(Davy Crockett)、乔治·华盛顿和亚伯拉罕·林肯,他们定义了美国人的自我形象,人们不必考虑这一问题直接涉及的美国人是1620年移到美国的英国清教徒的后裔,还是来自东南欧移民的子孙……我们的文化同化不是发生在一个‘熔炉’里,而更像是发生在一个(援引了斯图尔特)‘转变的炉子’里,在这个炉子里,所有的配料成分都被转型和同化成为一种理想性的‘盎格鲁—撒克

① George Stewart, *American Ways of Life*, New York: Doubleday and Co., 1954, p. 23; 斯图尔特的观点强调了早期英国定居者的文化与其他来自北欧和西欧群体的文化之间的相似性。

逊’模式。”[①]

无论在社会结构方面还是在文化方面,从某种意义上说,美国的 129
“单一熔炉”理念都是一种幻想——一种心胸开阔的理想主义幻想,因为它处于一面公正的美国的象征性旗帜下,持有一种在心理上给予所有族群平等待遇的承诺,这个美国所象征的,要大于组成它的任何群体的文化象征。但是这一理念表露出了相当程度的社会学意义上的天真性(naïvetè)。我们已经知道,英国殖民者是最早到达美国的,英格兰群体在数量上占据着主导,盎格鲁—撒克逊制度居于统治地位,在这样的前提下,邀请那些非英格兰人的移民进入“熔炉”,其结果(假如整体上能够被接受的话)只能是后者丧失他们的族群认同,只能是他们的文化延续经过转型进入盎格鲁—撒克逊模式之中,而且他们后代也只能以盎格鲁—撒克逊的形象(image)得以发展。

在文化方面,这个吸收了盎格鲁—撒克逊模式的进程,在所有族群当中大规模地、不屈不挠地推进,速度时快时慢。然而在社会结构方面,时至今日,这个进程却有着不同的结果。这取决于我们所关注的是白人新教徒“老移民”的后代,是前后两个时代的白人天主教徒和犹太人移民,还是那些少数种族和半少数种族群体。而这也正是肯尼迪和其他学者提出的“三元熔炉”假设可以得到应用的地方。当德意志和斯堪的纳维亚半岛的白人新教徒后代能够比较容易地在社会结构上被合并进(假如他们希望如此)在整体上是白人新教徒的亚社会时,犹太人、爱尔兰天主教徒、意大利天主教徒和波兰天主教徒就做不到这一点,除非他们正式地改变宗教信仰或者在社会学意义上进行“跨越”(passing),这两条路径中的任何一条都不太可能吸引他们中的大多数人。由于种族歧视,黑人、东方人、墨西哥裔美国人和波多黎各人都无法真正地参与到白人新教徒和白人天主教徒这两个社区当中去。白种人口当中的

① Will Herberg, *Portestant-Catholic-Jew*, New York: Doubleday and Company Inc., 1955, pp. 33—34.

130 民族背景差异显得更加容易消失，关于其原因我们将在后面进行讨论。人们跨越“民族”社区的速度很可能比鲁比·里夫斯·肯尼迪和威尔·赫伯格提示的要慢一些[①]，据我们看到的数字，就天主教徒和新教徒之间发生的通婚比例而言，美国全国范围内的数字要明显地高于纽黑文市的数字。[②] 然而，涉及对族际通婚的分析时，在社会学上非常重要但又被普遍忽视的一点是：除了通婚比例以及双方的种族、宗教或民族背景之外，通婚的夫妇和他们的子女将会被吸收进什么样的社会结构当中？如果天主教徒和新教徒通婚形成的夫妇或多或少地完全居住在天主教社区或新教社区，特定宗教社区的存在以及这些社区与其他宗教社区之间的隔离这种社会学意义上的事实将会延续下去。

从结构上来讲，这些进程的结果就是，美国成为一个包括了一定数量的“熔炉”或亚社会的社会。其中有三个是宗教容器，其标志分别是新教、天主教和犹太教，它们是具有白种民族背景的社区，面向社区内部的白人移民推进“熔合”的进程。其他的是非白人种族群体，它们不被允许在结构上融入主流社区；还有另外一些人是具有民族背景的社区的残余，其成员要么来自第一代，要么是一些本地出生但是选择留在
131 这些族群社区的“围墙”之内的人。所有这些人构成了我们在前面已描述过的族群亚社会，这些族群亚社会拥有它们自己的初级群体、组织和制度，它们的成员舒适地生活在这些封闭的圈子里，当他们有所需求

① 参见我们在第七章中的讨论。

② August B. Hollingshead 提供的 1948 年纽黑文市的族际通婚数据支持了肯尼迪的理论。但是，John L. Thomas 对于天主教徒和新教徒通婚所开展的更广泛的调查发现，在 1940—1950 年期间，“由天主教婚礼认可的族际通婚占美国全部天主教徒婚姻的 30%”。在这个数字上还必须加上一些我们不了解的族际通婚比例，这些族际通婚涉及的双方中有一方是天主教徒，这些婚姻没有得到天主教婚礼的认可。参见 August B. Hollingshead, “Cultural Factors in the Selection of Marriage Mates”, *American Sociological Review*, Vol. 15, No. 5 (October 1950), pp. 619—627; John L. Thomas, “The Factor of Religion in the Selection of Marriage Mates”, *American Sociological Review*, Vol. 16, No. 4 (August 1950), pp. 487—491。上面引用的部分参见 Thomas, p.488。

时,也只是在为生存寻求就业机会或者履行有限的政治公民义务时才与"外面的人"发生次级群体性质的交往。除了宗教容器之外,另外一个"熔炉"有着"知识分子"的标签。在美国人的生活和经历中,所有这些容器沸腾着,以时快时慢的速度产生出在文化上相似的产品,但是同时,这些"熔炉"在结构上保持彼此分离。一幅完整的图画大概是这样的,在具有文化同化作用的前提下,在美国存在的同化熔炉可以被称为"多元熔炉"。所以,我们现在走到了这一步,即可以用"多元主义"来形容当代美国社会。

第六章

同化的理论（三）：文化多元主义

132 无论是“盎格鲁一致性”还是“熔炉”理论，都设想移民群体将会在同化进程中丧失自己的社区认同，而且设想那些后来的移民及其后代将会作为个体被吸收进已经存在的“美利坚”社会结构。然而，这一目标并没有得到移民们普遍分担。在它生命的第一个世纪中，这个民族的领土面积广大而且人口密度很低，与这一性质相适应的是，早期移民努力在他们各自占领的特定领土中建立了带有排外性质的、属于自己的社区团体。在 19 世纪 30 年代、40 年代和 50 年代，德意志移民来到美国中西部和得克萨斯，他们由一些逃避严酷政治环境的自由主义知识分子带领，并具有很强的民族认同意识，一些领袖明确地希望在联邦范围内创立一个全部由德意志人组成的州，甚至期望联邦会因奴隶
133 制的争论而解体，以使他们最终可以创立一个分离的德意志人的国家（nation）。[①]

---

① Nathan Glazer, “Ethnic Groups in America: From National Culture to Ideology”, in Morroe Berger, Theodore Abel, and Charles H. Page (eds.), *Freedom and Control in Modern Society*, New York: D. Van Nostrand Co., 1954, p. 161 ; Marcus Lee Hansen, *The Immigrant in American History*, Cambridge: Harvard University Press, 1940, pp. 129—140 ; John A. Hawgood, *The Tragedy of German-America*, New York: G. P. Putnam’s Sons, 1940, 见书中各处。

早在1818年,就出现了一些申请希望政府对在一块既定土地上建立族群共同体(ethnic communality)的项目给予资助,有关这种援助的申请被回绝了。在这一年,纽约和费城的爱尔兰人组织向国会请愿,希望在西部获得一块土地来安置那些需要救济的爱尔兰人。国会拒绝了这一申请,理由是为一个民族群体正式提供一块特定的土地不是明智之举,这种做法很可能导致其他民族也会提出一系列相同的要求,而这将会使国家分裂成为许多碎片。[1] 马库斯·汉森是一位研究美国移民的著名学者,他很有洞见地评论说:"在美国移民政策史上,恐怕没有一件事比这一决定更具深刻意义了。在那个时代,并没有特殊的优惠鼓励移民来美国,同时他们也没有遇到什么特别的限制。他们的机会都是天生而来的,既不会多,也不会少。"[2] 从此一个原则就被确定下来了,这就是,美国政府的正式机构不能被用来在这个国家的任何地方建立族群的领土"飞地"。如果出现了族群共同体(美国印第安人的特殊情况是例外),那它必须是产生于一个合法的框架下的自愿行为,这个法律框架所正式面对的只能是一个一个的个体。

当有法律依据的共同体不能建立时,作为许多自然因素共同影响的结果,那些移民的第一代人发展出来了事实上的族群社会,包括了早期的德意志人和随后的挪威人和瑞典人,他们稀稀拉拉地各自成群定 134
居在美国内地平原的农场上。这些定居点的人口因为他们的朋友、亲戚和同乡的加入而增长起来,这些人在这片陌生的土地上寻找着一片熟悉的绿洲,他们都渴望至少能够小规模地重新创建一个社会,让他们在这个社会里能够用熟悉的语言相互交流,保持熟悉的制度,并且最终能够团结在一起彼此帮助和保护,以共同面对一个十分陌生、不时怀有敌意的外部环境中的种种不确定性。

在这样的过程中出现了族群教堂,用他们的母语提供宗教服务,出

① Hansen, *The Immigrant in American History*, p. 132.

② 同上。

现了族群学校，用传统的方式教育年轻一代，出现了用母语文字印刷的报纸，出现了互助的社团和娱乐组织，在这些正式制度的下面，是限定在族群内部的小集群和朋友圈子等非正式网络，它们为舒适的社交活动和把婚姻限定在祖先群体内部提供了保障。一位仔细研究美国族群运动的学者这样写道："在极大程度上，德意志人运用他们自己的语言作为武器来防止美利坚化和同化，同时使用每一种社会环境（包括家宅、教堂、学校、出版社）来确保德语能够在他们的子孙后代中延续。"[①] 瑞典人和挪威人则居住在草原上那些与外界隔离的农场和村庄里，他们在创建自己的族群共同体方面甚至更为成功。[②] 即使是在地理空间上与其他族群相互分离显然更为困难的城市里，社会学意义上的族群分离的结果也并没有多大区别。1850 年，在密尔沃基市居住着 6000 名德意志人和 4000 名本地出生的美国人，其中只有六个德国人与外族群
135 成员通婚。[③] 在美国东北部的城市中心里，居住在贫民区的爱尔兰人在社交和文化上都与他们的盎格鲁—撒克逊邻居相互隔离，并发展出一种特殊的群体意识和分离的制度性生活。奥斯卡 · 汉德林写道："由于无法参与到当地社区的正常交流活动之中，爱尔兰人觉得他们被迫要在社会中再建立另一个社会，以使他们可以用自己的方式来开展共同活动，并由此产生了具有特定和强烈排外性的认同意识。"[④]

所以，在文化多元主义还没有成为一个理论之前，它在美国社会就已经是一个事实了，而且至少对于美国作为一个民族整体而言，这个理

---

① Hawgood, *The Tragedy of German-American*, New York: G.P. Putman's Sons, 1940, p. 39.

② Glazer, "Ethnic Groups in America: From National Culture to Ideology", pp. 163—164, in Berger, Abel, and Page (eds.), *Freedom and Control in Modern Society*, *cit. supra.*

③ Hawgood, op. cit., p. 38.

④ Oscar Handlin, *Boston's Immigrants*, Cambridge, Mass.: Harvard University Press, 1959 (Revised edition), p. 176.

论已经在美国知识分子中的英语圈子内得到了清楚的表达和讨论。[1]

但是后来,随着移民在本地出生的几代子女进入公共学校读书,作为个体离开农场和乡村到美利坚化的城市里去打拼,并普遍地受到标准化工业文明的影响,德意志人和斯堪的纳维亚人的文化飞地在人口规模和实际意义上都在逐步下降。由于第一次世界大战在美国社会中激发并不断积累的反德情绪,德裔美国人社区受到了尖锐而强烈的冲击,他们此后再也没有能够从这一冲击中完全恢复过来。在经过一个逐渐兴起的过程之后,爱尔兰人开始成为美国社会的泛天主教亚社会 136
中具有普遍主导作用的群体,但这些发展出来的新特征到了 20 世纪才被人们觉察到。与此同时,在 19 世纪的最后二十年,来自南欧和东欧移民开始大量进入美国。现在意大利人、犹太人和斯拉夫人构成了移民的主流。在社会学的意义上,他们的特征是更容易被识别出来的,此时由于西部边疆的开拓已经结束,正在扩展的工业经济对劳动力有巨大需求,这些因素又与这些新移民自身的贫困状况结合起来,使得他们不可避免地停留在这个国家的各个城市并拥挤地居住在城市中心区。在由这些新事件和新经历所点燃的纷乱争吵之火的持续煅烧中,文化多元主义理论作为一种民族的哲学最终被锻造出来。

这些肤色较深的大批移民(被称为“新移民”)在抵达美国海岸后,遭遇的是美国排外主义发展出来的一种新论调:种族主义者宣称那些具有浅肤色和金发、较早登陆的群体在生物学意义上具有天生的优等

① 非常明显,已经有人根据文化多元主义的思想对在整个 19 世纪中建立族群飞地的那些特殊努力下了论断。在某些时候,某位族群辩护者会为他自身所属的特定群体努力构建一个理论模型。因此,辛辛那提拓荒者协会(the Pionier Verein von Cincinnati)的杰出创办者兼第一任主席在 1869 年对一个组织的讲演中说:“我们并不希望在这里建立一个纯粹的新德意志,但另一方面,我们也不希望简单地在美国无声无息地消失,……带着十分明确的认同意识,我们可以宣称我们在保持光荣的德语方面已经获得成功,同时对我们的新祖国(fatherland)也保持了忠诚。”(引自 Hawgood, *The Tragedy of German-American*, New York: G.P. Putman's Sons, 1940, p. 274。)

性。与反天主教的老式排外主义主题同时出现的，还有对“外国激进主义”的恐惧，把出现城市贫民窟的责任都归因于新来者，加上普遍性的对外国人的憎恨，新近发展起来的集体敌意，还有反犹主义思潮的复苏，这些因素统统结合在一起，对移民的文化、社会组织和他们对自我利益的关注都产生了极大的冲击，这一冲击被称为“美利坚化”运动。正如我们在前面所看到的，这一运动由于第一次世界大战和战后年代的一系列事件而发展至顶峰。当时在美国社会中有些人对移民持续不断地提出了各种要求，要求移民即刻转变他们对原籍国家的文化的认同，必须停止讲自己的母语。于是也出现了一种反弹，新移民对攻击自己的人也持有相同的怀疑和敌意，这也是他们所熟悉的、在心理上能够满足自身族群制度和组织的行为。重复一下，这是一种反弹，针对的是一些完全没有道理和不可能完成的要求，它标志着另外一种不同的学
137 说开始发展起来。这种学说反对“美利坚化”或“盎格鲁一致性”理论所提出的假说和要求，在其发展过程中同样也拒绝了热衷于“熔炉”模式者提出的更加柔和与善意的同化蓝图。

最早出现的反击严酷的“美利坚化”运动的理论宣言，并不是来自那些被围攻的新移民，这些人考虑得更多的还是自己如何生存下来，而不是讨论如何调适的理论，这一宣言出自中产阶级中的那些理想主义的成员，他们在世纪之交的前十年左右就开始追随他们英国前辈的榜样，他们“居住”在贫民区里“学习如何体察穷人的苦难”。[1] 这些“社会福利居所”的工作者很快就被迫开始勉力应付移民生活的现实，并学习如何调适自己。并不是所有的人都以同样的方式来应付，但整体来

① 这个提法来自塞缪尔·巴尼特（Samuel A. Barnett）在1883年写的一封信，他是伦敦汤因比馆（Toynbee Hall）的倡办者，这是为一群希望能够为那些需要帮助的人提供服务的牛津大学学生而建的第一处社会福利居所，他们曾为此向巴尼特提议过。巴尼特的回复中有这么一段：“人们可以租下一栋房子，他们可以来这里居住或长或短的一段时间，居住在一个工业住宅区，学习如何体察穷人的苦难。”（引自 Arthur C. Holden, *The Settlement Idea*, New York: The Macmillan Co., 1922, p. 12。）正是通过这个小组的努力，汤因比馆最终建成。

说,这些"福利所"的工作者对移民发展出了一种态度,即对移民出生地的文化遗产和他们新创立的族群组织表现出同情。[①] 这些新移民的生活通常很可怜,他们在日常生活中遇到许多困难并时常感到迷惑。那些必须与这些新移民进行密切接触的福利工作者至少会看到,"美利坚化"的要求,或推动快速"美利坚化"的做法,对这些移民子女造成的是多么不幸的影响,他们变得常常疏远自己的父辈,不服从家庭权威的 138
管束。他们的父母不是愚昧并且没有受过教育的"Hunkies"、"Sheenies"或"Dagoes"[②] 吗?这些蔑称和社会地位是由他们迁入的美国社会中这一小部分社区所定义的吗?族群的"自我憎恶"造成了性格弱化的心理后果、家庭解体和少年犯罪,这些都是十分常见的社会性后果。除此之外,由于他们的文化、他们的语言、他们的制度以及他们对自己的定义遭受不断持续的攻击,这些移民的自身感受也受到负面的影响。除了他们纯粹作为体力劳动者的能力之外,当他们所了解的、所感受的、所梦想的一切(换言之,他们作为人所具有的一切)都遭到鄙视或嘲笑时,他们如何才能够保持他们的自尊呢?况且,他们自己的孩子们已经开始接受"美国人"对待自己的轻蔑态度。在对这些移民面临的问题有所了解之后,简·亚当斯在她的《赫尔馆二十年》(*Twenty Years at Hull-House*)这本书的一个动人章节中,讲述了她在一家福利所里创建的一个"劳工博物馆",在这个博物馆中,那些拥挤地居住在芝加哥贫民窟里、具有各种民族背景的移民妇女展示了她们所熟悉的出生地的纺纱和编织方法,博物馆也用图解的方式展示了这些早期技能与现代工业技术之间的联系。这些进行演示的妇女使美国社会中的某些人第

① Jane Addams, *Twenty Years at Hull-House*, New York: The Macmillan Co., 1914, pp. 231—258; Arthur C. Holden, *The Settlement Idea*, New York: The Macmillan Co., 1922, pp. 109—131; John Higham, *Strangers in the Land*, New Brunswick, N. J.: Rutgers University Press, 1955, p. 236.

② 这三个词分别是对东欧人、犹太人和意大利人的蔑称。——译注

一次感到这些移民也掌握着有价值的有趣技能——她们也有一些东西可以贡献给美国社会,而对于这些妇女的女儿们来说,当她们在“缝纫行业”昏暗的血汗工厂完成了一天的辛苦劳作,来到“赫尔馆”的博物馆参观时,她们也是平生第一次开始懂得一个事实,即她们的母亲们也有自己的“文化”,这种文化也有它自己的优点,而且与她们自己现在的生活相关联。简·亚当斯在这一章的结论中带着希望这样写道:“在我们构建美国公民身份时,由过去时代构成的这些基石是不应当被捣烂的。”①

139 对于移民文化遗产及其对自身和接受移民的社会都具有独特价值、带有赞赏性的观点,此时也得到了另外一个来源的附加的支持:当时知识界流行的观点正在被另一股强有力的反对潮流所压倒,这就是倍受强调的自由主义、国际主义和宽容。在这段时期内,不断地有教育家或报刊评论员抗议推行急速的“美利坚化”运动,争辩说这些移民同样有着古老和值得尊重的文化,而且这些文化可以向美国提供许多有价值的东西,因为美国的特征和命运仍然处在构建的过程之中,对于一个充满民族主义和战争火焰的世界,这种文化吸收可以作为各种遗产间和睦合作的一个富于启发的榜样。1916 年,哲学家约翰·杜威在全国教育学会的一次演讲中宣称:“爱尔兰裔美国人、犹太美国人或德意志美国人这些用词都是错误虚假的用词,因为这些用词似乎是在假设,在一个已经存在的美国,还有其他因素从外部来依附于它。事实是,真正的美国人,典型的美国人,其自身就具有归化的特征。这并不是说他有一部分是美国人,同时一些外国的成分再加进去。正如我已经讲过的,这表示美国人的组成构造本身就是跨民族、跨种族的。他不是美国人再加上波兰人或德意志人。美国人自身就是波兰—德意志—英格兰—法兰西—西班牙—意大利—希腊—爱尔兰—斯堪的纳维亚—波希

① Jane Addams, *Twenty Years at Hull-House*, New York: The Macmillan Co., 1914, p. 258. 参见她另外的一本 *Newer Ideals of Peace*, New York: The Macmillan Co., 1911。

米亚—犹太—……人。重要的是，要看到这里是用'连字号'把它们连接起来，而不是分离隔开。这也表示至少我们的公立学校应当教育每个人去尊重其他的每一个人，应当努力和耐心地教导所有人认识到，在我们国家的构建中，每个族群世系在历史上都有过伟大的贡献。我希望学校里的美国历史课将更多地介绍移民大潮，正是这持续了三个多世纪的移民使这片土地得以建设起来，应当使每一名学生都意识到我们民族在构建过程中所具有的那种宽广宏大的胸怀。当每一名学生都认识到构成我们现存社会的所有元素时，他将会继续尊重和珍视那些 140
从自己的历史中带来的东西，当他想到这个简单的因素参与了构建一个比其自身更崇高、更美好的整体时，他会因此而感到骄傲。"[①]

这位美国最重要的哲学家关于这个国家的观点比起"熔炉"理论来，有什么新的东西吗？这确实很难回答。但是杜威对于美国各种文化遗产所持有的欣赏态度是足够清楚的。在同一年，另外两位美国现实状况的评论家对于分离的群体认同及其维护发出了更尖锐的声音。诺曼·哈普古德是当时的一位杰出作家和编辑，在一篇写给犹太读者的文章中，他劝告读者不要与普通人群融合，而是应当保持自己的特点，为了美国社会的整体利益而保存自己的文化。他宣称："如果存在着一种鼓励差异的倾向，那么民主应当更具创造力，我们的美国梦不应该是一个单音调的梦，我们不应该把美国想象成一个所有人彼此相同的社会。如果意大利的一个小镇曾经出现过比今天全世界都要多的天才，那么我们希望在一个占有几乎整个大陆的国家里应该有二十种不同的文明，而它们和谐相处。"[②] 在《大西洋月报》（*The Atlantic Monthly*）

---

① John Dewey, "Nationalizing Education", National Educational Association of the United States, *Addresses and Proceedings of the Fifth-fourth Annual Meeting*, 1916, pp. 185—186. 当简·亚当斯在考虑创建她的"劳工博物馆"时，她写下她与杜威之间关于移民面临调适困难这一主题的谈话。参见 *Twenty Years at Hull-House*, p. 237。

② Norman Hapggod, "The Jews and American Democracy", *The Menorah Journal*, Vol. II, No. 4 (October 1916), p. 202.

上，一位年轻的文学评论家和小品文作者伦道夫·伯恩，在谈及他的“跨民族的”美国观时写道，这是一个新类型的民族，在这个民族中不同的民族群体可以保存他们各自的身份认同和他们的文化，并且统一在一起，成为一种“微型的世界联邦”（world federation in miniature）。伯恩争辩说，欧洲战争已经爆发，它在美国激起的反弹也显现在各族群的民
141 族主义活动中，因此，促使移民融合的努力已经失败。现在需要的是，充分认识移民的殖民地、他们的文化和他们对欧洲的依恋，这些共同构成的是一个宏大壮丽的机遇，而不是绝望的时刻。最终我们在这里可以创立一个新类型的民族，它具有现代生活所需求的条件，在这个民族中，许多种民族体（nationalities）可以和谐共处，每一个都能够维护它所欣赏的原有遗产和在原来生活过的土地上的利益，与此同时，它们共同结合在一起在美国构建了一个更为丰富、更世界主义的文化，也为其他国家提供了一个国际和睦的榜样。在这个“民族”观念中，现在移民变成“生动和强有力的文化之线，他们带有盲目性地努力把自己编织成为一个新颖的国际化的民族，这样的民族是世界上人们所看到的第一个”。①

有关文化多元主义的经典论述，出现在哈普古德和伯恩的文章正式发表的前一年。早在1915年，在《民族》（*The Nation*）杂志上刊发了成系列的两篇文章，题目是《民主与熔炉》。它们的作者是霍勒斯·卡伦，这是由哈佛大学培养的一心要把哲学应用于社会事务的一位哲学家，作为一个美国犹太人，他由于自身的族群背景而承受了当时因“美利坚化”或“盎格鲁一致性”以及“熔炉”理论所要求被“熔合”的巨大压力。

---

① Randolph S. Bourne, “Trans-National America”, *The Atlantic Monthly*, Vol. 118, (July 1916), p.95. 伯恩在他三十二岁那年去世，也是他的这篇短评发表的两年之后。这是美国社会和文学的悲剧性损失。有关他的生活和工作的精彩评价，参见 Van Wyck Brooks 对他的文集的序言，*The History of a Literary Radical and Other Papers by Randolph Bourne*, New York: S. A. Russell, 1956。关于更全面的评价，参见 Louis Filler, *Randolph Bourne*, American Council on Public Affairs, Washington, D. C., 1943。

在这些文章中，卡伦强有力地否认这些理论的用处，认为它们既不是解读美国人实际生活的正确模型，也不是对于美国的未来有价值的理念。而他自己获得的印象是，在美国的各个族群与特定地区相重合，各个群 142
体都倾向于保存自己的语言文字、宗教信仰、社区组织和祖先的文化。他也指出，这些移民与此同时已经学会了英语并将其作为共同交流的语言，已经参与了这个民族整体的经济与政治生活。在这些发展过程中，"美利坚合众国正在成为一个联邦国家，不仅仅是一个地理上和行政上的联邦，同时也借内部多样的文化之间的合作而成为一个各民族文化的联邦或共同体"①，该作者认为，这就绝对不会像"美利坚主义者"所要求的那样去违反历史上的美国政治原则，而我们提出的理念事实上代表了民主理念的必然结果，因为个体被包含在群体之中，个体的民主权利必须被延伸为个体所属的群体的民主权利。

然而，卡伦在他的争论中所批评的这些同化过程，还远远没有成为现实。它们只是由"美利坚化"项目所展示出的威胁，或只是"盎格鲁—撒克逊族群优等性"的假设理念，以及在错误方向上鼓励"种族的"血缘融合的各种尝试。美国正站在一个文化的交叉路口，它可以试图以强制力把一个盎格鲁—撒克逊导向的、虚假的统一性强加在它的人民头上，它也可以有意识地允许和鼓励它的各个族群以民主的形式去发展，使每个族群可以重视自己有根基的特定文化遗产。如果后面这条路线得到了允许，那么，就会像卡伦在他论文结尾的那段话中所说："一个伟大的、真正的民主共同体的轮廓很可能就会浮现出来，它的形式可能是一个共和国联邦，它的实质则是一种各民族共享的民主，人们根据自己的本质不断完善自身，在各自才能得以充分发挥的组织中通过共 143
同的机构自愿地进行合作。这个共同体的公共语言，也是它具有伟大

① Horace M. Kallen, "Democracy *Versus* the Melting Pot", *The Nation*, February 18 and 25, 1915, 重印于 Horace M. Kallen, *Culture and Democracy in the United States*, New York: Boni and Liveright, 1924, p. 116。

传统的语言，将会是英语。但是每个民族体为了它的感情和随意性的生活仍会具有自己的特定方言或口语，仍会保持自己个性化的审美与思维的形式。这个共同体的政治和经济生活是单一的单元，作为基础和背景为每个群体实现其有特色的个体性提供服务，正是这些群体构成了这个共同体，它也为了使这些群体共享超越全体的一种和谐的合作提供服务。于是，‘美国文明’也就成为‘欧洲文明’和谐合作的一个完美的典型（欧洲的垃圾、贫穷和忧伤会被消灭），成为一个有着多重性的统一体，一部人类的管弦乐章。”①

在随后的十年里，卡伦在不同的杂志上又发表了几篇文章来讨论
144 美国的多元群体生活的框架，这些文章被收集在他的文集中，书名叫《美国的文化和民主》，在 1924 年出版。② 在这本书的导言中，他第一次书面使用了“文化多元主义”（cultural pluralism）这个术语来表达他的立场。我们可以在他所有这些文章中看出，对于那些针对移民和他们的文化的攻击，他的反感和抵制在不断增长。随着第一次世界大战的

① Kallen, *Culture and Democracy in the United States*, p. 124. 伦道夫 · 伯恩在写作他自己关于“trans-national America”的文章之前曾经阅读过卡伦在 *Nation* 上发表的这篇论文的两部分，而且受到很大的影响。这一点在伯恩的另外一篇文章中写得很清楚，参见“The Jew and Trans-National America”, *The Menorah Journal*, Vol. II, No. 5 (December 1916), p. 280。至于诺曼 · 哈普古德在他发表自己的相关观点之前是否见到了卡伦的文章，我就不清楚了。但是看起来作为当时的一名报纸撰稿人，他不大可能没有读过这些文章。

对于那些影响了卡伦的因素，卡伦写道：“……威廉 · 詹姆斯（William James）的课程和巴雷特 · 温德尔（Barrett Wendell）在哈佛大学的历史课在我的心中结晶成为一个新思路，它的轮廓是这样：首先，发现‘平等’这个概念在《独立宣言》中使用时的意义；其次，认识到自由的社会角色以及认识个体和群体之间存在的差异，并在我自己的哲学中加以拓展地进行阐述；最后，重新评价我的犹太人身份，它对于我的犹太遗传特征和遗产而言是必要的前提，人们由此拓展去探索其内容和历史，并不断积极参与犹太人的社区性事业。在这些事业当中，犹太复国主义运动（the Zionist movement）在当时是最具理性思维的综合性思潮。”（“The Promise of the Menorah Idea”, *The Menorah Journal*, Vol. XLIX, Nos. 1 & 2, Autumn-Winter, 1962, p. 11）

② Kallen, *Culture and Democracy in the United States*, p. 124.

爆发,它所带来的恐惧心态、“红色恐怖”(Red Scare)、体现种族优越性主题的规划、对新移民的持续的经济剥削以及三K党的兴起,都提高了社会紧张度,卡伦对文化多元主义的强调在当时成为针对全国社会组织肌理中这些毒素的民主解毒剂。在随后的年代里,在他的富有创造力的笔下不时地写出文章,精心设计或注释文化多元主义理论这一主题。[①] 所以至少在四十五年的期间内,卡伦的大部分时间都作为一名教师在社会研究新学院(New School of Social Research)任教,他被认为是文化多元主义理念的创始人,也是从哲学角度阐释这一理念的领军人物。在他发表了《民族》杂志上的那些文章之后,他又继续对这个概念进行探讨,关于这些后续的探讨,至少有三个主题特别受到关注。

第一个涉及的是族群自身的性质,以及这一性质与个体成员之间的关系。卡伦认为,其他所有群体,包括社会俱乐部、兄弟会、教育机构、 145
政党甚至国家机构本身,都是个体自愿加入的群体,它们的基础是契约关系。但是,族群所依据的是祖先和家庭联系,而且是无意识的:“每一个男人或女人都位于两条线的交叉点上,其中一条是祖先血缘,另外一条是社会和文化的模式和制度,正是我们的祖先和家庭在青少年时期对我们的影响造就了我们,而且这是不可剥夺和改变的。”[②] 或者像他在一篇较早的论文中更简洁地表述的:“人们可以在一定程度上改变他们

① 可特别参看“National Solidarity and the Jewish Minority”, *The Annals of The American Academy of Political Science*, Vol. 223, September, 1942, pp. 17—28; *Americanism and Its Makers*, Bureau of Jewish Education, 1944; *Cultural Pluralism and the American Idea*, Philadelphia: University of Pennsylvania Press, 1956(包含 Stanley H. Chapman, Stewart G. Cole, Elisabeth F. Flower, Frank P. Graham, R. H. Henle, S. J., Herold C. Hunt, Milton R. Konvitz, Leo Pfeffer, Goodwin Watson 等人的评语); “American Jews, What Now?” *Jewish Social Service Quarterly*, Vol. 32, No. 1 (Fall, 1955), pp. 12—29; “On ‘Americanizing’ the American Indian”, *Social Research*, Winter, 1958, pp. 469—473。

② Horace M. Kallen, *Culture and Democracy in the United States*, New York: Boni and Liveright, 1924, p. 60.

的服装、他们的政治观点、他们的妻子、他们的宗教信仰、他们的哲学理念，但是他们却不可能改变自己的祖父。”[1] 个体与其族群之间的联系不仅是非意识的、不可分割的，而且这些个体通过他的群体成员身份从正面来认识自己及自己的潜力。它“可以充当他的气质的有效背景和处所……他就站在它的中心，这是他最亲密的社会感应点，因此，也是他最强烈的感情生活之所在”。[2] 当卡伦赞同并鼓励个体参与到各种类型的协会和社团群体中时，他更倾向于认为，族群成员身份和族群生活参与对于人格的满足和发展具有特殊意义。

使卡伦对文化多元主义立场的发展更加引人注目的是第二个主题，就是他所持的立场与美国政治社会生活的传统理念之间处于完全和谐的关系。事实上，任何强制推行“盎格鲁—撒克逊一致性”的做法都构成了对这些传统理念的侵犯。《独立宣言》以及宪法的序言和修正案都被公认是“美国理念”（American Idea）的核心文件，这些文件对平等原则的支持，同时也被解读为对“差异”（difference）概念的支持。卡伦说：“在独立宣言中的‘平等’，就是对人们保持彼此差异的权利的
146 肯定：每个人都是平等的，由人根据自身背景而组成的每个社区也是平等的，这是人类追求生存、自由和幸福的权利。”[3] 在人们之间出现各种不同类型的差异是不可避免的，在所有其他国家，这些差异都被用来作为世袭而得的特权和权力的理由。然而，“《独立宣言》却对所有这些理由说：不。妇女和男人，印第安人、黑人和白人，爱尔兰人、苏格兰人和英格兰人，德意志人、西班牙人和法兰西人，意大利人、瑞典人和波兰人，印度人和中国人，屠夫、面包师和烛台工匠，工人和绅士，富人和穷人，犹太人、基督教贵格会教徒、公理会教友、长老会信徒和天主教徒，

---

① Horace M. Kallen, *Culture and Democracy in the United States*, New York: Boni and Liveright, 1924, p. 122.

② 同上，第 200 页。

③ Kallen, *Americanism and Its Makers*, p. 8.

他们所有这些人彼此之间都存在差别,他们都是不同的,但是他们每个人之间都是平等的”。[1] 卡伦特别指出,美国的国父们曾经意识到这个民族具有族群多样性并希望将其合法化的一个证据,那就是在为美国国徽(the Great Seal)的设计提出的最初建议中,由托马斯·杰斐逊、约翰·亚当斯和本杰明·富兰克林组成的一个委员会曾建议放入一个象征性符号,它不仅代表这个新的民族是由具有政治多样性的群体联合组成,也代表着它的族群多样性,在建议中提出在国徽的一侧刻上一个被分成六部分的盾牌,代表着美国人的六个最主要的文化来源:英格兰、苏格兰、爱尔兰、法国、德国和荷兰。尽管建议中的这一部分后来没有被接受,但卡伦把它看作是传递自己观点的一个象征。[2]

第三个主题在卡伦的论述中是一个主旋律,贯穿着卡伦有关多元主义的全部研究成果。它宣称对于作为一个整体的民族,它可以在一个民主社会的框架中从各种不同的族群文化和不同文化之间的交流中获取具有正面意义的价值。这一价值以两种形式增长:一种是直接的,即这些族群把它们的文化遗产元素贡献给全民族的文化,使其更加丰 147
富和具有多样性;另一种是间接的,作为后迁入族群的文化与盎格鲁—撒克逊文化以及各族群文化相互之间竞争、互动和创造性的关系的最终结果。了解一下美国历史和20世纪20年代中期美国艺术文学的发展情况,就会注意到有许多重要的贡献来自继承了不同族群遗产的男性和女性。卡伦把这种贡献归因于这样一条原理:“创造力源自多样性互动的影响。”他接着说:“文化价值来自不同秩序之间的矛盾、相互影响以及随后的分裂和再调适,同时从中产生一种新的和谐,这种和谐关系使得各个文化的内心都出现一些前所未有的内容。”[3] 特别是在他晚期的文章中,他在强调“多样化群体之间的互动过程会产生创造力”

① Kallen, *Americanism and Its Makers*, p. 8.

② Kallen, *Cultural Pluralism and the American Idea*, pp. 68—69.

③ Kallen, *Culture and Democracy in the United States*, pp. 209—210.

时，除了族群性质的群体之外，又增加了与其他性质群体之间关系的因素。1944 年当他写到“美利坚主义”的意义时，卡伦把这些群体包括进了他特别喜欢的比喻中，他宣称：“美利坚的方式，就是管弦乐队演奏的方式。在一个管弦乐队里有各种不同的乐器，每一种都有具有自己特点的音色和声调，它们为大型乐曲的演奏贡献了自己富有特点且可以相互区别的不同声部。在一个民族的生活和文化中也是如此，正是不同的区域的、族群的、职业的、宗教的和其他类型的社区把它们不同的活动混合在一起造就了这个民族的精神。民族的精神就是由这些不同群体联合构成的。它是持久不变的，这并不是因为群体之间彼此排斥，也不是因为一个群体统治其他群体，而是因为它们之间的平等，因为这些平等的群体把各自社区生活和文化所产生的最美好的东西拿来进行平等的交换。这就是由宪法缔造的联邦各州之间的关系，这就是宪法在各州内不同地区之间、各地区内不同社区之间发展出来的关系。在所有方面，人们获得的是……相互之间以平等的形式和平等的自由
148 权来给予与获取。其结果是在艺术和科学发展中的力量和丰裕，这是那些具有更同质化族系和更强制性文化的民族……永远也不可能得到的。”[①]

然而，如果有人问到，考虑到存在于各种族群社团之间和个体之间的传播和互动的特殊性质，由谁把这些群体和个体组成一个“理想的”文化多元主义的社会？对于这个问题，卡伦的描述并没有给出清晰的回答。一方面，他反对城市中的“少数族群聚居区”（ghetto）和族群的孤立隔绝，主张有创造力的族群互动；在另一方面，他又反对族群社团的解体。族群互动和传播类型的多样性是否将排除掉第一个方面的可能性，并确保第二个方面？这是一个相当复杂的问题，需要非常仔细的社会学分析和心理学分析。某种“中间场所”的族群交流是可行的吗？

① Kallen, *Americanism and Its Makers*, pp.13—14.

假如可行,那么它的特征和隐含意义是些什么?在什么条件下它才能兴盛起来?以上这些问题都显示出在卡伦的理论构建中缺少一个社会学的分析体系,这个体系也许可以把文化多元主义这个主题放到一个整体框架中来分析,这个框架可以帮助人们获得对这个理论的社会学性质的更加清晰的理解,并针对它的可行性和生命力提出可操作的研究假设。

这并不是说,提出文化多元主义的杰出哲学家在他关于这个主题的写作中就完全忽视了社会学的思考。除了对文化互动过程的强调外,他在分析中也勾画出了一些与社会学相关的社会力量和结果。例如,他十分正确地指出工业技术和大众传播在激发文化一致性倾向中所扮演的角色,而这种文化一致性对于卡伦主张的文化多样性来说是发挥了相反的作用,但他对于这些技术和传媒发展对社会结构带来的后果却不够敏感。他偶尔会考虑经济和政治秩序,因为他认为族群共同体很少会被牵涉到这些制度领域里,但这有限的思考非常重要地预示了今天的研究当中一个主要的分析特点。卡伦知道社会—经济分层 149
(socio-economic stratification)与他研究的问题有许多牵连,他对跨族群通婚的夫妇所具有的社会学意义上的可选择项有过讨论,他指出这些通婚者必须选择某个族群作为自己的身份认同,或者组成第三种群体,这在他的分析中具有最突出的重要性。[1] 但是对文化多元主义面临的"困难问题"的这些偶尔涉及,基本上仍然是相当孤立的暗示。它们所涉及的相关方面,绝大部分都没有得到发展,也并没有相互协调并发展为一个分析的体系,以使文化多元主义理念成为一个更富朝气的科学研究的主题。这些讨论仅仅成为某种附属品,卡伦把更多的注意力给予了关于"文化多元主义可以带来更富饶文化成果"的争辩,以及它在美国价值体系基础上的哲学正义性。尽管如此,卡伦有关文化多元

① Kallen, *Culture and Democracy in the United States*, pp. 186—190.

主义理念的著作本身仍然是非凡和原生的，它偏重具体化于修辞学和哲学分析，却没有进一步深入为严谨的社会学探索，而这恰是这一重要理念最终必须完成的。

在卡伦最初的文章在《民族》（*Nation*）杂志刊发的五年后，有两位教育工作者分别发表了有关移民同化问题的长篇论著，尽管卡伦提出的具体目标的公式受到尖锐的批评，但是这两本著作对文化多元主义的理念给予了支持。[①] 艾萨克·伯克森和朱利叶斯·德拉克斯勒两人都假定，加强对各族群的社区组织和多样性文化的保存是非常必要的，但是和卡伦提出的观点相比，两人都提出了应当有更大的灵活性和选择的自由度。对于在美国的条件下各族群和它们的文化得以长期保存的可能性，两人与卡伦相比更加不乐观。此外，伯克森和德拉克斯勒彼此
150 之间在一些阐释问题和侧重点上也存在一些差异。

伯克森的讨论直接面对的议题是，如何构建一个基本理论，以使犹太人群体可以作为美国的一个社区得以留存，同时他也假定自己的阐述也可以被应用于其他族群。他以三个理由否定了卡伦提出的“民族体联邦”（federation of nationalities）的理论：（1）这个理论的基础假设存在着强有力的、遗传性的种族特性，对于这一点，伯克森是不相信的；（2）这个理论的支撑点是这个国家内存在位于各自特定区域的各族群飞地，这个条件在美国是很难实现的；（3）这个理论违反了民主原则，因为它试图根据个体的族群成员身份预先确定这些个体的命运，使得个体在如何处理与群体的关系以及处理与其他个体的关系时，统统都要服从本族群制定的标准，这就不会允许各种不同因素来自由地发挥作用，族群标准决定了个体未来应当有什么样的命运。

---

① Isaac B. Berkson, *Theories of Americanization: A Critical Study, with Special Reference to the Jewish Group*, New York: Teachers College, Columbia University Press, 1920; Julius Drachsler, *Democracy and Assimilation: The Bending of Immigrant Heritages in America*, New York: The Macmillan Co., 1920.

对于前两个批评的讨论可以更简短一些，因为他们所指控的主题虽然在卡伦关于文化多元主义的早期文章中有所涉及，但在他后来的著述中却消失了。在某个时期，卡伦曾明确地相信存在遗传性的种族特征，这些特征体现在族群成员的人格和族群产生的文化中。① 卡伦并没有把这些特征归因于这些种族群体的优越性或者劣等性——只是群体间存在差异而已。卡伦在早期著述中曾经强调了族群对成员人格发展的介入和影响，对于这种强调，我们也可以从一个种族框架的角度来加以解读。此外，考虑到当时术语的统一用法，犹太人既是民族性群体也是宗教性群体，对犹太人的讨论在当时是被放在种族性的标题下的。151
在20世纪20年代中期以后，种族主题就再也没有出现在卡伦有关文化多元主义的写作中。人们也可以由此得出结论，后来关于“种族”性质和意义的科学发现已经使卡伦纠正了自己在早期所持的观点。②

强调各族群占据了他们各自具体区域的观点，主要出现在《民族》杂志上讨论文化多元主义的文章中，卡伦所举的例子是英国和瑞士，认为它们是美国发展可效仿的榜样，这一观点同样没有出现在他后期的讨论中。当然，情况事实上随着美国历史的进程已经发生了改变，这始终是一个关乎程度的问题，因此也需要给予不同的解读。在过去的某些时期，美国的各族群确实各自集中聚居在这个国家的一些特定区域，但是这个各族分区域聚居的态势随着不断增长的工业化、城市化、国内迁移和各新生代人口的出现已经削弱。但是，各族群成员在居住区域方面的分散并不必然意味着族群共同体的解体。在稍后的章节中，我

① 特别参见 Kallen, *Culture and Democracy in the United States*, pp. 172—190。

② 卡伦在1955年写道：“现在普遍的观察和研究已经说明，让犹太人之所以成为犹太人的，不是生物性的遗传，而是社会性的遗产”；“作为个人与生俱来的一种精神，希伯来人的思想道德体系（Hebraism）并不比古希腊人文主义（Hellenism）或任何其他的‘主义’（*ism*）更多什么，它只是一种文化，人们在这种文化中成长起来，而且学习并接受这种文化。成为一个犹太人，这是一个文化适应的过程”。选自“American Jews, What Now?” *Jewish Social Service Quarterly*, Vo1. 32, No. 1 (Fall, 1955), pp. 13—14。

们将详细地讨论这一判断和这两个变量之间的关系。

对于卡伦有关美国发展目标所提出的公式，伯克森的第三个批评涉及一个最重要的主题，即使到了今天，这个主题仍然是像一代或几代人以前即伯克森写作的那个年代一样鲜活。文化多元主义学说宣称它是真正具有民主精神的，因为它允许各族群保持自己共同体和文化。但是如果这一学说以“作为规范”的方式要求每个个体必须留在他“出生
152 即有权利”的族群的结构和文化范围内，而不管他在这些方面的个人意愿如何，那么它的民主精神又在哪里呢？我们把这个问题表述得更清楚一些就是：当文化多元主义对于群体来说体现了民主精神时，它的民主精神对于个体而言又是怎样体现的呢？在一个高度工业化、大众传媒、高度城市化的发达社会里，在一个存在大量非同质性接触（即与那些各方面不同于自己的人交往）、在社会分层阶梯的垂直方向上具有无限流动性的社会里，除了自身族群具有的那些特性之外，还有许许多多的利益、兴趣和影响都会对个体发挥作用。其中许多因素都倾向于使这些个体脱离他们所属的族群共同体。其中有些人有能力使自己的族群价值与一个更大社会的价值之间达成一种令人满意的整合，另外一些人可能做不到这一点。那么，后者中的那些个体是否会被强迫（或者说感到被强迫）去让自己更重要的利益服从于自己所属族群“要求成员沉浸于本族群价值”的压倒一切的目标？伯克森认识到了这一点，在讨论族际通婚作为对族群共同体的一个威胁所扮演的角色时——他很容易就察觉到这个威胁——他对此做出了以下的承认。他说：“我们的理论……并没有假设绝对不出现族际通婚的情况，不论是客观上的可能性，还是人们的主观愿望。当族群归属失去了它的意义时，不论这是由于个别人过于迟钝以致对这种归属感到麻木而引起，还是由于普遍性原因（如科学、音乐或艺术所具有的宗教性热情置换了人们对其他对象的忠诚），在这些条件下都可能会出现族际通婚并无损于社会。在一种情况下，不存在任何一种特定的文化价值；在另一种情况

下，我们可以安慰自己说一些新精神价值已经替代。”[①]

有意思的是，我们注意到卡伦在他于 1955 年发表的一篇讨论保存美国犹太人共同体的论文中，他也做出了类似的承认，尽管有些勉强。但是一旦做出这样的承认，它就不仅与认为族群归属具有正面价值的观点相冲突——这一点在讨论中不断被强调，而且我们在前面也讨论过，它也与新的心理学分析相抵触，这种分析反映了近些年里受到人们特别关注的更前沿的社会心理学的思路。卡伦问道：“在所有的人成为天主教徒或其他类别之前，他们难道不都是亚当的子孙吗？”他随后提 153
到的观点取自现代自由主义原则：“假如一个人不再是犹太人或持有其他特定的身份时，他就不能够作为一个人，而且这将成为他生存竞争中的一个障碍，那么，他所享有的自由是真正的自由吗？当回忆是残缺的伤痛，而知识成为忧伤时，自由难道不是意味着人们行使忽略和遗忘的权利吗？”随后他又回答了一系列问题，他认识到这些问题牵涉的是对族群生存的某种威胁：“抽象的来看，我认为，对于这些问题的正确回答，应该像是犹太‘同化论者’和其他逃避主义者为他们自身需要所给出的回答。当然，他们并不想减少其他人做出自己选择的平等的自由权，其他那些人奇特得很像神而且选择做犹太人。但是证实一个犹太人拥有让自己脱离犹太身份的权利，对于他而言，不可能是公平合理和无条件的。假如他认为自己脱离身份会导向他所想象的更丰富和更安全的生活，他必须能够看到，他的选择是有根据的、开明的和勇敢的，而不是焦虑的、愚昧的、恐惧的和盲目的。那些人的科学的研究者们——不管他们属于哪个专业或学派——都有一个共识，那就是他们把人的人格（personality）评估为一个持续成长的过程，人的任何当前时刻，都是他‘鲜活的过去’正在参与‘尚未成形的未来’的具体构建。不记得这个过去当中的任何状态，与完全消灭或根除过去是不一样的，更像是

① Berkson, *Theories of Americanization: A Critical Study, with Special Reference to Jewish Group*, New York: Teachers College, Columbia University Press, 1920, p. 108.

在遗忘者的个性中把有关族群聚居区、隔离和压抑的那些动态组合片段给遗忘掉。他的个性会持续地推动他去追求自觉之光、寻求自身的支持和成长。他所承受的压抑的能量会转变为追求生活多样化的心理张力，它在意识上会表现为心理紧张、不安全或负罪感，表现为不自然、不稳定和探索寻求，个性会通过各种有进取心的设想规划和补偿性的行动来寻求解脱，这又只会导致提出质疑的条件持续留存。在这样一
154 种状态中的人不是完整的人，也没有处于真正良好的健康状态。他们的不快乐的心理病态是传播感染的中心。即使怀有最好的愿望，他们也不可能成为好的父母或好的邻居。他们对所追求的幸福的源泉和条件的理解是错误的，他们的渴望促使他们对自己的成长和成熟做出整体设想，但其结果只沦为焦虑的动物性的存活。"[1]

现在，族群归属和族群脱离的意义可能会通过深层次心理学的洞见来加以解读，提出族群归属意义的问题，是因为它与美国社会中的族群整合这个难题有相关性。我们将在后面再来讨论这个关键的核心问题。

伯克森把他推动的有正面意义的项目称之为"社区"理论，这个理论强调，如果每个族群提出一个渴望达到的目标，他们就会要求创建他们自己的社区生活，保存和发展族群文化遗产，但是同时他们也希望有效地参与整个民族更广泛的生活，那么这一要求应当得到准许。这种社区生活的中心机构是补习学校，年轻一代的成员们在完成了公共学校的课程后来这里继续学习，补习学校将要为各种族群活动充当一种社区中心的功能。作者认为在现代条件下，作为一个任务，一个族群文化的维持和发展要求人们高度的努力和奉献，他并不认为会有大量的成员会以一种有效的方式被这一任务所吸引。但是他相信这个目标是一个最有价值的目标，他指出："在另一方面，假如一个族群最终瓦解

① Kallen, "American Jews, What Now?" pp. 20—21.

了,'社区'理论就真的会成为'熔炉'理论,此时族群融合实现了,但又没有出现因急促同化而造成的罪恶。'社区'理论最本质的优点就是它拒绝了命运预定的教条,它认为个体的生活并不是由什么预定的理论所建构,而是他自己的天性与最丰富生动的外部环境之间进行互动的结果。在这样的过程中,发展的结果满足了民主原则的基本概念,个人 155
必须完全自由地通过他自身天性的法则所选择的方式来发展,而不是由其他人所决定的因素所塑造,不管这些人提出的理由是基于他们的利益还是根据预想的良好愿望。"[①]

德拉克斯勒关于同化目标的讨论,部分是基于他自己在第一次世界大战爆发前在纽约市对不同族群之间通婚状况为期五年的经验研究。他发现特别是在欧裔民族群体之间,跨族群的通婚现象在他们的第二代中增长迅速,持续维持低通婚率的群体只有黑人和犹太人。在这些发现的基础上,德拉克斯勒预测,美国的"熔炉"将会迅速发挥效用,并导致大多数目前彼此分离的族群社区最终消失。虽然他并不相信这个进程能够被阻止,但他也争辩说,假如这个进程推进得太快,就会带来让族群成员自身陷入沮丧境地的危险,也使移民的后代丧失对祖辈文化的基础知识和感知经历,而这些基础知识和感知经历中的有价值的元素是可以对整体的美国文化做出"贡献"的,特别是在发生族际通婚的条件下。所以,德拉克斯勒支持族群社区为维持其社区和文化生活所做出的相关努力,这些努力为后续各代年轻人提供了一个丰富多彩的环境,同时他也相信政府应该在这一过程中发挥作用,在公共学校里设立一个项目介绍各种族群文化遗产的知识并强调整体社会对这些知识的赞赏。这些累积起来的努力将会预防"熔合"过程以过于急促的速度推进,而且保证它在推进时会是积极有效的,这样做的结果是移民们带到美国的文化使这种文化混合更为丰富多彩。有些群体(例

① Berkson, *Theories of Americanization: A Critical Study, with Special Reference to Jewish Group*, New York: Teachers College, Columbia University Press, 1920, p. 118.

156 如黑人和犹太人）将会继续保持他们独立的社区存在，这种状态被看作是得到民主价值认可的合法进程，因为是加入“熔合”还是保持分离，无论对于群体而言还是对于个体而言，这个决定都应该是当事人完全自由的选择。把为数众多的族群社区和他们的文化合法化的理念，被称作为“文化民主”，德拉克斯勒宣称这个概念应当被增加进原有的政治和经济民主的理念中去。①

具有恶魔般种族主义意识形态的纳粹运动在德国的兴起以及第二次世界大战（这次大战充满对人类社会的种族角色具有冲突理念的刺耳音调）的爆发，在美国激发起了讨论偏见问题的更大兴趣，也激发起对族群之间相互调适以及各族群与美国社会整体之间调适问题的更大兴趣。

在20世纪30年代后期及延续到20世纪40年代，南斯拉夫移民路易斯·阿达米克已经成为一位多产的美国作家，他接受了美国多元文化遗产这个主题和许多族群及其文化在锻造这个国家的民族特征中所扮演的角色。借用沃尔特·惠特曼的术语，他形容美国是一个“多民族的国家”（a nation of nations），他提出的最终目标与文化多元主义相比，更接近“熔炉”理念，他认为近期的困难工作就是把美国意识的构建归功于美国所有的族群，而不仅仅是盎格鲁—撒克逊后裔。他所确信的是，那些非英格兰族源移民的第二代和第三代必须被教育要以他们祖先族群的文化遗产为荣，并要以这些文化遗产在构建美利坚民族过程中所扮演的角色而自豪，阿达米克发现，如果不是这样的话，他们很难避免对于自己的族群具有某种“劣等性”的意识，以及自己在美国“无根”的感觉。②

---

① Drachsler, *Democracy and Assimilation: The Bending of Immigrant Heritages in America*, New York: The Macmillan Co., 1920. 参见书中各处。

② 参见 Louis Adamic, *My America*, New York and London: Harper and Brothers, 1938, pp. 187—259; *From Many Lands*, New York and London: Harper and Brothers,

另几位具有"跨文化教育"背景的学者威廉·维克里、斯图尔特·科尔和米尔德里德·威斯·科尔试图创建一种关于群体调适的哲学。美国的种族、宗教和祖籍民族群体有权在他们与自己的多样性族群遗产 157
之间维护一种创造性关系,而美国这个民主社会为了保障国家统一、社会运行和发展事务也需要各族群的合作,这些学者希望他们提出的哲学能够在这些方面发挥调和的作用。[①]在这里值得特别指出的是,维克里和科尔重申了伯克森早期提出的洞见,即民主的实践要求个体应当拥有权利来决定他们是否"保存所属群体的共同身份认同",或者,假如他们希望的话,他们也有权拒绝他们族群的遗产并"在人口中不再以一个集体的形式存在"。[②]这些在哲学层面上和潜在价值冲突的领域内进行的讨论无疑是有帮助的,但是他们没有把注意力清晰地集中在问题内在的结构变量上。

在20世纪的那些年代里,特别是第二次世界大战之后,随着上面提到的这些著作影响日增,"文化多元主义"作为一个术语和概念已经被应用在群体关系研究者和族群社区的领袖们的措辞和比喻之中。然而,对于文化多元主义社会的性质和相关问题的细致的社会学分析,直到20世纪50年代才开始出现。这就是我们在第三章中已经间接提到的以色列的艾森斯塔特、澳大利亚的波利、联合国教科文组织的一些作者以及美国的戈登的著述。[③]然而,正如我们在第一章中所展示的,没有任何证据显示,早期社会学对文化多元主义的分析中提出的洞见在此时已经进入了专业的群体关系工作者或美国公众的思考领域——

1940; *A Nation of Nations*, New York and London: Harper and Brothers, 1944。

① William E. Vickery and Stewart G. Cole, *Intercultural Education in American Schools*, New York and London: Harper and Brothers, 1943; Stewart G. Cole and Mildred Wiese Cole, *Minorities and the American Promise*, New York: Harper and Brothers, 1954.

② Vickery and Cole, *Intercultural Education in American Schools*, New York and London: Harper and Brothers, 1943, p. 35.

③ 参见第67—68页(此处页码为原书页码,即本书边码)。

甚至也没有影响到公众中文化水准较高且对时事给予及时关注的那部分人。

如果现在把我们分析模型的“同化变量”应用于文化多元主义概
158 念,就会看到下面的图景:关键的变量再次成了结构同化。如果多元文化得到了延续,这些文化必须由一些亚社会来承载,这些亚社会提供这些文化在社区层面得以存在的框架,包括它们自己的小集群、制度、组织和非正式的交友模式组成的网络。这些实体存在的功能范围不仅仅限于移民的第一代人,也包括他们在美国出生的后代。在这里,我们必须认识到一个核心的理论问题:假如这些分离的亚社会不存在了,文化多元主义也就不存在了;但是反过来看这句话,情况就不同了。当不同文化之间的差异程度不断降低,甚至很大部分消失时,彼此分离的亚社会却完全有可能继续存在。

文化多元主义的假定目标是在相当程度上保持各个亚社会的相互分离,从而保证族群文化传统和族群存在的延续,与此同时,并不干预这些亚社会承担对美国一般公共生活的标准化的责任。实际上,这一目标要求把跨族群的初级群体关系层面的亲密接触保持在最小的程度,以此防止发生相当数量的族际通婚,同时又在次级群体关系层面领域(如政治活动、经济生活和公民责任方面)和其他群体与个人进行合作。在这样的上下文关系中,族群的群体性意识将会保持作为群体认同的一个重要层面,同时又希望偏见和歧视将会消失,或者变得轻微到人们几乎不会注意的程度。价值冲突如果存在的话,也将在投票箱和公共民意这样的活动领域来解决,目标是把这样的冲突保持在最低水平,具体方法是强调美国人生活中的灵活性、合法选项和自由选择,并防止一些人把自身群体的愿望设作某种标准,以强迫的方式强加给其他的群体。简略地说,这是一个有关文化多元主义社会的理想模型,是
159 从它的倡议者的著述中推论出来的,我们在已经提出的变量分析体系的帮助下也对其进行了分析。

在真实的现实社会中，美国的经历与这个模型中的部分元素比较接近，但是与另外一些元素则又不同。正如我们之前指出的，最显著的事实就是三个宗教群体、种族和半种族群体甚至一些祖籍民族群体的残余仍然在结构上维持着彼此分离的亚社会，同时存在所有群体（特别是他们在美国出生的后代）大规模走向文化适应的趋势，走向美国的文化模式。因此，从我们的观点来看，关于美国情况的更准确的提法是结构多元主义（structural pluralism）而不是文化多元主义，虽然后者也同时存在。在三个主要的宗教内部各自的祖籍民族群体中，结构性融合确实在很大的程度上发生了，在知识界和艺术界的职业领域里也出现了结构性融合。在后面这个例子中，从功能性的意义上说，每个族群都在逐步失去它们很大一部分具有知识分子倾向的年轻人，这些年轻人加入了一个新构建的、由知识分子组成的亚社会。

因此，结构多元主义是我们理解美国社会中族群建构的一把重要的钥匙，而文化多元主义相比而言则是次要的。现在存留的重要理论问题是：族群偏见和歧视如何才能够得以消除或减少？社会中的价值冲突又如何能够被控制在一个可操作的范围内？在这个社会里，彼此分离的亚社会的存在把具有不同族群背景成员之间（除了进入知识分子世界的成员之外）亲密的初级群体关系保持在最低的程度。对于这个问题，我们将在最后一章加以讨论。在随后的一章中，我们将要根据一些文献来更加仔细地考察美国社会结构和文化的图景，在此之前，我们已经在概念上对这一图景有所讨论。

第七章

美国的亚社会与亚文化

160 我们在此之前已经对美国社会做过描述，它看起来就像是由许多不同的族群拼成的一幅镶嵌图画。一方面，这些族群的形成是基于种族、宗教以及影响在不断下降的祖籍民族等因素；另一方面，族群维度又与社会阶级分层维度形成十字交叉，组成了有独特性的亚社会单元，这就是族群阶级（ethclass）。对于这些社会单元来说，有些人处于边缘地位，知识分子和艺术家们则倾向于组成属于他们自己的、结构上比较松散的亚社会群体。对占主导地位的美国价值观和行为（这些价值观和行为是一种主要源自西欧文明、盎格鲁—撒克逊文化和工业化的复合体系）的文化适应进程在各种类型的亚社会群体中迅速推进，在一些群体中已经完成。这幅关于美国社会场景的社会学图画，现在已经可以由一组理论假设来加以说明。在本章中，我们将会检验和考察由经验研究得到的、与这一观点相关的一些证据，我们将在讨论中对它们进行确认，或是对其进行条件限定，或是宣布其无效。我们主要关注的是四个群体：黑人、犹太人、天主教徒和白人新教徒，有时我们的讨论也会涉及其他族群。这些研究进行的时间跨度是从20世纪30年代早期到现在，它们彼此之间在涵盖范围和说服力方面存在很大差异。但是，我们相信，通过这些研究成果的不断积累，一个坚

实的模式将会浮现出来。在讨论的过程中，每当在一些议题上尚无具 161
体的经验性研究成果（或还没有进入我们的视线）时，我将求助于我自己作为一个美国社会的“参与观察者”的观察结果，并对此加以注明。这样，与前面的讨论相比，我们就可以准备得更加充分，以便更加仔细地考察美国社会。

我们将要参考的许多研究都是在一些具体城市或小镇上进行的，换言之，研究对象是某个具体的社区。这也给了我们合适的机会，简明而概括地对空间上的定位（或集中）与我们的亚社会概念之间的关系进行评论。每个亚社会——例如上中等阶级犹太人，或上等阶级白人新教徒——的存在只是一个抽象化的群体，是其群体成员的心目中的一个参照群体（reference group）。每个亚社会的实质性单元在地理空间上都位于一些具体的城市或小镇中。而每个居民社区也都是由其内部的许多亚社区构成的，这些亚社区的基础，是族群因素和社会阶级因素之间的相互交叉。① 因此，人们在研究中提到的具体群体也许是俄亥俄州阿克伦市（Akron）的上中等阶级犹太人，也许是费城的上等阶级白人新教徒。美国的这些不同城市和小镇中的亚社区之间彼此保持联系，部分联系通过全国性的阶级和族群类制度和组织来进行，部分联系则通过跨社区的阶级和族群类型的朋友网络。当我们考察美国人很有特色的居住地流动性时②，就会看到后者发挥的联系作用是非常重要
的。但更为重要的是，他们相互之间的关系可以被定义为某种“可转移 162

---

① 一些研究社会的学者使用“亚社区”（subcommunity）这个术语来表示在一些既定社会内部的族群。我们在第二章里已经解释过为什么我们认为这种表述是不适当的。

② 参见 Donald J. Bogue, *The Population of the United States*, Glencoe, Ill.: The Free Press, 1959, Chapter 15, “Internal Migration and Residential Mobility”, pp. 375—418。Bogue 指出：“许多人处于改变自己居住地的过程之中，在一年的时间里，大约有 19—22% 的美国居民从一所房子或公寓中搬迁到另一所，大约 5—7% 的居民从一个县迁移到另外一个县。只有不超过 2—3% 的成年人口在一所房子或公寓中度过自己的一生，同时不超过 10—15% 的人在同一个县里度过自己的一生。”（第 375 页）

性”[①]，意思是，拥有具体族群阶级身份的人从一个社区迁移到另一个社区后，在新社区里仍然有能力使自己保持并占据相同的族群和社会阶级地位。我们认为，这种能力和人们对这种态势的清晰或含蓄的理解，在他内心形成了这样一个理念，即在遍布这个国家的各个社区中，都存在着如同他自己目前所属的那样的亚社区。这些亚社区的内部交织着那些具有构成亚社会特定族群和阶级特征的各种民族性制度和组织，这些亚社区共同构成了亚社会。由于实质性的族内通婚是这些亚社会最基础的特征之一，对于这一特征最为严苛的测验，就是父母心目中对可以成为自己未来女婿的人的评估。一个上中等阶级白人新教徒家庭并不会特别在意（他们的女儿的）新男友来自哪个城市，无论他是来自克里夫兰、奥马哈还是旧金山，都无关紧要，重要的是他是否是白人（从性质上讲这是想当然的），他是否是一个新教徒，以及他的父亲是否是一位生意人或专业人士。

此外，在一些城市或大都市街区内，一个特定社区的地理活动范围并不必然属于独占的性质，也并不必然地被限定在一个特定的区域内。正如艾齐厄尼所建议的，“在缺乏生态地理基础的条件下，一个群体仍然可以保持自己文化的和社会的整合与认同”。[②]电话和汽车已经使得人们完全有可能来进行有选择性的社交活动，而不需要在地理空间上彼此聚居。在今天，邻居们时常并不属于相同的小集群，甚至不属于小
163 集群的相同网络。我们会看到，有些特定的族群和社会阶级及他们的组织在特定区域内的聚居程度超过其他群体[③]，但是更为重要的是，我

① 有关威望身份（prestige status）在不同社区之间“可转移性”的讨论，参见 Kurt B. Mayer, *Class and Society*, New York: Doubleday and Co., 1959, p. 54 以及 Milton M. Gordon, *Social Class in American Sociology*, Durham, N.C.: Duke University Press, 1958, p. 203。

② Amitai Etzioni, “The Ghetto—A Re-Evaluation”, *Social Forces*, Vol. 37, No. 3 (March 1959), p. 258.

③ 关于居住聚居现象，参见 Otis Dubley Duncan and Beverly Duncan, “Residential

们必须认识到，在区隔族群和阶级的无形社会边界的保存方面，现代通信技术已经使群体的空间独占态势不再是必要的条件。因此，这些亚社区也不必在城市地图上占有某个特定的位置（虽然在一些情况下，它们也可能依然占据着）。现在的亚社区更像是在城市居民心目中的某种社会构建，而现实情况也确实如此。

黑人

在重要的初级群体层面的接触中，美国的2000万黑人（大约是美国总人口的11%）① 与美国白人之间处于分隔状况，同时存在着一个分离的、拥有自己制度组织的黑人的社会天地，这些现象在许多学者开展的社区研究和整体性研究中都已经得到证明。这些学者包括米尔达（他从事的是一个基于许多独立研究基础上的综合性研究）②、德雷克和凯顿③、弗雷泽④、戴维斯和加德纳夫妇⑤、多拉德⑥、戴维⑦、

Distribution and Occupational Stratification", *American Journal of Sociology*, Vol. 60, No. 5 (March 1955), pp. 493—503; Otis Dubley Duncan and Stanley Lieberson, "Ethnic Segregation and Assimilation", *American Journal of Sociology*, Vol. 64, No. 4 (January 1959), pp. 364—374。

① Bogue, *The Population of the United States*, Glencoe, Ill.: The Free Press, 1959, pp. 121—125.

② Gunnar Myrdal (with the assistance of Richard Sterner and Arnold Rose), *An American Dilemma*, New York: Harper and Brothers, 1944.

③ St. Clair Drake and Horace R. Cayton, *Black Metropolis*, New York: Harcourt Brace, 1945.

④ E. Franklin Frazier, *The Negro in the United States*, New York: The Macmillan Co., 1949; *Black Bourgeoisie*, Glencoe, Ill.: Free Press, 1957.

⑤ Allison Davis, Burleigh B. Gardner, and Mary R. Gardner, *Deep South*, Chicago: University of Chicago Press, 1941.

⑥ John Dollard, *Caste and Class in a Southern Town*, New York: Harper and Brothers, 1937.

⑦ Maurice R. Davie, *Negroes in American Society*, New York: McGraw-Hill Publishing Co., 1949.

164 C.约翰逊[1]和R.约翰逊[2]。这个黑人的社会受到了各类黑人周刊、半周刊和日报的支持，主要的如《匹茨堡信使报》(*Pittsburgh Courier*)、芝加哥的《保卫者报》(*Defender*)、巴尔的摩的《非裔美国人》(*Afro-American*)、诺福克的《导向杂志》(*Journal and Guide*)等都是在全国或地区范围内发行的，它也得到黑人杂志如《黑檀》(*Ebony*，有时被比喻为黑人的《生活》周刊)、《我们的世界》(*Our World*)、《黑玉》(*Jet*)、《色彩》(*Hue*)和《红黑》(*Tan*)的支持。在这个族群社会里回响着的，是有关"种族"的新闻、与种族相关的琐屑和严肃的事件以及在反歧视方面取得的进展，而这些种族歧视自然来自那个白人占多数并由白人控制的"他者世界"(other world)。

在美国南部，种族隔离是由"黑人种族歧视"法律(Jim Crow laws)所鼓励的，这些法律的合法性直至1954年之前都没有受到挑战。同时，种族隔离也深受当地组织和民间生活方式的影响，这些组织来自绝大多数白人针对黑人的种族敌视和厌恶。自从20世纪50年代早期开始，法庭判决、群众示威、联邦政府通过军事机构介入、民权法案和行政决定等开始逐渐对在次级群体接触中人为的种族隔离产生一定的影响：黑人学生可以正式到公立学校就学，黑人可以运用公共媒体，黑人可以使用公共服务设施，等等。然而却并没有证据能够表明，这些消除歧视的进展对于在初级群体交往和社区组织机构中现存彼此分割的白人和黑人的社会天地带来任何有实质意义的影响。

在美国北部，把黑人与白人相互隔离的分界线并没有得到法律认可，同时在次级群体交往的领域中，不同城市之间甚至在同一个社区内
165 种族交往的程度也各不相同。公平雇佣法的实施开始升高了黑人就业的"岗位天花板"，大城市里的黑人正在把他们传统被隔离居住区域的

① Charles S. Johnson, *Patterns of Negro Segregation*, New York: Harper and Brothers, 1943.

② Robert Johnson, "Negro Reactions to Minority Group Status", in Milton L. Barron (ed.), *American Minorities*, New York: Alfred A. Knopf, 1957, pp. 192—212.

边界向外扩展,有时得以建立起新的居住小区,但是他们几乎完全不可能在上中等阶级白人居住区或郊区购买住房。除了少数供游泳的海滩之外,一般的公共服务设施都对黑人开放。但是,在那些开展亲密社会交往的私人世界里,在非专业的组织活动中,在那些重要的制度性活动中,黑人和白人通常还是彼此之间保持隔离。甚至在那些规模很小的社区里,假如有了一定数量的黑人居民,他们就会组建起黑人自己的社区生活。在罗伯特·约翰逊对纽约州北部一个中等规模城市的黑人生活的调查报告中,他讲道:"这里的'黑人社区'孤立和隔绝于其他的社区。……量化调查的数据显示,他们不仅与白人的接触在次数和深度上非常有限,而且他们在看待许多问题时,思考的出发点更多的是一个有 1200 名居民并有心理凝聚力的黑人小群体,而不是把自己视为一个有六万名居民的整体社区的一部分。"[1] 举例来说,当这里的黑人居民使用"这是全镇的情况"、"全镇最漂亮的姑娘"或"全镇最小气的男人"这样的表述或措辞时,他们所参照的范围并不是全城居民,而仅仅是他们的黑人小社区。约翰逊特别强调指出:"经过考察之后,发现这里人们口中使用的'我们'指的是镇上的黑人或是全国所有的黑人,而不是镇上一般的居民。"[2]

最能够说明社区隔离情况的指标之一就是族际通婚率。黑人与白人之间的通婚在联邦的 22 个州里仍然是被州法律禁止的,这些州多数位于南部和西部[3],这些州法律很可能最终会被宣布是违宪的。然而, 166
即使在没有法律对这样的结合进行直接干预的地方,族际通婚的比例仍然非常低。虽然我们没有全国性的族际通婚数据,但是在一些种族

① Robert Johnson, "Negro Reactions to Minority Group Status", in Milton L. Barron (ed.), *American Minorities*, New York: Alfred A. Knopf, 1957, p. 199.

② 同上。

③ Jack Greenberg, *Race Relations and American Law*, New York: Columbia University Press, 1959, pp. 344, 397—398.

通婚合法的特定社区进行的黑人和白人通婚的研究表明，在所有涉及黑人的婚姻当中，族际通婚率数据的变动范围是从最低比例为零到最高比率大约为3—4%。[①] 当然，在白人当中所涉及与黑人通婚情况的比例之低，更是几乎没有任何实际意义。

黑人群体内部存在社会阶级方面的差异性，这在一些社区调查中已经有所描述，相关的研究包括德雷克和凯顿在芝加哥的调查[②]、戴维斯和加德纳夫妇的研究[③]、多拉德的研究[④]，还有波德马克[⑤]在南部一个小社区的调查，以及米尔达[⑥]、弗雷泽[⑦]和戴维等人的综合性研究[⑧]。正如

---

① Ruby Jo Reeves Kennedy, "Single or Triple Melting-Pot? Intermarriage Trend in New Haven, 1870—1940", *American Journal of Sociology*, Vo1. 49, No. 4 (January 1944), p. 331, ft. 2; August B. Hollingshead, "Cultural Factors in the Selection of Marriage Mates", *American Sociological Review*, Vol. 15, No. 5 (October 1950), p. 621; Milton Barron, *People Who Intermarry*, Syracuse, N. Y.: Syracuse University Press, 1946; Gunnar Myrdal, *An American Dilemma*, New York: Harper and Brothers, 1944, pp.606 and 1360—1361; Maurice Davie, *Negroes in American Society*, New York: McGraw-Hill Publishing Co., 1949, p.410; Louis Wirth and Herbert Goldhamer, "The Hybrid and the Problem of Miscegenation", in Otto Klineberg (ed.), *Characteristics of the American Negro*, New York: Harper and Brothers, 1944, pp. 276—281; Gerhard Lenski, *The Religious Factor*, New York: Doubleday, 1961, p. 36.

② Drake and Cayton, *Black Metropolis*, New York: Harcourt Brace, 1945, pp. 208—251.

③ Davis, Gardner, and Gardner, *Deep South*, Chicago: University of Chicago Press, 1941, pp. 208—251.

④ Dollard, *Caste and Class in a Southern Town*, New York: Harper and Brothers, 1937, 见书中各处。

⑤ Horternse Powdermaker, *After Freedom*, New York: Viking Press, 1939, 见书中各处。

⑥ Myrdal, *An American Dilemma*, New York: Harper and Brothers, 1944, pp. 689—705.

⑦ Frazier, *The Negro in the United States*, pp. 273—305; *Black Bourgeoisie*, 见书中各处。

⑧ Davie, *Negroes in American Society*, pp. 415—433.

在白人社会内部一样，阶级边界并不是那么稳固和精确，各个阶级都会把影子“映射进”彼此当中，在美国社会生活发生动态变化时，或者当个人或家庭因为职业和接受教育情况、社会经济条件发生变化时，也会出现相当规模的社会流动，人们从一个阶级进入另一个阶级。黑人的阶级体系同样具有阶层涵盖面很宽的整体框架，我们这么讲是没有错 167
的。下面的简短讨论主要是基于上述的这些研究成果。

甚至早在奴隶制被废除之前，在黑人内部就已经出现了在社会经济维度上的地位分化。在北部和南部的那些自由黑人当中，有许多是黑白混血儿（mulattoes），他们组成了一个群体，而且根据职业和所拥有财产已经在内部出现了分化。在奴隶群体内部也出现了相互区别的不同地位，从有点社会地位的白人家庭的仆人（他们当中可能部分人有白人血统，而且从他们的白人主子那里通过观察和模仿学到了“文雅的”文化举止），到一些有技能的工匠，再到田地里劳作的奴隶。在奴隶获得解放以后的那些年代里，黑人当中的绝大多数都是没有技能的农场劳工。地位在他们之上的那些黑人，确定其地位所根据的标准是：祖先是自由人、肤色较浅、有财产、属于被部分同化的白人家庭仆人后裔，此外还有职业方面的特点。所有这些因素都构成了具有不同身份和彼此隔离的基础。特别是在那些较大的南方城市或边境城市如查尔斯顿、新奥尔良、华盛顿和亚特兰大，黑人内部已经发展出了一个更复杂的分层系统。上等阶级黑人的社会是一个“蓝色血管”（blue-vein）社会，它是由黑白混血的人构成的，而且具有很强的肤色意识。[1] 然而在第一次世界大战之前，从白人那片社会天地的视角来看，他们在黑人社区中几乎看不到基于社会分工的分化差异。他们认为那些裁缝、理发师、服务员、殡仪员和少数属于当时黑人上等阶级的内科医生、教师和企业家都是混在一起的。

① 在这里，“肤色”（color）不仅仅指皮肤颜色本身，还包括了白种人的面部特征和毛发类型的综合。

在第一次世界大战期间,大量黑人从南部农村迁移到北部和南部
168 的城市,以满足工厂和这个国家正在建造的新车间对非技工劳力的额外需求,这样的大规模迁移创造出大量的黑人无产者,它同时也成为一个人口的基础,有助于从中产生出数量不断增长的黑人专业人员,如医生、律师、教师、神父和社会工作者,以及负责殡仪、化妆、保险、银行和小产业公司等行业中为黑人“服务”的人。但是,黑人企业家阶级的规模却一直都比较小。在第二次世界大战期间和随后的年代里,现实的必需、新的意识形态思潮与北部黑人不断增长的政治活动参与相结合,使黑人在半技能行业、有技能的手艺行业、低薪白领行业、推销行业和其他专业领域中得到了更多的工作岗位。在 20 世纪出现的这些发展势头,使得黑人的阶级结构朝着“正常化”的方向前进了好几步,换言之,使这个群体在职业上进一步分化,在结构上比以前的结构要更为多样和细化,同时也加强了受教育水平和职业作为社会阶级标准的分量,进一步降低了对肤色深浅和血统的考虑。在黑人社区中还有一些附加的职业群体,由于黑人在就业中受到歧视,这个群体在黑人社区比白人社区中的规模要大一些,它包括了在不同社会层级活动的“黑社会人物”、“彩票赌博人”、私贩私运酒的人以及从事其他非法的或有问题的生意的人。所有这些变化所带来的结果,就是一直延续到今天的黑人阶级体系。当然,我们不可能在比较小的社区里发现这个阶级体系中的所有层次。我们在下文描述的情景可适用于人口规模比较大的北部都市地区。

黑人的上等阶级是一个规模相对较小的群体,主要包括了这样一些家庭,其男性家长从事着一些专业性职业,如普通医生、牙医、律师、教师、社会工作者、出版业人员和政府公务员,同时也包括一些成功的黑人企业家、作家、全国著名艺人,以及在不同程度上进入到这种社会生活中的黑社会头目。他们的妻子通常也在外边的专业性行业里工作。
169 这并不是一个有闲阶级(除了少数例外),他们也不是真正富裕的阶级,

他们的职业类型（我们也会看到，在生活方式上）与白人社会天地中的上中等阶级明显地相似。

如果他们归属于某个教堂，这个阶级的成员们会倾向于参加属于主教派（Episcopal）、公理会（Congregational）和长老会（Presbyterian）的集会，这些教堂都位于由黑人占人口绝对多数的街区，它们的教众成员几乎全部或绝大多数是黑人。宗教活动是以传统礼仪在这些教派的教堂里举行的，为首的黑人牧师大多接受过大学和神学院教育。这个阶级的社会生活所围绕的中心都是黑人男女大学生联谊会和校友会（现在这个阶级的年轻成员甚至中年成员中的大多数都接受了大学教育），以及由男性和女性俱乐部（在一些案例中，还包括了夫妇俱乐部）组成的复杂体系，此外还有一些非正式的社会小集群，所有这些组织都倾向于把会员资格限定在自己所属的阶级范围内。这个阶级中有许多成员是“种族人”（race men），即他们作为成员和领导者在黑人促进组织中非常积极活跃，这些组织包括“全国有色人种进步协会”（National Association for the Advancement of Colored People）和“全国城市联盟”（National Urban League）。如同白人社会组织一样，黑人组织的社会活动（例如大型舞会）通常被用来作为募集捐款的机会，它们也组织抗议活动或者为黑人社区服务的慈善活动。随着近年来经济的持续繁荣，一些观察者认为这一阶级所组织的社会活动已经变得越来越精细和完善了。[1] 在一些较大的城市里，与白人上等阶级的风气相同，黑人上等阶级也组织起他们自己的“成年舞会”（Debutante Balls），例如费城的“粉红交际舞会”（Pink Cotillion），在这些舞会上，那些杰出的黑人上层名流的女儿被正式地“介绍”给黑人社会。

其次是黑人中等阶级，他们最显著的特征是具有“令人尊敬的”公
共举止、稳定的家庭生活以及对自身和子女未来的规划。从职业方面 170

① Frazier, *Black Bourgeoisie*, pp. 195—212.

来看，这个阶级有着比较广泛的职业范围，包括低薪白领职员、小生意的业主、技术工人或半技术工人、警察、消防员、守夜人、搬运工以及其他职业类型。这个群体中常去教堂的人大多属于全部为黑人成员的浸礼会（Baptist）和卫理公会（Methodist）教堂，这些教堂通常成员较多，而且也包括一些低等阶级的成员（在这种情况下，为了满足中等阶级和低等阶级成员们之间彼此冲突的文化需求，牧师对仪式服务时间进行安排时通常会十分困难）。这一阶级的交往生活是被高度精心安排的，他们的社会俱乐部、兄弟会聚会与低中等阶级白人的兄弟会聚会大致相当。有些"黑社会"成员徘徊在这片社会天地的边缘。黑人中等阶级的人数规模要大于黑人上等阶级的规模，而且我们预料，它的相对规模仍在增长。然而，它与黑人社会结构底层的大多数黑人民众相比还是少数，正是那些居于社会底层的黑人构成了黑人总人口的基础。

黑人低等阶级则居住在北部和大都市中，他们的生活世界可以反映出他们来自南部乡村的社会背景。尽管他们现在居住在北部城市的贫民区，他们的日常口语依然带着浓厚的南部乡村低等阶级的口音。在他们的家庭和性生活模式中所反映出来的现象，是成年男子经常在外游荡着寻找工作，在家的女性则设法养家糊口，这就是他们的基本生活方式。遗弃、离婚、非婚同居、私生子、家庭暴力都属于十分常见的现象，而且妇女成为家庭单元中占主导的稳定因素。由于她们必须长时间在外面工作来挣钱养家，孩子们通常得不到照料和管教，导致青少年犯罪率很高。男人们在有工作的时候，通常被雇来从事各种半技能或无技能的体力劳动，如搬运工人或看门人。对于一些成年黑人特别是女性来说，参加宗教活动是一种感情宣泄的方式或尊严的停泊地。如果他们没有从属于某个浸礼会或卫理公会的教堂，他们就会支持那些
171 街边的天主教或唯灵论派的小教堂，一些原教旨主义者和福音派人士在这些小教堂里讲授神学，这些宣讲者自身大多没受过什么正规的教育，但是却知道如何通过杂乱无序的讲演来煽动会众们进入一种"喧

嚷”状态，这是一种狂乱的表演，包括身体有力的随意扭动、纵声呼喊和目的性不太清晰的宗教狂热的表达。加入一些正规社会组织或工会（而不是教堂和联合教会）并成为它们的会员，并不是黑人低等阶级的特征。应当指出的是，在这个阶级中有一个更稳定的因素，那就是尽管他们在空间或社会环境中面对许多障碍，他们当中还是有一些成员努力试图“有尊严地生活”或者“努力往前走”。最后，位于这个群体另一端的是黑社会的低等成员：妓女、皮条客、吸毒者和罪犯。不管周围居民对他们的行为如何评价，他们的活动在拥挤不堪和无权无势的黑人贫民窟里肯定得到了默认。

通过前面介绍的这些研究和调查结果，我们以生动案例和量化数据展示了黑人群体内部在基础关系和交往活动方面存在着实质性的阶级分化，但是我们以上的介绍还是很不充分。尽管美国社会中的阶级边界不够清晰，而且因为一些个体的社会流动导致出现了边界重叠的现象，我们仍然可以说，这些专题研究和田野调查报告所累积的证据确切无误地表明，我们所谈的存在于私人社区活动内阶级之间实质性的彼此分隔是存在的。

在对文化适应进程的发展程度进行评估时，我们可以采用中产阶级白人新教徒“核心社会”的亚文化作为检验标准。我们认为亚文化行为可以在三个层面进行考察：外在特性或外部行为、基于与内在心理态度相关的价值体系的内在特性，以及亚社会内部制度或惯例生活的 172
性质。我们并没有宣称美国的文化适应已经达到了这样的程度，即在中等阶级成员之间（在所有的少数族群中产阶级和白人新教徒中产阶级之间）的价值和规范差异已经消失。但是，即使暂且不谈少数群体文化遗产某些特定内容对其成员的影响，在心理学和社会学意义上从属于某个少数群体的那些经历，也必定不可避免地影响他们看待世界的方法。因此，我们可以期待，无论他们属于哪个阶级，黑人和犹太人将在与族群隔离相关的公民权利议题上比新教徒更持自由主义的态度。

基于对底特律市人口具有代表性的样本分析，伦斯基在近期的研究中向我们展示，对于一系列与"新教伦理"和在资本主义制度下的经济发展相关的经济、政治、家庭、教育议题上，白人新教徒、白人天主教徒、犹太人和黑人新教徒各自的态度存在具有统计意义的差别（一个既定群体中对某一类固定内容的行为是持肯定还是否定的态度的人数的百分比）。[①] 当"阶级"变量被"控制"（相关的态度比较是在四个群体中抽取的属于同一阶级的成员之间进行）时，这些差异中有许多依然存在。戴维斯和哈维格斯特早期在芝加哥开展的一个研究中比较了四个群体（中等阶级白人、中等阶级黑人、低等阶级白人、低等阶级黑人）在抚育孩子方面的行为差异，发现当阶级变量被控制之后，白人和黑人之间所有的行为差异并没有完全消失，但是，"在抚育孩子活动中确实存在可观的社会阶级差异，这些差异超过了在相同社会阶级中白人与黑人之
173 间的差异"。[②] 他们随后又加上了这样的话："这个研究揭示的最引人注目的结果，是黑人和白人中等阶级家庭的行为是那样的相似，而在白人和黑人低等阶级家庭之间也是那样的相似。"[③]

在这些累积起来的研究证据（其中也包括我们上面引用的社区研究中对制度性活动的描述）的基础上，我们可以得出以下结论：黑人上等阶级的亚文化与白人新教徒上中等阶级的亚文化有许多相似之处，特别是在涉及外部行为和制度性活动的价值观念方面；黑人中等阶级的亚文化在许多方面与白人新教徒低中等阶级的亚文化相似。但是，黑人与其他群体之间在一些特定的价值观领域仍然存在一定程度的差异，甚至在中等阶级这一层面也是如此。黑人低等阶级的亚文化极具说服力地表明，无论是在外部行为还是在内在价值方面，偏见和歧视对

① Gerhard Lenski, *The Religious Factor*, New York: Doubleday, 1961.

② Allison Davis and Robert J. Havighurst, "Social Class and Color Differences in Child-Rearing", *American Sociological Review*, Vol. 11. No. 6 (December 1946), p. 707.

③ 同上，第 708 页。

于文化适应的进程有着很大的阻碍作用。

犹太人

考虑到“政教分离”原则,美国人口普查局在它组织的调查中通常并不询问有关宗教倾向或信仰归属的信息。在 1957 年,它尝试性地在一个包括 14 岁及以上美国人口的抽样调查中询问了这样的问题:“你的宗教信仰是什么?”在对这个问题的回答中,96% 的被调查者报告了自己的宗教信仰是浸礼会、路德信义会、罗马天主教、犹太教或其他宗教,只有 3% 的被调查者说自己没有宗教信仰,另外 1% 的人没有回答这个问题。[1] 另外一方面的统计表明,20 世纪 50 年代后期由所有教会和犹太教堂所报告的在册信徒总数加在一起,只占美国总人口的
63%。[2] 在宣称“认同教会”的人数和教会实际在册会员人数之间的这 174
一巨大差距,再次证实了曾先后被赫伯格[3]和伦斯基[4]提到的倾向,即美国白人把自己“想象”为某个宗教集群的一分子,似乎这样他们才置身于美国社会,而他们不太在意自己是否正式地归属某个具体教会或犹太教堂,也不太在意自己是否经常出席教会的仪式。

---

① *Current Population Reports: Population Characteristics*, Series P-20, No. 79 (February 2, 1958), p. 1.

② National Council of Churches in the United States of America, *Yearbook of American Churches for 1961*, pp. 250—251. 大多数基督新教教会在他们统计的信徒总数中没有将 13 岁以下的儿童包括进来。然而,它们具体的统计范围差异并不会在实质上缩小在“认同”人数和会员人数之间的巨大差距。

③ Herberg, *Protestant-Catholic-Jew*, New York: Doubleday and Company, Inc., 1955.

④ Lenski, *The Religious Factor*, New York: Doubleday, 1961, pp. 17—74. 伦斯基区分开了“交往中的参与”(他用来表示经常性地参加教堂仪式)和“社区性参与”,其依据是成员与自己的“社会—宗教群体”圈子即朋友和家庭成员关系的范围。我们需要在这里指出,在不属于教会、对亚社区的结构和生活中有着重要作用的宗教性亚社区内部,有着许许多多的协会和组织。

正如上文所提及的,伦斯基的分析包含了第四个群体:黑人新教徒。

当我们谈及美国犹太人的时候，我们没有把我们的目光局限于那些正式归属于某个犹太教堂或礼拜堂的人，他们很可能只占总数的50—60%[1]，我们所面对的是所有把自己看作是犹太宗教—族群成员的人，而且他们也被美国其他人群看作是犹太人。按照这个标准，美国的
175 犹太人口大约在550万到600万之间，在总人口中略低于3%的比例。[2]

美国犹太人是一个高度城市化的群体，差不多每十人当中就有九人居住在人口规模为25万或更多的城市。在美国所有地区的大小城市里都能够发现犹太人（和犹太人的社区生活），他们当中有70%居住在美国东北部的城市里，美国全体犹太人口中的40%居住在纽约的大都市区。[3] 在这个国家里，绝大多数的犹太人现在都属于本土出生的美国人（测算为75—80%[4]）。犹太人最集中的迁移浪潮在20世纪20年代接近结束，之后无论是20世纪30年代的难民潮，还是第二次世界大战后的人员重新安置，都没有对持续下降的国外出生犹太人数量带来具有明显意义的改变。

犹太人在各城市以及郊区不断增长的社区活动的标志之一，就是出现了数量众多并十分兴旺的犹太人组织。其中许多组织有着不同的意识形态或活动目标，而且会相互竞争来争取会员、捐款和发展机会。

---

① 根据 *The American Jewish Year Book (1958)* 第115页数据，Arthur Hertzberg 测算1956—1957年期间犹太人中有60%归属于具体教堂。由 *The Catholic Digest* 在20世纪50年代早期展开的一次针对所有宗教群体的民意测验提供的数据表明，有50%的犹太人具有教堂成员身份。Herberg, *Protestant-Catholic-Jew*, New York: Doubleday and Company, Inc., 1955, p. 210.

② 这个推测来自对美国人口普查局对14岁及以上人口的抽样调查数据、*the Yearbook of American Churches for 1961* 以及 *the American Jewish Year Book (1961)* 数据的汇总。

③ *American Jewish Year Book (1959)*, Philadelphia: Jewish Publication Society of America, 1959, pp. 7—8.

④ *American Jewish Year Book (1958)*, p. 14. 这些测算根据的是几个社区研究的结果。

在宗教自身的领域内，有正统派、保守派和改革派等不同的教派集会，各自以对传统仪式和实践的不同信奉程度来命名。目前的美国犹太教堂和礼拜堂（特别是那些保守教派和改革教派），和与它们相对应的基督教堂一样，除了组织礼拜的服务外，还为各年龄组的信众提供相应活动，如下午的希伯来文学校、星期日学校、年轻人聚会、礼拜堂兄弟会和姐妹会，所有这些活动都为犹太教育和犹太人的"活动"提供了机会。犹太人的社区中心有时与某个礼拜堂相互联结，但是大多数情况并不是这样，它们与各犹太人青年会（犹太人男青年会、女青 176
年会）共同为儿童、青年和成年人提供带有犹太文化内容的教育和娱乐项目。积极的犹太复国主义者可以选择加入美国犹太复国主义组织（Zionist Organization of America）的支部，或者加入美国宗教犹太复国主义团（Religious Zionists of America），或者其他类似组织。犹太女性被邀请加入哈达莎组织（Hadassah）和美国犹太复国主义妇女组织（Women's Zionist Organization of America），或者加入米兹腊希组织（Mizrachi）。在另一方面，那些反对犹太复国主义的人可以加入美国犹太教理事会（American Council for Judaism），这是一个规模很小但很活跃的组织。在那些较大的城市里，在有教派主办医院的地方，地方犹太医院的女性辅助人员为医院的运行募集捐款，或为新开办的育婴室设计装饰。犹太人的"防卫"组织，如美国犹太人委员会（American Jewish Committee）、美国犹太人大会（American Jewish Congress）和圣约信徒反诽谤联盟（Anti-Defamation League of the B'nai B'rith），一直开展不停顿的教育活动和司法运动来反对偏见和歧视，不仅仅针对以犹太人为对象的偏见和歧视行为，也反对以其他少数族群为对象的偏见和歧视。在学院和大学里的犹太人大学生联谊会和大学女生联谊会鼓励犹太人内部的社交和约会，由圣约信徒联盟赞助的希勒尔机构（Hillel）分会向那些愿意参与的犹太学生提供文化和宗教的活动项目。在许多大城市发行一种盎格鲁—犹太周报（用英文印刷的犹太人报纸),刊印犹太社区成员感兴趣的一些全国或地方性的新闻[这些报纸内容的范围,从各报同时发表的一些关于苏联发生的反犹活动到本地犹太人哈达莎(Hadassah)分会下一次会议活动的通知]。到目前为止,在这些报纸上只提及了很少几个犹太人的志愿组织。情况很清楚,美国犹太人的社区生活不存在垄断的现象,没有一个群体或群体联盟能够代表全体美国犹太人。也许在美国犹太人的生活
177 中最具中心意义的制度是它的慈善事业——这是一个组织良好、为这个国家和海外(特别是以色列)犹太人的福利活动募集和发放捐款的体系。[1]

当然,有些犹太人也会参加一些属于全社区而并非犹太教派性质的组织。但是很难说这样的犹太人究竟有多少,因为相关的数据实在太少而且零碎。迪安报告说,在纽约的埃尔迈拉市(Elmira)有"略微超过一半"的犹太人属于"混合型组织"。[2] 在里弗顿市(Riverton)这个 13 万人的大西洋中部城市,斯克拉和沃斯克发现在他们调查样本中有 14% 的父母一代属于"其成员绝大多数为非犹太人"的组织,同时 27% 的 10—19 岁的孩子也属于这样的组织[3],很显然,还有一个更高的比例数,即高达 57% 的父母一代属于那些包括了"某些非犹太人成员"的组织。[4] 有一个调查发现,在华盛顿特区的整个市区有差不多 51% 的犹太女性和 61% 的犹太男性至少属于一个非犹太教派组织,21% 的女性属于两个或更多的非犹太教派组织。[5] 在克雷默和莱文特曼对美

① 参见 Herberg, *Protestant-Catholic-Jew*, New York: Doubleday and Company, Inc., 1955, pp. 212—213。

② John P. Dean, "Patterns of Socialization and Association Between Jews and Non-Jews", *Jewish Social Studies*, Vol. 17, No. 3 (July 1955), p. 252.

③ Marshall Sklare and Marc Vosk, *The Riverton Study*, The American Jewish Committee, 1957, p.38.

④ 同上。这一数字和完整的表格并没有出现在正式出版的报告中,这些比例数是根据报告中提供的数据计算出来。

⑤ Stanley K. Bigman, *The Jewish Population of Greater Washington in 1956*,

国中西部北市（North City）的两代犹太人的研究中，他们发现第二代男性样本中有31%属于“非犹太人或混合型”组织，只有稍大一点比例的第三代样本（37%）属于这些组织的成员。[1]迪安报告称，在埃尔迈拉市（Elmira）的犹太男性中，从属于非犹太教派组织的人数是犹太女性的两倍。[2]艾尔伯特·戈登在他对“都市郊区”犹太人的研究中指出，在 178
这些区域的犹太女性经常参与“妇女投票联盟”（the League of Women Votes）、社区基金和红十字会的活动而且承担领导者角色，同时积极参加与伤残疾病（如盲人、脑中风瘫痪、肾炎和癌症）有关的各种社会组织的资金募集活动。[3]在我们尝试推算族群间交往活动的数量时，所面临的一个困难就是如何对这类数据的质量进行评估，如教派分会、区域组织会员和全国性非犹太教派组织的工作组这些团体的成员是否主要是具有相同族群背景的人员？人们为非教派组织所投入的时间、努力和感情注入与他们为族群组织活动所投入的时间、努力和感情注入之间如何进行比较？对于二者之间的相对差别，我们几乎一无所知。

需要进一步指出的是，美国犹太人中的绝大多数很可能至少从属于一个犹太人组织（在埃尔迈拉市，90%属于这种情况[4]，而在里弗顿市为82%[5]），他们当中许多人从属的犹太人组织超过一个（在埃尔迈拉市，25%的犹太居民属于四个或更多的犹太人组织）[6]，同时也有一些人不从属于任何犹太人组织。他们当中有许多人无疑是从事知识阶层和艺术界活动的犹太人，与其他职业组的人员相比，这些人对于犹太人社

Washington: Jewish Community Council of Greater Washington, 1957, p.72.

① Judith R. Kramer and Seymour Leventman, *Children of the Gilded Ghetto*, New Haven and London: Yale University Press, 1961, pp. 181—182.

② Dean, “Patterns of Socialization and Association Between Jews and Non-Jews”, *Jewish Social Studies*, Vol. 17, No.3 (July 1955), p. 252.

③ Albert I. Gordon, *Jews in Suburbia*, Boston: Beacon Press, 1959, p. 211.

④ Dean，前引书，第252页。

⑤ Sklare and Vosk, *The Riverton Study*, The American Jewish Committee, 1957, p. 8.

⑥ Dean，见前述引文。

区活动的参与程度是比较低的。在本章最后部分,我们将对这个群体进行更多的讨论。整体来说,从研究的角度来看,我们对于那些不参与犹太人组织活动的犹太人的情况所知甚少。

组织活动的参与可能会牵涉和导致初级群体关系的密切接触。同时,参与社会小集群和结为亲密朋友也会以不设限制的各种方式形成初级群体的活动。大多数研究都显示,犹太人强烈地倾向于把他们的
179 初级亲密关系的范围限定在同族群的其他犹太人当中,虽然采用的具体模式并不那么绝对。在他的底特律研究中,伦斯基发现他的犹太人样本中有 77% 表示他们的亲密朋友中“全部”或“几乎全部”是犹太人。[1] 斯克拉和沃斯克发现,在里弗顿市的成年犹太人当中, 32% 有非犹太人的“亲密朋友”,在 10—19 岁年龄组里,这一比例为 38%。很有意义的是,当他们被问到在他们八岁或九岁时交往的亲密朋友时,这些 10—19 岁的犹太青少年表示他们那时曾与非犹太人有过更为频繁的交往。[2] 所以看起来实际情况是,至少在某些类型的犹太社区里,与非犹太人之间的亲密交往更多地发生在儿童时代,而随着年龄增长,这类交往逐步减少,而当约会和婚姻的选择进入了人们的视野之后,与谁交往这一议题就变得更加明确了。

克雷默和莱文特曼发现犹太人与非犹太人的友谊模式在不同年代的人之间存在差异。在北市的犹太人男性第二代中,有 18% 报告他们有一些非犹太人朋友,在第三代男性样本中这样报告的比例达到 70%。值得注意的是,甚至当调查的对象是第三代群体,提问形式把范围限定在“四个最亲密的朋友”时, 80% 的人把这个亲密圈子都限定在犹太人。[3]

① Lenski, *The Religious Factor*, New York: Doubleday, 1961, pp. 33—34.

② Sklare and Vosk, *The Riverton Study*, The American Jewish Committee, 1957, pp. 38—39.

③ Kramer and Leventman, *Children of the Gilded Ghetto*, New Haven and London: Yale University Press, 1961, pp. 175—176.

还需要指出的是，这一研究的第三代样本中包括了大学教师和科学研究者等犹太知识分子，从社会学的视角来看，这些个体们的归属性质应当更倾向于知识分子亚社会，而不是属于当地城市的犹太人亚社区。①

迪安在埃尔迈拉市的研究中发现了在犹太人—非犹太人交往模式
中一些有趣的区别。在他所采访的犹太人对象中，大约有四分之三的 180
人表示与他们“最亲密的非犹太人交往对象”有社会往来，但是这种社会交往的具体地点极少出现在一个小集群的场景之中，“不到10%”的人表示他们参与一些族群混合的小集群。② 换言之，在这个中等规模的社区里，传统的犹太人—非犹太人友谊关系是存在的，但它却是被隔离在更具重要意义的社会小集群活动之外的孤立现象。甘斯在他对芝加哥郊区森林公园区（Park Forest）的犹太人社区生活开展的研究中发现，在被调查的样本中约有66%宣称他们“定期的社会交往对象”“只有”或“主要是”其他犹太人。③ 他描述说，有一种“花园式”（garden-type）的郊区社交方式，犹太妇女们会在白天和其他族群妇女们一起度过他们特定街区的社会生活，但是“在晚上和周末的夫妇社交活动中，……犹太夫妇们主要与其他犹太人家庭在一起”。④ 戈登在他关于“都市郊区犹太人”的研究中也证实了存在这种模式，他引用了一位居住在郊区的犹太妇女在谈到犹太人—非犹太人关系时所讲的话：

> 我的丈夫和他们（基督徒们）之间有生意往来。我们在镇上

---

① 参见我对下述著作的评议：*Children of the Gilded Ghetto* in *American Sociological Review*, Vol. 27, No. 4 (August 1962), pp. 563—564.

② Dean, “Patterns of Socialization and Association Between Jews and Non-Jews”, *Jewish Social Studies*, Vo1.17, No.3 (July 1955), pp. 252—254.

③ Herbert J. Gans, “The Origin and Growth of a Jewish Community in the Suburb: A Study of the Jews of Park Forest”, in Marshall Sklare (ed.), *The Jews: Social Patterns of an American Group*, Ill.: Free Press, 1958, p. 227.

④ 同上，第226页。

> 的购物市场区见面，这些社交都是非常让人感到愉快的。“你好！你过得怎么样？”这是一种比较表面的交谈。我们甚至也会在有些下午的聚会上见面，也许甚至会在学校事务的会议上相遇，但是我们的交往很少超过这个范围。这像是一种“9 点到 5 点”的事务性安排。族群聚居区的大门，无论是现实存在的还是仅存在于人们想象中的，在下午 5 点关闭。“5 点钟阴影”在太阳落山时开始，此后犹太人和基督徒彼此之间通常没有社交活动，甚至在都市郊区也是如此。如果发生接触，那么你可以打赌一定是有什么事情或组织需要帮助去推动，而他们觉得我们犹太人能有所帮助。但是在 5 点以后，就不会有社会交往，没有聚会，没有家庭互访，没有高尔夫俱乐部活动，什么都没有了！

181 戈登认为：“这不是一个不快乐和被排斥的犹太人所表述的孤立的观点。恰恰相反，它是犹太人中最具代表性的看法，而且也被全美各地郊区社区中的犹太人普遍加以确认。”[①]

维持排外性亲密关系、把亲密关系限定在族群内部的族群共同体之内这一做法的功能之一，就是确保族内婚，也就是成员们的婚姻关系只发生在族群内部。我们可以获得的全部数据都说明，犹太人群体在达到这个目标方面表现得特别成功，尽管与其他族群成员的通婚比例也在缓慢上升。美国的犹太人—基督徒通婚率至少从 19 世纪后期就一直很低，那时已经开始有大量来自东欧的犹太移民。肯尼迪发现纽黑文市犹太人的内部婚姻比例在 1900 年为 98.82%，到了 1950 年仍然维持在 96.10%，在这半个世纪里下降非常有限。[②]1953 年对新奥尔良

---

① Albert I. Gordon, *Jews in Suburbia*, Boston: Beacon Press, 1959, p. 170.

② Ruby Jo Reeves Kennedy, “Single or Triple Melting Pot? Intermarriage in New Haven, 1870—1950”, *American Journal of Sociology*, Vo1.58, No.1 (July 1944), p.57. 在 1948 年，根据 Hollingshead 的研究，在纽黑文市的犹太人内部通婚率为 97.1%。August B.

犹太社区开展的另一个研究发现,这个社区的已婚犹太人当中只有 7% 有非犹太人配偶。[①] 这个数字看来具有全国整体的代表性,也被人口普 182 查局的“宗教”调查所证实。我们在前面曾提到的人口普查局开展的 1957 年全国性调查发现,在至少其中一方是犹太人的全部现存婚姻当中, 7.2% 有新教徒或天主教徒配偶。[②] 当然,这一数字代表的只是“当前的混合家庭”或“现存的混合婚姻”,而不是所有曾经发生过的事实中的犹太人—基督徒婚姻比例。假如一桩婚姻中的一方或另一方皈依了配偶的宗教信仰,那么在这些统计表格中,这个婚姻就不再被计算为混合婚姻。[③] 因此,犹太人—基督徒通婚的真实比例应该大于这个数字,但是具体的差异程度是无法知道的。

在讨论犹太人群体内部的阶级体系时,或者采用相反的说法,讨论美国阶级体系中的犹太人群体时,我们借助了许多统计数据来说明犹太人的地位或分布状况:在经济领域,在职业领域和受教育领域,但是同时我们也遇到一些障碍,这就是非常缺乏针对犹太人口在不同层面上的社区活动和文化生活的调查研究。有一个对东部都市区犹太上等阶级进行的有洞察力的研究,这就是 E. 迪格比 · 巴尔策尔开展的费城

Hollingshead, “Cultural Factors in the Selection of Marriage Mates”, *American Sociological Review*, Vol. 15, No. 5 (October 1950), p. 622.

① Benjamin B. Goldman and Alvin Chenkin, *The Jewish Population of New Orleans: 1953*, Council of Jewish Federation and Welfare Funds, 1954, 引自 Ben B. Seligman, with assistance of Aaron Antonovsky, “Some Aspects of Jewish Demography”, in Marshall Sklare (ed.), *The Jews: Social Patterns of an American Group*, Ill.: Free Press, 1958, p. 63。前面引到的对大华盛顿地区犹太人口的研究发现,混合族群通婚家庭占 11.3%(Stanley K. Bigman, *The Jewish Population of Greater Washington in 1956*, p. 124)。这个比例不大像是具有代表性的,因为在大华盛顿地区的犹太人口中有很大比例的知识分子和专业人员。

② Bureau of the Census, *Current Population Reports: Population Characteristics*, Series P-20, No. 79, Table 6, p. 8.

③ 我们在前面引用的新奥尔良和华盛顿的数据,也是同样基于混合家庭的统计。纽黑文市的数据代表的是特定年份真实发生的族际通婚。

调查，这是一个规模更大的对费城上等阶级调查项目的组成部分。[①] 克雷默和莱文特曼对北市的研究把第二代的样本分成两部分，一部分是“上等身份群体”，对应于一般社区中的上中等阶级和低中等阶级，另一部分是“低等身份群体”，对应于美国社会整体中的低中等阶级和中等
183 阶级。[②] 最近一个时期内，也有一些新近开展的对各种中等规模城市或郊区的犹太社区的调查研究，但是这些研究很少对阶级差异给予关注。部分原因是在这些社区中的犹太人高度集中于中产阶级，这就使人口当中阶级差异的范围变得狭窄。但是，我们所了解到的有关犹太社区阶级结构的信息还是可以使我们得出以下的评议，这些评议需要一段简短的历史回顾作为导言。[③]

下面的评议可能显得有些过分简单化。概括来说，我们把“现代”时期的起始日期定在20世纪30年代，在此之前，一共有三次犹太人移民美国的浪潮。第一次是在殖民地时期，迁来的移民首先是比利牛斯犹太人（Sephardim，即祖籍为西班牙和葡萄牙的犹太人），他们直接来自荷兰、英格兰或者在中美洲和南美洲的欧洲人殖民地，这个时期稍后迁来的是德意志系犹太人（Askenazim，即祖籍为德国的犹太人），他们从中欧来到美国。这是一个数量非常少的移民群体（在1790年，美国的犹太人口不超过2500人）。虽然这两个群体相互混合，但是在文化上是由比利牛斯犹太人占据主导，他们已经被西部世界的文化和启蒙力量所同化。这些殖民地时期的犹太人主要是一些中产阶级商人，他

① E. Digby Baltzell, *Philadelphia Gentlemen*, Glencoe, Ill.: Free Press, 1958.

② Kramer and Leventman, *Children of the Gilded Ghetto*, New Haven and London: Yale University Press, 1961.

③ 关于历史材料，我特别参考的是以下来源：Nathan Glazer, “Social Characteristics of American Jews, 1654—1954”, in *American Jewish Year Book (1955)*, and *American Judaism*, Chicago: University of Chicago Press, 1957; Oscar Handlin, *Adventure in Freedom*, New York: McGraw-Hill Publishing Co., 1954; E. Digby Baltzell, *Philadelphia Gentlemen*, 前引书, pp. 273—291。

们中那些更富裕和更具影响力的人已经被吸收进当时的非犹太上等阶级的社区生活之中。当时也出现了相当数量的族际通婚,这也导致那些族际通婚的犹太人(至少他们的后代)最终被吸收进非犹太人的亚社会。

犹太人移民的第二波发生在19世纪的中期,其中大多数人来自德 184
意志各邦国。这些移民当中有许多人在到达美国时是相对比较贫困的,他们在美国的生活是从作为沿街叫卖的小贩开始的,慢慢向外扩散到内地、中西部、西部和南部的社区里去贩卖他们的货品。最后,这些小贩定居下来而且变成零售店店主,其中一些店主把自己的商店发展成为大城市中的百货商店,德意志犹太人的生意开始逐渐繁荣起来。在19世纪40年代后期和50年代,许多德国犹太专业人士、知识分子和更多德国非犹太人一起逃离当时令人不适的政治气候而来到民主的美国,他们的到来使原籍德国的这些犹太人的社会地位得到了提高。19世纪中叶来到美国的德国犹太人与早期抵达的德意志犹太人相比,对法国大革命后开始传播到整个欧洲的自由理念和启蒙运动学说有更多的接触和了解。这些德意志犹太人原来大多居住在德国东部靠近波兰和俄国的领土上,而这些新迁入的德意志犹太人带来的是改革派的犹太教,他们代表了传统犹太教教义和仪式在西方价值基础上的激烈转型。在大城市里发展最成功的德意志犹太人在19世纪后期逐步成为犹太人的上等阶级并为成为中产阶级打下了坚实的基础。

在第三波的犹太移民到达美国海岸前不久,美国犹太人的总数最多也不过几十万。但是自19世纪70年代开始以及随后的80年代和90年代里,东欧犹太人在移民中占据了很大的比例,为了躲避沙皇领土上的迫害和经济混乱,以及在哈布斯堡皇朝统治下的艰难时日,他们来到美国,寻求避难所和新的生活。这一移民大潮因第一次世界大战的爆发而被短暂打断,后来又因为1920年通过的配额法案而最终结束。在这一大潮终结之前,大约有两百三十多万来自东欧的犹太人在美国

定居。正如他们的德国前辈们一样,其中有些人离开了他们登岸的港
185 口前往一些较小的城镇,但是考虑到自身的贫困和就业机会,他们中的绝大多数留在较大的东部城市,特别是纽约、波士顿和费城,他们当中的大多数成为城市劳工阶级的一部分,在当时的服装工厂和其他轻工业产业就业。

虽然德国犹太人社区从最初时刻就开始对这些来自东欧的犹太人群体开展社会工作并发挥了使他们“美国化”的功能,但是基于文化和阶级因素而存在于这两个群体之间的社会断层还是延续了许多年。它最终得以克服的原因是,在20世纪里一些更晚抵达的犹太人(特别是他们的后代)在经济和社会层面上提高了地位,同时也接受了美国行为模式,在文化和社会观念等方面得到同化。

来自东欧的犹太人和他们的后代在社会经济地位上的崛起,成为美国移民史上最伟大的集体的霍瑞修—阿尔杰式的故事(Horatio Alger story)。在20世纪40年代,美国犹太人(此时已经是祖籍东欧的犹太人占绝大多数)在职业分布上已经显示出与那些高地位新教徒群体具有惊人的相似性。在1945—1946年由美国民意研究所(American Institute of Public Opinion)调查抽取的全国性样本中,36%的犹太人属于“商业和专业性”(Business and Professional)职业,与之相比,圣公会教徒的比例是32%,公理会教徒的比例是33%,长老会教徒的比例是31%,此外只有14%的天主教徒和13%的路德派教徒属于这一职业。[①] 在伦斯基的1957年底特律调查样本中,这次调查使用了双变量(职业身份和收入)度量指标,43%的犹太人被列入“上中等阶级”这一组,而只有19%的“白人新教徒”和12%的“白人天主教徒”被列入了这一
186 组。[②] 许多针对中等规模社区中的犹太人开展的调查显示,他们大多数

① Liston Pope, “Religion and the Class Structure”, *The Annals of the American Academy of Political and Social Science*, Vol. 256, March 1948, p. 87.

② Lenski, *The Religious Factor*, New York: Doubleday, 1961, p. 73.

集中从事中产阶级的职业，特别是在零售与批发业和制造业中的经理和业主，而且在专业人士职业中的数量也在增长[①]。

导致犹太人职业身份上升现象的原因是非常复杂的，但是本质上其原因与这些犹太人抵达美国之前的文化史有关。[②]传统的压力和对犹太教法典的高度评价在新的条件下很容易就会转变为对世俗教育的渴求，如果这对移民中的父辈影响不大，至少也会体现在他们的第二代身上。在中世纪和中世纪之后的欧洲对犹太人的职业限制已经把他们放置于贸易、自主经营手工业和学术研究的传统角色中。所以，犹太人是带着节俭、自制、志向、渴望教育、为长远目标推迟眼下欲望的节制能力以及已经内化的厌恶暴力等中产阶级价值观抵达美国的。这些品质与美国经济扩展中的客观需求正相适应，此时对农夫和体力劳工的需求正在持续收缩。因此尽管大城市中的犹太产业工人中有许多自身继续从事着这一职业，但是他们鼓励自己的子女们去获得更多的教育，并在职业的等级体制中努力往上走。正如格莱泽所指出的，当纽约贫民窟的居民主要是犹太人时，人们夜里在这里穿行是没有任何危险的。与通常模式相比，犹太工人有更多的机会参与志愿组织，在这方面他们超过了犹太白领职员。1945 年在纽约市进行的一个调查揭示出，低收
入犹太人给他们的众议员写信的次数超过高收入的新教徒和天主教 187
徒。[③]还有其他数据也可以被用来支持这一观点[④]，但是以上这些已经

---

① 对于这些调查数据的总结归纳，参见 Nathan Glazer, "Social Characteristics of American Jews, 1654—1954", in *American Jewish Year Book (1955)*, pp. 25—30; Alvin Chenkin, "Jewish Population in the United States, 1957", *American Jewish Year Book (1958)*, pp. 12—13。

② 我在这里参考了格莱泽富有洞察力的讨论，参见 Nathan Glazer, "Social Characteristics of American Jews, 1654—1954", in *American Jewish Year Book (1955)*, pp. 29—33。

③ 这些研究成果被引用在 Nathan Glazer, "Social Characteristics of American Jews, 1654—1954", in *American Jewish Year Book (1955)*, pp. 32—33。

④ 同上。

足以表明，犹太人是带着已经内化的中产阶级价值观来到美国的，尽管他们当中的大多数不得不在社会—经济的阶梯上从最低层开始努力，但正是这些文化价值观成为犹太人群体在职业身份和经济富裕程度方面迅速崛起的主要原因。

美国犹太人目前的社会阶级图景可以被描述如下：在小城市和中等规模的城市里，大多数犹太人属于上中等阶级或白领低中等阶级，同时也有少量的蓝领工人——有技能的、半技能和无技能的劳工。1955年在俄亥俄州的坎顿市（Canton），11%的犹太人口属于蓝领工人；1956年在爱荷华州的得梅因市（Des Moines），7%的犹太人是蓝领工人。[1] 在大城市和都市地区，犹太人分布在所有的阶级中，从上等阶级到低等阶级或劳工阶级，但是劳工阶级在数量上构成了总人口中的一个重要部分。1950年前后，纽约地区被雇佣的犹太人中仍然有大约三分之一在从事一定形式的体力劳动。[2] 20世纪50年代在底特律开展的两个分别进行的研究（其中一个是在1958年）认为，底特律的犹太人当中超过四分之一的人拥有蓝领工作。[3]

通过迪格比·巴尔策尔关于费城上等阶级的调查，我们可以看到这个阶级当中的犹太人"飞地"是如何出现在20世纪40年代的。[4] 在制度上，它与具有相同影响力与家世门第的、规模更大的非犹太人群体
188 处于分隔的状态，它主要还是以德国犹太人为主，但此时一些具有东欧背景的犹太人通过获得相当数量的财富和声望也加入了他们的行

① Chenkin, "Jewish Population in the United States, 1957", *American Jewish Year Book (1958)*, pp. 12—13.

② Glazer, "Social Characteristics of American Jews, 1654—1954", in *American Jewish Year Book (1955)*, p. 26.

③ David Goldberg and Harry Sharp, "Some Characteristics of Detroit Area Jewish and Non-Jewish Adults", in Marshall Sklare (ed.), *The Jews: Social Patterns of an American Group*, Ill.: Free Press, 1958, p. 112; Lenski, *The Religious Factor*, New York: Doubleday, 1961, p. 73.

④ Baltzell, *Philadephia Gentlemen*, Glencoe, Ill.: The Free Press, 1958, pp. 273—291.

列。他们的成员汇集在三个犹太教堂(或者使用改革派喜欢用的“礼拜堂”这个称呼),其中一个是比利牛斯犹太人的正统派教堂(Sephardim Orthodox),另外两个属于改革派。从居住地点来看,这个阶级集中在两个区域:一个是宾州艾金公园市(Elkins Park)北部市郊的老约克道区(Old York Road),一个是靠近市中心有漂亮公寓的利顿豪斯广场区(Rittenhouse Square)。他们的社会活动围绕着三个组织:位于老约克道(Old York Road)的菲尔蒙特乡村俱乐部(Philmont Country Club),有家庭成员参与的历史悠久的商业俱乐部(Mercantile Club),还有一个是较新成立的洛卡斯特俱乐部,这是一个与专门为非犹太人开设的漂亮的费城市区俱乐部相平行的、位于市中心专门针对犹太企业家的俱乐部。[①] 我们找不到有关社会小集群的任何数据。在20世纪60年代早期,也就是这本书写作的时候,我们可以很确定地说(即使经验调查数据仍然不足),许多原籍东欧的犹太人已经加入成为费城犹太上等阶级的成员。

在1948年对乔治亚州亚特兰大市犹太社区的社会俱乐部开展的一个调查也证明了其内部存在着阶级分隔,但是在机构归属方面也出现部分成员的重叠现象。[②] 带有“S”的俱乐部具有最高的地位,它的成员主要是德国和中欧犹太人的后代。但是费城犹太上等阶级的情况则有所不同,那些富裕且在文化上卓有成就的东欧犹太人后代已经得到接纳并进入了上等阶级组织。它超过四分之三的成员属于改革派礼拜

① 巴尔策尔的报告称洛卡斯特俱乐部(Locust Club)最初的创办人曾希望这个俱乐部也包括非犹太人,而且在一段时间内也确实吸收过一些非犹太会员。但是到了1940年,非犹太会员实际上是有名无实的。在费城,这个俱乐部被人们称为“犹太工会联盟”(the Jewish Union League), *Philadephia Gentlemen*, Glencoe, Ill.: The Free Press, 1958, pp. 289—290。

② Solomon Sutker, “The Role of Social Clubs in the Atlantic Jewish Community”, in Marshall Sklare (ed.), *The Jews: Social Patterns of an American Group*, Ill.: Free Press, 1958, pp. 262—270.

189 堂,它的男性成员中大约半数的配偶是地位很高的全国犹太人妇女理事会(National Council of Jewish Women)成员。在甘斯对森林公园区的研究中,他报告称社会集群已经把犹太人社区分成了四部分,一个群体是属于上中等阶级的企业家和专业人士,一个是属于上中等阶级的学者和从事研究工作的人员,一个是“郊区的中中等阶级”(规模最大),一个是那些在低中等阶级白领岗位上就业的人。[①] 戈登也写到了郊区犹太人当中的阶级差别和相互区隔。根据亲身的观察,他说:“在这些自1946年以来成批出现的城市郊区里,居住的主要是低中等阶级家庭,在新英格兰和中西部的较老的郊区里,我们还可以发现上等阶级和低中等阶级混合居住在一起。在威彻斯特县和长岛的几个较早建立的郊区里,居住着很大数量的犹太低上等阶级家庭。”[②]

在克雷默和莱文特曼对“北市”的研究中,我们看到白手起家的富有犹太生意人和独立的专业人士构成了上等身份的“俱乐部会员”,他们居住在豪华和昂贵的街区,是纯犹太人的松山乡村俱乐部(Pinecrest Country Club)的会员,归属于改革派礼拜堂,与低等地位的犹太人“住所成员”相比,他们表现出对非犹太价值和社会交往的高度接受。而那些低等犹太人的职业、组织、居住和社会模式都反映出他们在美国社会中居于较低下的地位,同时也反映出他们更加坚持传统的犹太亚文化的价值体系。值得注意的是,在这个规模不小的城市里,在20世纪50年代后期,上等地位群体的成员已经主要是那些具有东欧背景的犹太人了。尽管都是犹太人,出现在上等地位群体和低等地位群体之间的分隔现象,已经在各自的居住生态和制度模式上得到证实,这种分隔又进一步延伸进非正式的社会交往关系。作者报告说:“‘俱乐部会员’

① Gans, “The Origin and Growth of a Jewish Community in the Suburbs: A Study of the Jews of Park Forest”, pp. 233—234.

② Albert I. Gordon, *Jews in Suburbia*, Boston: Beacon Press, 1959, p. 14. 也参见第15页,第80—81页,第203—204页。

和‘会所成员’各自的朋友圈子反映出他们在犹太社区中的社会地位。190
对于他们的犹太社交圈的仔细考察确认了这一事实，即我们的样本群体（以及他们的朋友们）代表了性质截然不同的社会阶层。被访者的朋友们也居住在相同的街区，属于相同的组织，有着非常相似的收入水平，并从事着相似的职业。”[①]

上面引援的数据很能说明问题，但是很遗憾，我们对大城市地区的犹太人的阶级划分无法展开全方位的研究，这样的研究要求通过比较的方法，系统地考察所有的阶级、每个阶级各自共同体的程度、他们的文化差异，以及他们与非犹太人的、可能各不相同的关系。

当我们考虑到文化适应进程时，对任何一个仔细观察美国社会的人来说，这一点是很清楚的，在外在的文化特征方面，本地出生的各个阶级的犹太人都与属于相同阶级的非犹太人非常相似。例如，在衣着打扮、形象外观、态度举止和言谈风格上，常春藤大学的犹太大学生是完全无法被与他们的非犹太同学区别开的。在低中等阶级的世界里，在言谈风格上会有一些不重要的差别，如从源自依地语[②]的语调和变音中可以察觉到犹太人和白人新教徒盎格鲁—撒克逊核心群体之间在英语口音上的不同，但是即使是这些细微的差别也将在下一代人当中消失。此外，有些依地语语调和变音自身已经成为美国流行文化的一部分，这是近来犹太喜剧演员和幽默作家变得时髦的一个证明，他们很有意识地使用了这些依地语语调和变音。在很短的时期内，国外出生的犹太人的数量将由于年龄原因会越来越少，处在各个阶级的下一代美国犹太人将成为由本土父母养育的本土儿童，我们完全有理由预测，在犹太人和非犹太人之间几乎所有的可区别的文化特质将会最终消失。
假如出现了大量犹太人移民从其他国家迁入美国的情况，这一预测也 191

① Kramer and Leventman, *Children of the Gilded Ghetto*, New Haven and London: Yale University Press, 1961, pp. 104—105.

② Yiddish，或译意第绪语，犹太人使用的国际通用语。——译注

可能是错的，但是这种情况几乎不可能发生。[1]

在内在特质领域，或者说在心理态度和价值体系方面，正如我们在前面所注意到的，美国犹太人和非犹太人在一些价值观方面存在一定程度的差异。举例来说，即使阶级背景因素被控制之后，各阶级犹太人与新教徒相比都更愿意投票给民主党，犹太人与白人天主教徒相比，对民主党的支持度也要高一些。普遍来说，他们比相同阶级的非犹太人更支持福利国家的理念。[2]同时，另外一些研究展示出犹太人家庭的生育模式一定程度上也与其他族群存在差异。在过去的几十年里，犹太女性的生育率水平是全体新教徒（包括所有种族）生育率的81%，也是天主教徒生育率的大约73%。[3]与其他任何较大的宗教群体相比，犹太女性更愿意使用避孕措施来计划自己的生育时间和间隔，而且犹太家
192 庭们使用避孕措施的次数和成功率也明显高于其他群体。[4]另外两组数据可以让我们对这幅差异的图景有更深刻的理解。在全国样本中，

① 也存在一些例外，如一些很小的哈西德派（Hasidic）犹太人飞地（哈西德派是一个源自18世纪东正教的神秘主义教派），他们作为第二次世界大战难民潮的一部分在近些年来到美国，集中定居在大城市（特别是纽约）或郊区的一些凝聚力很强的街区。他们努力为自己和后代（或其他新皈依者）保存他们直接从“犹太人小村”（shtetl）或小镇带来的传统生活方式，他们对东欧犹太人有很强的认同。观察随着时间的推移这个群体能够取得怎样的成功，将是一件很有趣的事。关于对这个群体的很有价值的研究，参见Solomon Poll, *The Hasidic Community of Williamsburg*, New York: Free Press of Glencoe, 1962。

② Lenski, *The Religious Factor*, New York: Doubleday, 1961, pp. 125, 137; Berelson, Lazarsfeld, and McPhee, *Voting*, pp. 62, 71; Laurence H. Fuchs, *The Political Behavior of American Jews*, Glencoe, Ill.: Free Press, 1956, 见书中各处。

③ Erich Rosenthal, “Jewish Fertility in the United States”, *American Jewish Year Book (1961)*, p. 9.

④ Ronald Freedman, Pascal K. Whelpton, and Arthur A. Campbell, *Family Planning, Sterility, and Population Growth*, New York：McGraw-Hill Publishing Co., 1959, pp. 103—115; Charles F. Westoff, Robert G. Potter, Jr., Philip C. Sagi, and Elliot G. Mishler, *Family Growth in Metropolitan America*, Princeton, N. J.：Princeton University Press, 1961, pp. 92—102; Rosenthal, “Jewish Fertility in the United States”, pp. 23—25.

犹太女性与长老会女性教徒相比较时,她们的总体生育率水平几乎是完全一样的(只略高1%)。[①] 更进一步的分析表明,当全国样本中的犹太夫妇在丈夫职业、妻子所受教育、丈夫收入、结婚时间、当前居住地的都市特征、是否有务农背景等变量方面与完全对等的新教徒夫妇和天主教徒夫妇进行比较时,犹太人和新教徒在生育模式方面的本质差异就消失了,但是在天主教徒和非天主教徒之间的差异依然存在。[②] 换言之,犹太人的生育价值观,初看起来确实与其他美国人有所不同,但是究其原因还是城市化和社会—经济地位因素作用的结果,因此在仔细分析后,我们看到,犹太人的生育模式,与具有相同社会—经济地位和居住地具有同样城市特征的新教徒完全一样。

在与价值差异有所区别的价值冲突方面,犹太人与核心社会之间的差异最突出地表现在对教会—国家关系的认识上,特别是涉及公立学校里的圣诞节纪念活动。还有一些争论涉及正统犹太教的一些教义,如超越现有法律要求实行动物的仁慈屠宰,由于仁慈屠宰技术已经被设计出来,近来这些冲突出现了解决的迹象,满足了有关仁慈的考量和极端正统教义对仪式标准的要求。[③] 在出现任何具体事件时,美国犹太 193
人当中直接介入这一议题的比例是很小的,几个前面援引的研究也提供了相关的证据,表明除了仪式性场合之外,对于传统犹太教的饮食法规的奉行正在迅速消失。[④]

① Rosenthal, "Jewish Fertility in the United States", p.10. 这些数据来自美国人口普查局在1957年的一次调查结果。

② Ronald Freedman, Pascal K. Whelpton, and John W. Smit, "Socio-Economic Factors in Religious Differentials in Fertility", *American Sociological Review*, Vol. 26, No. 4 (August 1961), pp. 608—614.

③ 这一争论主要涉及的是屠宰前处理动物的方法——这个问题实际上没有被涵盖在犹太教法典中。参见 *Jewish Newsletter*, Vol. XVII, No. 7 (April 3, 1961)。

④ Sklare and Vosk, *The Riverton Study*, The American Jewish Committee, 1957, pp. 11—12; Gans, "The Origin and Growth of a Jewish Community in the Suburbs: A Study of the Jews of Park Forest", pp. 222—223; Albert I. Gordon, *Jews in Subrurbia*, Boston:

在宗教生活的制度领域，人们可能会从逻辑上期望美国犹太人和非犹太人之间的重大差异在未来逐步消失。但是恰恰在这里，美国核心社会价值的迷人之处和文化适应过程的成功之处展现出一个最具宽容性的框架。犹太教的改革教派是在19世纪由德国犹太人带到美国并发展起来的，现在这一教派也吸收了许多东欧犹太人的后裔，它突然结束了正统犹太教的仪式和信条，制定出一套与自由的基督新教教派几乎没有差别的宗教祈祷模式。在近些年里，改革教派又重新引进一些传统元素，但是它所具有的文化适应模式并没有受到实质的影响。社会学家们更感兴趣的现象是，犹太教的保守教派也发展起来，并在数量更多的东欧犹太人后裔中扮演了一个重要角色。马歇尔·斯克拉在他杰出和具有说服力的研究中揭示出，东欧犹太人在美国获得中产阶级地位后，作为对新的阶级和文化环境的一种反应，保守教派是如何在20世纪20年代和30年代兴盛起来的。[①] 英语被引进礼拜堂的宗教仪式的部分程序和部分业务活动，接受了布道，拉比（rabbi，犹太教神职人
194 员）的功能有所改变，礼拜时的性别隔离被废除了，开始强调“礼貌”，在制度上发展出来的多功能礼拜堂也开办针对不同年龄和性别会众的娱乐和教育活动。所有这些变化标志着改革教派在许多重要方面已经脱离了传统的正统犹太教，而那些美国的正统教派虽然没有像改革教派那样走得这么远，但是也很明显地接受了美国中产阶级的许多衡量标准。事实上，本土出生和居住在郊区的中产阶级犹太人偏离了正统犹太教文化模式的倾向（必须注意的是，正统犹太教的宗教和文化是无法区分开的），同时伴随着的是人们对于保留犹太人族群身份的强烈需求，在一场大讨论中，这些新的发展被甘斯称为“象征的犹太教”。甘斯用这个词来表示一种对犹太文化价值或模式的最低限度的信奉，人们

Beacon Press, 1959, pp. 129, 130—132; Kramer and Leventman, *Children of the Gilded Ghetto*, New Haven and London: Yale University Press, 1961, pp. 77, 81.

① Marshall Sklare, *Conservative Judaism*, Glencoe, Ill.: Free Press, 1955.

所强调的是对犹太人依地背景的一种怀旧事物的选择（例如，按犹太方式烹调的精美食品或依地语短语），在家庭中摆放一些有形的东西来显示“犹太身份”（例如书籍、唱片和有犹太风格的绘画），他们也关心与犹太人有关的社会问题，并选择一些传统的宗教节日来帮助自己的孩子们进入社交活动并了解自己的犹太人身份。[1]

所有这些变化，与东欧的“犹太人小村”的正统犹太教之间，甚至和美国犹太移民在“最早定居点”时期的生活之间，都出现了很大的差距。文化适应进程已经大幅度地改变了美国犹太人的生活，使他们接受了美国中产阶级的价值观，与此同时并没有在结构上把这个群体“解 195
散”。犹太教被公认是美国“三大主要宗教信仰”之一，社区生活和族群自我认同在这个群体边界内枝繁叶茂，同时，它的成员们以及一定程度上它的制度都越来越在文化上无法与美国核心社会的人员和制度区别开了。

天主教徒

在 1790 年美国第一次举行正式的人口普查时，当时预计大约在这片土地上有 35000 名天主教徒[2]，在当时 400 万美国总人口中所占比例还不到 1%。到了 20 世纪中叶，在每四个美国人中就有一个认为自己信仰罗马天主教[3]，这个教会是当时美国的单一教会中规模最大的一

① Herbert J. Gans, “American Jewry: Present and Future”, *Commentary*, Vol. 21, No. 5 (May 1956), pp. 422—430; “The Future of American Jewry”, *Commentary*, Vol. 21, No. 6 (June 1956), pp. 555—563.

② Gerald Shaughnessy, S. M., *Has the Immigrant Kept the Faith?* New York, 1925, p. 52. 引自 John Tracy Ellis, *American Catholicism*, Chicago: University of Chicago Press, 1956, p. 42。

③ Bureau of the Census, *Current Population Reports: Population Characteristics*, Series P-20, No. 79 (February 2, 1958), p.8. 在 1957 年开展的对美国 14 岁及以上人口的抽样调查中，25.7% 的人报告自己是罗马天主教徒。（表 3，第 7 页）

个,但是它在全国的教众成员还是比不上所有新教徒教派会众的总数。[1]

从地区分布来看,罗马天主教的教众人口高度集中地居住在东北部各州,构成了这一地区人口总数的大约 45%,这使得这个群体与白
196 人新教徒或所有新教徒相比在数量上都占据多数,在中部北方各州和西部,罗马天主教徒的代表性与它在总人口中的比例相一致,在南部,他们在总人口中所占的比例略低于 12%。天主教徒同时也是高度城市化的,特别值得指出,在那些人口规模为 25 万左右的城市里,天主教徒和白人新教徒的代表性大致相当,具体的比例数分别为 37.8% 和 38.4%[2]。换言之,在许多东北部的都市中心以及(在较低的程度上)在中部北方和西部,从任何基本数字上来讲,天主教徒们都已经不再是一个少数群体。

但是,无论是从历史上看还是从现状看,如果我们把美国的天主教会的成员想象为铁板一块的坚实整体,那很可能是一个错误。在美国出现定居点的最初时期,在罗马天主教信徒抵达美国各处海岸时,无论是文化还是在语言上,他们代表的是许多不同的国家。[3] 在爆发美国革命的年代,在这里已经有原籍英格兰、爱尔兰

---

① 1959 年全美正式罗马天主教教徒的人数据报告为 40 871 302 人,参见 Benson Y. Landis (ed.), *Yearbook of American Churches, 1961*, National Council of the Churches of Christ in the U.S.A., 所有新教徒人数为 62 543 502 人。由于罗马天主教徒的总数中包括了所有接受洗礼的人,而许多新教教派没有把 13 岁以下的儿童统计在总数内,所以新教教徒在人数上的优势应当超过这些数字所显示的情况。参见 Landis, 前引书, pp. 250—252。

② Bureau of the Census, *Current Population Reports: Population Characteristics*, Series P-20, No. 79, (February 2, 1958), Tables 2 and 3, pp. 6—7.

③ 在这一部分,我特别参考了以下信息来源: Ellis, *American Catholicism*, Chicago: University of Chicago Press, 1956, 见书中各处; John L. Thomas, S. J., "Nationalities and American Catholicism", in Louis J. Putz, C. S. C. (ed.), *The Catholic Church, U. S. A.*, Chicago: Fides Publishers Association, 1956, pp. 155—176; Fergus MacDonald, C. P., "The Development of Parishes in the United States", in C. J. Nuesse and Thomas J. Harte, C. Ss. R. (eds.), *The Sociology of the Parish*, Milwaukee: Bruce Publishing Co., 1951, pp. 45—71; Thomas J. Harte, C. Ss. R., "Racial

和德意志的天主教徒居住在东部海岸的中等殖民地，以及在西部内地受法国天主教影响的小定居点。在随后的世纪之交，向法国购买（位于今天美国中部的）路易斯安那地区为这个国家的民族阵营增加了西班牙背景的天主教徒，以及祖先来自法兰西的信仰天主教的成员。另外，由传教士引导而皈依天主教的北美印第安人也为美国天主教徒增加了不同的民族背景。这样，甚至早在19世纪的移民 197
大潮开始之前，美国天主教就已经呈现出了多民族背景的结构。约翰·卡罗尔神父来自一个显赫的马里兰家庭，他在成为第一个美国主教后不久，在1787年就不得不作为监管全美国天主教教会的负责人，尽其能力来与费城的一个德国流亡教派打交道，这个教派煽动教众要推选一位讲德语的神父。

19世纪中叶迁来美国的大批爱尔兰人和德国人（他们当中有许多是天主教徒），19世纪后二十五年迁来的大批南欧和东欧移民，在20世纪前二十五年迁来的移民（其中包括了意大利人、波兰人、捷克人、斯拉夫人、克罗地亚人、匈牙利人、立陶宛人、乌克兰人和其他群体），无论是在教徒数量上还是在美国人口中所占比例方面，这些移民的到来都为美国罗马天主教教堂提供了迅速发展的机会。在美国的场景中，大量的人口迁移使得天主教堂在许多年里基本上是作为移民们的教堂来运行，处理的是移民们在文化适应方面以及他们因为社会经济地位低下而遇到的各种问题。他们面临的这些问题和发展机会又因为从美洲其他地区迁来的移民潮而变得更加严峻：法裔加拿大人从北方迁入，墨西哥人从南方迁入，最近的新移民是从波多黎各迁入。在稍后的时期内，在那些传统上信奉基督新教的美国黑人当中又有一些转而皈依了天主教。

来到美国的最早的天主教移民们鼓励神父们用他们自己的语

and National Parishes in the United States", in Nuesse and Harte (eds.)，前引书，pp. 154—177。

言来布道，为此在德意志人和爱尔兰人之间还曾发生过冲突。随后来到美国海岸的天主教徒们情愿彼此合作来组织礼拜和相关的社
198 区活动，而不去加入其中一个群体。他们自己家乡的教堂当然是在自己民族的文化和语言框架下运行的。所以，这些新移民也坚持建立常规的天主教“领土教区”，吵着要求有一个使用他们自己语言和传统的教士和信徒群体。

教会应付这一难题的办法就是设立“民族教区”，它的教众居住在一个限定的区域，具有相同的民族背景，教区的神父属于同样的传统和语言。这种类型的教区和常规的教区在地域上会有一定的重叠。因此，一个意大利人教区、波兰人教区或者法裔加拿大人教区会位于一个常规的地域教区内。当意大利人、波兰人、法裔加拿大人的居住地点位于地域教区的范围之内时，他们甚至有特权只加入他们自己的民族教区。事实上，具有特定民族背景的人们集中居住在一起，其结果是使当地街区具有特定的民族风情。在一次权威的讨论会上，哈特对三种类型的教区进行了区分：(1)地域教区，这是最普通和数量最多的教区；(2)法律上的民族教区，它的成员构成严格按照民族背景界限；(3)没有正式法律地位的民族教区，它在形式上属于地域教区，但是在事实上其性质是民族教区。我们必须指出，那些由爱尔兰人控制和由爱尔兰神父领导的教区从来也没有被作为“民族教区”来设计，因为爱尔兰人甚至在他们刚来美国时就讲英语，而民族教区之所以具有存在的理由就是因为语言多样性。为了使这幅图画更完整，我们必须提到在南部存在着种族隔离的教区，在北部的情况要好一些，这些教区在教会规范中的身份总是模糊不清的。[1]

作为一种有凝聚作用的社会系统，“族群教堂”在保持族群社区

① Harte, “Racial and National Parishes in the United States”, in Nuesse and Harte (eds.), *The Sociology of the Parish*, Milwaukee: Bruce Publishing Co., 1951, 书中各处。

上所起到的作用已经非常出色地被展示在沃纳和斯若勒的扬基市 199
族群研究中。[①]但是非常遗憾的是，就我所了解的知识而言，我们并没有把美国罗马天主教中的“民族教区”作为一个社会现象来对它开展人口发展趋势的实地研究，这样的研究可以给我们提供线索，帮助我们理解它的角色与功能，我们也没有对于特定的“民族教区”或群体开展“基础转型过程”的研究，这一过程应当包括从由第一代移民占主导的时期过渡到本土出生的第二代和第三代成长为成年人的时期。由于新移民还没有很好的掌握英语，他们带来的是他们家乡的已经内在化的欧洲文化规范，因此毫无疑问，“民族教区”对于新移民来说具有极大的吸引力。意大利人、波兰人、斯洛伐克人等群体的第二代和第三代在什么样的程度上会留在“民族教区”内？从任何严格的数据信息角度讲，我们对此一无所知，尽管有些随意性的观察结果使人们相信在美国出生的天主教徒们正在迅速地离开“法律上的民族教区”，特别是当其中一些人出现了社会流动并移居到属于更高阶级的第二个或第三个街区后，这些人倾向于在新居所参加当地的地域教区。除非必须如此，天主教会的政策肯定不是要长久地鼓励民族性社区主义。用哈特神父的话来讲：“一般来说，天主教会在法律上的民族教区成员资格这个问题上的正式态度是很清楚的，这就是通过消除所有阻碍人们归属于地域教区的藩篱，来鼓励那些讲英语的教众融入一个更大的社区。”他接着说：“然而同时，个人自由地做出自己选择的权利是完全受到尊重的，而且任何民族群体或族群永远保存它的文化的权利是同样得到

① W. Lloyd Warner and Leo Srole, *The Social Systems of American Ethnic Groups*, New Haven: Yale University Press, 1945；特别参见 Chapter 7。他们的研究包括了希腊东正教堂和犹太礼拜堂以及相关的社区，也包括了一个爱尔兰人控制的地域教区和一个法裔加拿大人的民族教区。

保护的。”①

200 然而，从长远前景的预测来看，“民族教区”即使不会完全消失，也会逐步衰落。哈特宣称：“关于美国民族教区的未来，人们可以有把握地预见到，它们的数量和重要性在目前的移民政策的大环境下会迅速地下降。”②

比起“民族教区”的命运来，与这个问题并不完全重合的另一个更大的问题就是分隔的族群性社区亚系统的命运，这个系统作为美国天主教社会结构中的分隔单元已经从历史上延续至今。根据“三元熔炉”理论，这些分布在各地的各种亚系统正在逐步消解并被熔入一个更大的全美“泛天主教”亚系统。我们可以看到，有些证据倾向于支持这一假设的有效性，但是要回答这一问题，还需要非常小心并且注意到具体细节。

此外，我们看不到任何理由相信大约 65 万归属于罗马天主教会的黑人③会以任何重要的社会方式真正融入白人天主教亚社会④。当然，也有一些黑人天主教徒（特别是在北部城市）也和白人一起出席弥撒仪式。但是我们必须记住，那些规模较大的天主教堂的祈祷仪式有时接受上千教民参加，这并不表示这些教堂必然会鼓励这些参加者之间发展“初级群体关系”，如家庭互访、社会集群和小组活动。在社会隔离的

① Harte, “Racial and National Parishes in the United States”, in Nuesse and Harte (eds.), *The Sociology of the Parish,* Milwaukee: Bruce Publishing Co., 1951, p. 160.

② Harte，同上，p. 164。

③ 这个数字来自天主教有色人种和印第安人传教团委员会（the Commission for Catholic Missions Among the Colored People and Indians）公布的一个报告，也发表在《纽约时报》（*The New York Times*, March 4, 1961）。

④ Gunnar Myrdal, *An American Dilemma*, New York: Harper and Brothers, 1944, pp. 870—871; Joseph H. Fichter, S. J., *Social Relations in the Urban Parish*, Chicago: University of Chicago Press, 1954, pp. 47—48, 117—119, 205; Harte, “Racial and National Parishes in the United States”, in Nuesse and Harte (eds.), *The Sociology of the Parish,* Milwaukee: Bruce Publishing Co., 1951, pp. 172—174.

客观效果方面，白人天主教的广大教区居民的表现与其他白人新教徒和犹太教徒之间并没有什么两样。另外，在初级群体关系和社区生活方面，相似的社区隔离也同样出现在300万左右集中居住在西南部的 201
墨西哥裔天主教徒[①]和西班牙裔天主教徒当中，出现在主要居住在纽约市的100万波多黎各裔天主教徒当中[②]，还有一些人居住在北部和芝加哥的大都市中心区[③]。这样来看，如果考虑到是否包括其他种族和半种族群体这一方面，所谓的“泛天主教”作为一个社会目标而言在很大程度上并未实现。

对于原籍欧洲和加拿大的白人天主教徒而言，他们的情况则有所不同。毫无疑问，他们当中有些人已经在爱尔兰人及其后裔的影响下 202

---

① 对于美国的墨西哥人和墨西哥裔美国人（包括西班牙血统后裔 Hispanos）人口规模的测算在250万到350万人之间。参见 George Eaton Simpson and J. Milton Yinger, *Racial and Cultural Minorities*, New York: Harper and Brothers, Revised edition, 1958, p. 811; Charles F. Marden, *Minorities in American Society*, New York: American Book Co., 1952, p. 131; Edward C. McDonagh and Eugene S. Richards, *Ethnic Relations in the United States*, New York: Appleton-Century-Crofts, 1953, p. 174; John H. Burma, *Spanish Speaking Groups in the United States*, Durham, N. C.: Duke University Press, 1954, p. 36。

② 劳工部的波多黎各移民局推测，1960年底在美国大陆的原籍波多黎各的人口为94.6万人。参见 *The New York Times*, August 13, 1961。

③ 关于墨西哥美国人的社区生活和社会隔离方面信息，参见 Burma，前引书，pp. 72—99; Ruth D. Tuck, *Not with the Fist*, New York: Harcourt Brace, 1946, pp. 122—172; Glenn V. Ramsey and Beulah Hodge, “Anglo-Latin Problems as Perceived by Public Service Personnel”, *Social Forces*, Vol. 37, No. 4 (May 1959), pp. 339—348; Ozzie G. Simmons, “The Mutual Images and Expectations of Anglo-Americans and Mexican-Americans”, *Daedalus*, *Journal of the American Academy of Arts and Sciences*, Spring, 1961, pp. 286—299。

关于波多黎各人的相关信息，参见 C. Wright Mills, Clarence Senior, and Rose K. Goldsen, *The Puerto Rican Journey*, New York: Harper and Brothers, 1950; Christopher Rand, *The Puerto Ricans*, New York: Oxford University Press, 1958; Dan Wakefield, *Island in the City*, Boston: Houghton Mifflin, 1959; Oscar Handlin, *The Newcomers*, Cambridge: Harvard University Press, 1959, pp. 49—117。在波多黎各人中一个有趣的现象是，新教徒在动员他们皈依新教方面取得了一定程度的成功。

被“熔进”了一个“泛天主教”社会和更大范围的美国整体社会。现在的问题是,这一“熔合”的具体程度是怎样的?更明确地说,有多少人、具体是哪一代人完成了“熔入”进程?当我们缺乏针对这些问题的具体研究成果的时候,我们只能给出尝试性的回答。然而,我们对于这幅图画也只能以原初的方式勾勒出最粗略的线条。

由移民们自己组成的群体(也就是第一代人)并没有融入这个社会,而是保持着他们自己的社区亚系统,正如我们已经看到的,他们要求他们的神父们具有相同的民族背景并说同样的语言。在几乎整个19世纪中,美国罗马天主教会实际上是一个爱尔兰裔美国人教会,在其内部有一些德意志人教区和法兰西人教区的小集群。地理上的分隔使得这些教会成员之间在教区层面上的矛盾最小化了,但是并没有消灭这些矛盾,因为在教区之间依然存在着在教会权力层级体系中争取权力和代表权的斗争。随着19世纪后二十年和20世纪前二十五年这个时期内南欧和东欧移民的抵达,在美国出现了由意大利人、波兰人、斯洛伐克人等组成的人口规模较大的“族群孤岛”。同时,本地出生的爱尔兰和德意志天主教徒的后裔由于长期的文化同化和他们的地理、社会流动,开始逐步缩小了这两个群体之间的“社会距离”。与同化进程相关的“如何选择自身社会结构和文化行为类型”这一问题,在那些南欧和东欧移民群体当中并没有出现,直到他们在本地出生的第二代长大成人之后,也就是20世纪20年代和30年代,他们才真正开始面对这一问题。关于以上这一选择难题,蔡尔德①、怀特②和甘斯③关于意大利

① Irvin L. Child, *Italian or American? The Second Generation in Conflict*, New Haven: Yale University Press, 1943.

② William Foote Whyte, *Street Corner Society, The Social Structure of an Italian Slum*, Chicago: University Chicago Press, 1943; William Foote Whyte, "A Slum Sex Code", *American Journal of Sociology*, Vol. 49, No. 1 (July 1943), pp. 24—31.

③ Herbert J. Gans, *The Urban Villagers, Group and Class in the Life of Italian-Americans*, New York: The Free Press of Glencoe, 1962.

裔群体第二代的研究报告从不同的方面给予了描述。

蔡尔德的主要研究关注点是在心理学方面,他讨论的是那些让第 203
二代意大利裔美国人感到十分困惑的问题:他们应当归属于哪一个群
体?遵循哪一种文化规范?是意大利的还是美国的?他区分出来三种
心理反应类型:第一种是“反叛型”,即朝着美国体系的方向努力;第二
种是“群内型”,倾向于坚持意大利身份认同和意大利价值观;第三种是
“冷漠型”,倾向于远离相关冲突,并把民族性集群这一事实及其意义最
小化。让人好奇的是,蔡尔德并没有正视出现一个亚社会的可能性,假
如出现这样一个亚社会,第二代意大利裔美国人在成年后很可能会掌
握其领导权和组织中的职位,并使其成为位于规模不断缩小的第一代
意大利移民群体和美国核心社会之间的中间群体。蔡尔德也没有考虑
“泛天主教”在意大利裔美国人同化进程中的角色。从社会学的角度来
看,这一研究虽然在心理学层面上有价值,但是它对于我们感兴趣的问
题却未能有太多帮助。

怀特的研究是对 20 世纪 30 年代后期一个城市贫民区第二代意
大利裔街角帮会所开展的一个经典研究。这一研究仅仅附带地考虑
到同化和文化适应现象,但是从他的数据和观察到的议题中,我们还
是可以得到一些启示。他对由单身、年龄在二十来岁、美国出生意大
利裔后代组成的两个“自然”群组进行了详尽的调查,一个是“诺顿
帮”(the Nortons),这是一群低等阶级的男青年;还有一个是意大利
社区俱乐部(Italian Community Club),成员主要是居住在同一区域的
年轻意大利裔美国人,他们都受过大学教育并具有上升的社会流动能
力。我们可以清楚地看到,在他们的帮派形成、约会和有组织的活动
中,“诺顿帮”把他们的接触完全限定在第二代意大利裔美国人的范围 204
内,甚至另外那个大学毕业生的群体在这方面的限定也仅仅是稍微有
所放松而已。我们在这里根本看不到“熔炉”在冒泡。但是,有两个限
定条件必须加以说明。首先,怀特研究的地点是位于城市东区(Eastern

City）中意大利裔最为集中的地段，因此，人文生态环境的因素决定了在同龄人群组中的族群封闭性，在这座城市里还存在其他街区，在那些街区里意大利裔居民和爱尔兰裔居住得很近，那里的社会交往结果可能会很不相同。[①] 其次，我们也不知道，当这些年轻人结婚并被吸收进已婚成年人社区后，他们在结构归属方面会出现什么变化。特别是，假如他们迁出了这个街区之后，那时很可能就会出现跨民族并有实质意义的社会交往。

关于意大利裔美国人的最近的研究报告，也是最集中地关注我们感兴趣的社会学问题的研究，是甘斯的参与式调查，调查对象是 20 世纪 50 年代后期居住在波士顿西端（the West End）的一个第二代意大利裔工人阶级的小群体。[②] 按照这一研究的具体目标和方法设计，这一研究成果的大部分没有以量化的方式来展现，但下述的基本图像还是被十分清晰地展示了出来。这些第二代意大利裔美国工人阶级，现在的年龄已经足以使他们建立起自己的家庭，仍然把他们的主要社会和制度性交往范围限定于其他意大利裔美国工人阶级，大多属于住在同一街区的同一代人。对于“同类群体社交”的描述和讨论构成了甘斯报告的核心部分，这些社交活动是一些在晚上频繁举行的非正式家庭聚会，参加者是年龄相似、属于同一代的旁系亲戚以及少数密友。在文化方面，在这些美国出生、从事半技能和非技能工种的工人的生活中，
205 甘斯只发现了很少的一些意大利移民生活方式的遗迹。在他们的饮食习惯方面，他们仍然喜欢“意大利烹饪”，而且他们也保持将他们特有的意大利方言作为第二语言，但是他们的孩子（第三代）并没有学习祖先

① 在理解这个社区中意大利裔美国人的状况方面，我非常受益于约瑟夫等三位学者对于芝加哥“东区”意大利裔的具有探索性的研究（a paper presented by Barbara Joseph, Nina Nathanson, and Collette Ramsey, in a Sociology Seminar at Wellesley College, 1959—1960）。

② Herbert J. Gans, *The Urban Villagers*, *Group and Class in the Life of Italian-Americans*, New York: The Free Press of Glencoe, 1962.

的语言，而且在长大后将只讲英语。虽然他们的“同类群体社会”的结构性模式在许多方面与他们祖先的意大利社会模式相一致，但是正如甘斯所展示的，这种对于“同类群体社交”的强调，在美国属于通常的工人阶级的文化模式，并不是意大利人所特有的。简而言之，第二代意大利裔美国工人阶级群体在结构和族群（以及阶级）上是封闭的，同时他们也是完全被美国工人阶级的生活方式所同化的。自然，这个研究并不能确定地告诉我们什么将会发生在第三代人的身上，它也没有研究那些已经通过社会流动进入中等阶级的第二代意大利裔美国人是如何进行社会调适的。

也许关于白人群体中“泛天主教”倾向发展程度的最相关的数据是有关族际通婚的。我们前面提到的肯尼迪对1870—1950年期间纽黑文市发生在各种祖籍民族群体和宗教群体之间族际通婚率的研究是最详尽的研究，这一研究使我们可以进行跨时代的纵向分析。她最核心的发现是婚姻中出现突破祖籍民族障碍的发展倾向，同时又保持着宗教边界，这就是“三元熔炉”现象，在这个熔炉里跨族群的通婚倾向于各自发生在三个主要的宗教“池”内：新教徒、天主教徒、犹太人。但是对于这个“倾向”的重要发现，必须与另一个重要的事实同时加以强调，那就是正如她在研究结论中所指出的，有些祖籍民族群体的“族内婚”比例尽管有下降趋势，但是绝对数值依然很高。作为纽黑文市一个人口较大的族群，意大利裔群体的“族内通婚率”从1900年很高的
97.71%出现了明显的下降，但是到了1950年仍然高达76.70%。换言 206
之，直到1950年，纽黑文市的所有意大利裔当中，四分之三的人从意大利裔当中选择配偶。在1950年，爱尔兰裔的族内婚比例为50%，波兰裔的族内婚比例为40.74%。[①] 霍林斯黑德1948年在同一个城市开展的对不同类型群体之间通婚的研究中得到了被访者父母关于婚姻选择

① Kennedy, “Single or Triple Melting-Pot? Intermarriage in New Haven, 1879—1950”, *American Journal of Sociology*, Vo1.58, No.1 (July 1944), p. 56.

的数据，证实了肯尼迪在以上两方面的发现。在自己调查的基础上，霍林斯黑德宣称："天主教徒们正在变成一个由爱尔兰裔、波兰裔和意大利裔组成的混合体，这是在这些群体之间出现族际通婚的结果，但是在纽黑文市依然存在一个很大的、没有血缘混合的意大利裔群体，相似的爱尔兰裔和波兰裔群体的规模要略小一些。"[1]

菲克特研究的是一个南方大城市和一个更像是中等规模的中西部城市里天主教徒教区生活的各个方面，他的研究提供了祖籍民族群体之间的通婚数据。他的数据说明，发生在这里的教会范围内的族群融合进程，要比天主教徒集中居住的东北部地区和中西部大都会地区要快得多。在他调查的南部城市教区内，只有 42% 的会员家庭的配偶具有相同的祖籍民族背景[2]，在他调查的中西部城市的教区内，在家庭样本中只有 28% 属于族群单一家庭[3]。当然，这些调查并没有告诉我们，在人口规模很大的中西部城市（与芝加哥或底特律相似）中的族际通婚情况是怎样的。

在以上的数据回顾中，我们可以清楚看到，从各移民族群后代当中创
207 造出白人天主教亚社会的过程已经开始了，而且在一些类型的社区中已经得到了很快的推进。但是如果我们想从这幅图景中把"民族体"完全排除出去，可能还为时过早。这些族群亚社会（我指的是它们的组织、制度、报纸、正式或非正式的聚会地点、社会小集群的非正式网络）将会继续存在，即使仅仅是以某种淡化了的形式存在。[4] 我们现在还没有通过有意

① August B. Hollingshead, "Cultural Factors in the Selection of Marriage Mates", *American Sociological Review*, Vol. 15, No. 5 (October 1950), p. 624.

② Joseph H. Fichter, S. J., *Southern Parish: Vol. 1*, *Dynamics of a City Church*, Chicago: University of Chicago Press, 1951, p. 27.

③ Joseph H. Fichter, S. J., *Parochial School: A Sociological Study*, Notre Dame, Ind.: University of Notre Dame Press, 1958, p. 438.

④ 我受益于我在韦尔斯利学院 1959—1960 年开设社会学讲座课上的学生们，他们对"东区"的"民族"亚社会（天主教、新教和犹太教）开展了很有价值的研究。除了在前面提到的三名学生外，下面的同学也贡献了论文：Lucy Davis, Linda Fleger, Tamsen Knowlton, Anne Moffat, Nancy Norris, Margaret Rives 和 Cynthia Simon。

义的数据量化形式加以分析和认识的问题，同样也是我们需要以清晰的思路来集中调查的问题，这就是：移民的第二代和第三代在何种程度上参与进祖籍民族亚社会的社会结构之中？而他们在老一代移民过世之后能够在何种程度掌握这些亚社会的领导位置？沃纳和他的助手们在几个小社区调查的基础上提出了以下的命题：美国阶级体系的吸引力会导致族群成员们与所属族群集体的联系纽带的弱化，当他在阶级地位上得以提高后（特别是当他到达上等阶级地位后），他就会被吸收进入具有相似阶级背景的、普通的美国社区组织中去。[①] 但是，这一假设没有强调非常重要的两点：（1）城市的人口规模及其后果，一些族群社区自身的人口规模（在某些情况下）已经大到足以在它内部发展出上中等阶级甚至上等阶级，其中包括了具有相同族群背景的其他成员；（2）宗教亚社会（例如白人“泛天主教”群体）的兴起，它作为族群溶解剂的作用超过了“老美国人”亚社会。在大多数城市聚居区里，我们可以肯定的是，天主教人口作为一个整体其规模之大和内部职业种类之全，在理论上都足以发展出内部包含所有阶级等级的天主教徒组织体 208
系。从上述引用的发展趋势来看，似乎一个白人天主教亚社会的发展将会成为占支配地位的社会前景，祖籍民族因素在这个亚社会里将会变得越来越不重要，只是这个发展阶段的最终完成，距离今天还有相当一段路要走。

上面的讨论提出了与天主教徒在美国的社会—经济地位相关的一些问题，也关系到阶级分化的发展，以及与之相平行的、在天主教群体内部受阶级限定的各种组织。从历史上来看，在短促的开创期后，来到联邦制美国的、人数很少的天主教徒接受的是马里兰州和其他大西洋

① Warner and Srole, *The Social Systems of American Ethnic Groups*, New Haven: Yale University Press, 1945; W. Lloyd Warner, *American Life*, Chicago: University of Chicago Press, 1953, pp. 170—171; Warner and Associates, *Democracy in Jonesville*, New York: Harper, 1949, Chapter 11.

沿岸中部各州已安稳定居下来的英格兰家庭的指导，以及英格兰教士和法兰西教士的指导。美国的罗马天主教会主要是移民中贫困的体力劳动者的宗教组织，特别是爱尔兰移民，随后是意大利移民和斯拉夫移民。根据他们祖先来到美国的先后次序，这些移民的后代逐渐开始探索他们如何在美国社会的机会阶梯上寻求上升之路。到了20世纪30年代后期，其中极少数人已经足够幸运地可以去追求上等阶级的生活；另外一些人的数量比他们要多一些但总数仍很小，这些人已经成为上中等阶级专业人员和生意人；那些进入到低中等阶级队伍的是白领职员和高技能工人，这些人的数量也已经达到了一定的规模。[1] 伴随着第二次世界大战的商业繁荣一直延续到战后时期，在美国所有人口都分享到的这时期社会经济繁荣的成果中，天主教徒也获得了十分重要的一部分。目前的情况是，与犹太人或所有白人新教徒相比，美国白人天主教徒作为一个整体还是集中在阶级结构中较低的部分，特别是上低
209 等和低中等部分，除了城乡差别外，他们的阶级分布与基督教浸礼会成员的分布非常相似。现在有很多信仰天主教的大学毕业生从事企业和专业性工作，具有上中等阶级的生活方式，同时还有规模不断增长的一些人已经拥有一定财富和社会抱负并努力争取上等阶级的生活方式。[2] 其结果是天主教制度、组织和相应初级群体生活的发展，这些在实际形

① 参见 Warner and Srole, *The Social Systems of American Ethnic Group*, New Haven: Yale University Press, 1945, pp. 1—102。

② 为了证实这段话中的一些观点，参见 Warner and Srole, *The Social Systems of American Ethnic Groups*, New Haven: Yale University Press, 1945; John J. Kane, "The Social Structure of American Catholics", *The American Catholic Sociological Review*, Vol. 16, No. 1 (March 1955), pp. 23—30; Liston Pope, "Religion and the Class Structure", *Annals of the American Academy of Political and Social Science*, Vol. 256, March 1948, pp. 84—91; Will Herberg, *Protestant-Catholic-Jew*, New York: Doubleday and Company, Inc., 1955, Chapter 9, pp. 227—246; David Goldberg and Harry Sharp, "Some Characteristics of Detroit Area Jewish and Non-Jewish Adults", in Marshall Sklare (ed.), *The Jews: Social Patterns of An American Group*, Ill.: Free Press, 1958。

式上又仅限于阶级结构中的上层等级成员，并且与在新教徒和犹太人中已经发展出来的这些阶级社会结构相并行。

令人遗憾的是，迄今为止我们还没有针对美国天主教徒上层阶级制度开展内容充实、目标明确的社会学研究。现有为数很少的针对“典型的”天主教教区的研究①虽然也包括了对社会阶级角色的讨论，但是由于对被调查人口性质的选择，这些研究排除了对天主教社会结构中上层部分的研究。下面对天主教生活中这一部分人的简短描述，是基于我自己在波士顿地区对几位重要天主教徒的个人访谈，以及我的一个学生对于波士顿上等阶级组织的探索性调查②，她详细阅读了很长一
段时期内的《纽约时报》和《波士顿先驱报》的“社会”专页，并浏览了 210
超过一年的波士顿大主教管区正式周刊《舵手》（*The Pilot*）。此外，我还参考了一些内容可能相关的印刷品，特别是迪格比·巴尔策尔有关费城上等阶级的研究成果。

一个非常重要的事实是，天主教已经开始发展出一种提供日间授课和夜间住宿的私立学院网络系统，也发展出时兴的私立大学，专门招收具有上中等（或以上）阶级身份天主教家庭的孩子。我们必须强调，这些私立学校是与教区学校有所区别的。教区学校是教区和主教管区下属的正式单位，是为较低阶级和中等社会—经济地位的天主教儿童提供大众教育的机构，而私立学校则通常根据教会的宗教指令来创立和配备人员，尤其在设立女校时，或者根据法兰西教派的指令来设立，通常是规模很小和贵族化的。在波士顿地区，那些上流社会或向上流动的天主教女孩，如果没有就学于世俗学校或新教机构，就会被送入位于纽顿市（Newton）的圣心学院（the Academy of the Sacred Heart），然

---

① 除了前面提到的Joseph H. Fichter, S. J. 的研究外，还可参见Joseph B. Schuyler, S. J., *Northern Parish*, Chicago: Loyola University Press, 1960。

② Nancy Norris, “A Description of Assimilation into Boston Society”, Term Paper, Sociology Seminar, Wellesley College, 1959—1960.

后继续升入位于同一郊区的圣心大学（College of the Sacred Heart）。在纽约市的环境中，她们可以在玛丽茅特学院（Marymount College）和圣心会的曼哈顿威尔学院（Manhattanville College）之间进行选择，在华盛顿，她们很可能被送进三一学院（Trinity College），这是最贵族化的面向全国的学校。上等阶级的天主教男童们可以在两所新英格兰地区上流社会的寄宿学校中进行选择：朴茨茅斯修道学校（Portsmouth Priory）和坎特伯雷寄宿学校。它们与格罗顿中学（Groton）和圣保罗学校（St. Paul's）相当，然后，如果他们避开了哈佛大学、普林斯顿大学或耶鲁大学，他们就可能会去圣母大学（Notre Dame University），在那里他们可以和附近的圣玛丽学院（St. Mary's College）或乔治城大学（Georgetown University）具有同样身份的天主教女生约会，它就像三一学院那样也位于同一个社区。非常明显，这个上等阶级天主教教育体系的潜在功
211 能之一，就是在儿童社会化和男女约会进程的最关键时期，一方面把上等阶级天主教青少年与低等和低中等阶级天主教儿童分隔开，另一方面也把他们与具有相同身份的新教儿童或犹太儿童分隔开。

与上流社会私立学校和大学的发展相比，一个更新的社会现象是天主教成年舞会（debutante ball）的兴起。在最初的那些年代，有些英格兰和法兰西移民中的天主教家庭就开始参与美国上等阶级的各项活动。这种参与的程度在不同城市是不一样的，在巴尔的摩和新奥尔良市的人们参与度特别高，在那些带有贵族气的最古老定居地区，如波士顿和费城，人们参与度特别低，因为那里的居民传统上几乎完全是新教徒。然而，爱尔兰后裔和最近期抵达的意大利移民后裔在社会和经济地位方面的提高创造出一个全新的环境，这个环境是已经发展起来的新教徒上等阶级从来不愿意遇到或者不可能遇到的。作为这一发展的结果，与“通常的”上等阶级成年舞会相当的方式又发展出天主教上等阶级的成年舞会。在纽约每年的“戈萨姆舞会”（Gotham Ball）上，进入成人阶段的天主教青年被正式介绍给红衣主教斯佩尔曼（Cardinal

Spellman),舞会的财政收入捐献给一个富裕的天主教慈善团体。在波士顿,“圣尼古拉斯交谊舞会”(St. Nicholas Cotillion)和红衣主教库欣(Cardinal Cushing)行使着相同的功能。在波士顿另外还有一个由私人发起、主要面向天主教青年人的“聚居地舞会”(Colony Ball),有些青年女性新教徒也会受邀出席这个舞会。

波士顿上流社会的天主教妇女,主要是爱尔兰人,也有意大利人和其他民族祖籍群体,更倾向于成为“A 俱乐部”(Ace of Club)的会员,这个俱乐部与当地普通上等阶级制度系统中的“上流波士顿人”奇尔顿俱乐部(Chilton Club)相当。上等阶级和上中等阶级妇女喜欢通过“天主教妇女联合会”(League of Catholic Women)来为教会工作,上等阶级的爱尔兰男性则参加“三叶草俱乐部”(the Clover Club),来自各个祖籍民族的上等阶级和上中等阶级的天主教男性会参加“塞拉俱乐 212
部”(Serra Club),这是一个与“扶轮国际”(the Rotary)相当、带有跨祖籍民族性质的俱乐部。

天主教私立学院、上流社会大学、成年舞会和相对具有排外性的男女俱乐部的发展,并不必然意味着全部上等阶级成员和上中等阶级天主教徒都参与了这些机构和组织,也不意味着上等阶级成员中不存在发生在初级群体关系层面的跨宗教交往。有一点是清楚的,那就是许多来自阶级结构中的上层部分的天主教徒家庭把他们的孩子送进非教派学校或新教导向的上流社会学校和大学读书,在那里他们在一定程度上与非天主教学生亲密交往。毫无疑问,美国天主教徒上等阶级的朝气蓬勃的制度性生活的发展清楚地显示出,那些经济上和社会发展方面有天然优势的天主教徒将获得更多的机会,而且会努力把初级群体的接触和文化影响资源——为他们自己和他们的后代——限定在那些和他们共享宗教归属和社会经济地位的个人和机构的范围内。

关于与新教徒和犹太人相分隔的天主教“分离主义”在初级群体关系层面所处程度的问题,以目前现有的研究成果来看并不容易回答。

从上等阶级天主教机构的情况来看,人们很容易发现天主教社区生活中的制度性世界是广泛、活跃而且其规模在不断扩大的。威尔·赫伯格已经很有说服力地向我们描述了这种景象:

> 在美国的天主教会运行着一个广大的、包括几乎每种类型的多样性组织网络。天主教教区组织的社会和娱乐活动——从棒球队到缝纫组,从滚地球协会到宗教学习小组——仅仅是个开始。这些天主教机构向教众提供每一种与天主教信仰相关的兴趣、活
> 213 动和功能,并以天主教的方向加以引导。有天主教医院、居所和孤儿院,有天主教学校和大学,有天主教慈善组织和福利机构,有天主教男童子军和退役军人会,有天主教医生、律师、教师、学生和哲学家的各种联合会和学会组织,有天主教警察、消防员、清洁工联盟,有天主教午餐俱乐部和娱乐业奖学金,天主教青年组织有大约600万会员,这里甚至还有一个天主教视听教育者学会。这些数量众多的体系构建了一个具有一致性和同时性的、自我完备的天主教世界,它具有自己复杂的内部经济,以及美国天主教用以参与更广阔的美国社会的资源。[①]

这样一个广泛的社区组织的网络的存在是无可置疑的。比较难以判断的是:美国天主教徒是以多大比例参与到这个网络的活动中的?如果参与,又是在什么程度上?他们的参与是完全排外性质的?还是占支配地位?还是同时也平等地参与其他机构体系的活动?还是有些人完全不参与?我们从菲克特的研究中得知,正式的教区社会组织的活动只有很小比例的教众参与。但是菲克特同时也证实,基于共同利益和共同使命的上述教区乃至超主教管区的天主教团体的重

① Herberg, *Protestant-Catholic-Jew*, New York: Doubleday and Company, Inc., 1955, pp. 168—169.

要性在不断增长。[1] 他关于教区学校的调查也展示出这些学校所具有的广泛影响，除了家长—教师联合会（Parent-Teachers' Association）、天主教居所与学校联合会（Catholic-equivalent Home and School Association）外，这些教区学校在财政上支持并指导着课程大纲之外的各项活动，如体育和娱乐，从而把教区学校学生的家长们也带入到社区协会中来。[2]

关于天主教徒和非天主教徒之间在什么程度上会通过社会小集 214
群和其他亲密朋友而建立起初级群体关系，我们对此完全缺乏准确的量化数据。在伦斯基对底特律白人天主教徒开展研究的调查样本中，44% 的被访者报告说他们的全部或几乎全部的亲密朋友都是天主教徒。[3] 在这些数据的基础上，伦斯基把白人天主教徒中的"社区契约"（communal bond）的强度认定为"中等"，并将所得百分比数据与犹太人的 77% 和新教徒的 38% 进行了比较。菲克特在他对三个南部白人教区研究的基础上认为，在天主教徒和与自己属于同一社会阶级的非天主教徒之间的社会关系是"密切、诚恳和多元的"，但是他没有提供具体数据。[4] 然而，在对一个中西部教区学校的调查中，同一个调查者却提供了关于天主教学校学生交友模式的富于启发性的数据。他将教区小学所有学生和邻近的公立小学同年级学生进行了比较，在调查中询问了他们最要好的三个朋友的宗教信仰。大约 50% 的教区学校学生最好的三个朋友都是天主教徒，与之相比，在公立小学读书的天主教学生

① Fichter, *Social Relations in the Urban Parish*, Chapter 11, pp. 138—153.

② 菲克特表示，许多这些活动也使天主教家长们在各种组织的全市或区域性会议上与具有其他信仰的成员们建立了接触。但是这些接触中的大多数从频率和类型来看还是属于次级群体关系层面，而不是初级群体层面的关系。参见 Fichter, *Parochial School: A Sociological Study*, Chapter 17, pp. 427—453。

③ Lenski, *The Religious Factor*, New York: Doubleday, 1961, pp. 35—36. 这个"自我认定为天主教徒"的样本中肯定包括了许多被菲克特称为"边缘的"和"休眠的"天主教徒。

④ Fichter, *Social Relations in the Urban Parish*, p. 49.

中仅有 2% 的人只有天主教好友。在教区小学学生中，31% 声称自己最好的三个朋友中有两个是天主教徒，在公立小学学生中属于同种情况的只有 11%。累计计算，超过 80% 的教区小学学生最好的三个朋友全部或者有两个是天主教徒，而在公立小学读书的天主教学生中，属于同种情况的比例只有 13%。[①]

215 共同体的一个最终具有决定性的评判标准就是群体之间的通婚率。霍林斯黑德发现 1948 年纽黑文市的天主教徒与其他信徒通婚的比率只有 6.2%[②]，而肯尼迪的研究则报告说 1950 年同一社区意大利裔、爱尔兰裔和波兰裔天主教徒的跨宗教通婚率为 27.4%[③]。根据主教管区累积的全美国纪录，约翰 · 托马斯发现在 1940—1950 年期间被教会批准婚礼仪式的天主教徒与非天主教徒的婚姻占所有天主教徒婚姻的 30%。[④] 这个数字自然没有包括那些没有得到教会批准并举行天主教婚礼的天主教徒和非天主教徒之间的婚姻。托马斯也报告称，天主教徒的跨宗教通婚比例在不同的社区之间起伏波动很大，与社区总人口中天主教徒所占比例和祖籍民族群体的凝聚程度成反比，与社区中天主教人口的社会经济地位状况成正比。[⑤] 人口普查局在 1957 年开展的一次全美人口抽样调查中发现，现存天主教徒婚姻中的跨宗教婚姻比例为 22%。[⑥] 托马斯提供的数字（30%）和随后数字之间的差异，也许

① Fichter, *Parochial School: A Sociological Study*, p. 222. 调查者继续做出以下极具意义的观察："（教区学校）学生中有非天主教玩伴的主要是这些孩子，他们是圣卢克学校的低年级生，但是也有一些高年级生，他们主要是从一所公立学校转来的学生。"

② Hollingshead, "Cultural Forces in the Selection of Marriage Mates", p. 622.

③ Kennedy, "Single or Triple Melting-Pot? Intermarriage in New Haven, 1870—1950", p. 57.

④ John L. Thomas, "The Factor of Religion in the Selection of Marriage Mates", *American Sociological Review*, Vol. 16, No. 4 (August 1951), p. 488.

⑤ 同上，第 489—494 页。

⑥ United States Department of Commerce, Bureau of the Census, *Current Population Reports: Population Characteristics*, Series P-20, No. 79, February 2, 1958, p. 2, Table 6, p. 8.

可以反映出跨宗教通婚当中的一方皈依另一方信仰这种情况出现的大
概程度。把伦斯基在调查底特律白人新教徒和白人天主教徒时所获得
的数据结合在一起,可以显示这种皈依过程是以什么频率发生的以及 216
它的发展趋势如何。在这个合并以后的样本中,85% 的被访者报告说
他们夫妇属于同一种主要的信仰,但是我们发现,只有 68% 是在相同宗
教的教养中长大的。此外,在那些出生在北部并和其他信仰者通婚的
第三代中,婚后一方皈依另一方信仰的倾向比起同样情况的第一代和
第二代要更加强烈。不仅仅是宗教混合婚姻中向配偶信仰皈依的情况
很普遍,正如伦斯基所注意到的,这一倾向也随着“美利坚化”的推进
而不断增强。[1] 后面的这些观点会提醒观察者想到这样一个问题:今天
发生在不同信仰之间的通婚所发挥的作用,是否在各主要宗教群体之
间搭起一座很有效的桥梁?还是仅仅简单地只是通婚夫妇共同走进他
们两人信仰其中之一的最初一步?对于这一问题,目前关于美国跨宗教
通婚的调查研究所能够回答我们的,仍然是少之又少甚至没有答案的。

我们最后要说的问题,关系到美国白人天主教徒的文化适应。从
外在的文化特质来看,我们在公共场合所观察到的现象是,19 世纪的
爱尔兰和其他北欧天主教移民在外表和举止上,都与相同阶级的核心
群体成员完全相同,那些较后迁来的南欧和东欧天主教移民正在迅速
地推进文化适应的步伐。在这个进程中,由于美国核心文化在本质上
对本土出生新一代——无论他们有哪种族群背景——所具有的压倒
性的吸引力,罗马天主教会的历史和它在美国条件下的自身调整都说
明了它在天主教移民的同化过程中扮演了重要的角色。[2] 在这个自 19 217
世纪中叶发展至今的过程之中,在罗马天主教会中占主导地位的祖籍

① Lenski, *The Religious Factor*, New York: Doubleday, 1961, pp. 49—50.

② 我在这点上受益于赫伯格的关于这些调整所做的讨论。参见 Herberg, *Protestant-Catholic-Jew*, New York: Doubleday and Company Inc., 1955, Chapter 7, pp. 150—185。

民族群体是爱尔兰裔,在同化过程中的一端是那些后来抵达的讲其他语言的民族群体,另一端是美国核心社会和文化,爱尔兰裔这个讲英语的群体能够在二者之间发挥中间人的沟通角色。那些试图使美国的天主教会在祖籍民族基础上沿着主教管区方向变得碎片化的努力(Cahenslyism,这一计划的德国推动者这样称呼它)曾经有效地阻碍了使用英语的"泛天主教"的发展,但是还是由于教会采取的坚决行动而决定性地失败了。(从这一点来看,教会对"民族教区"的批准显得是更有节制的步骤,回想起来,这一决定的结果是出现了一个有激励作用的"中间地带",它既能满足那些移民自身的宗教需求,同时也没有妨碍他们后代未来发展的需求。)与美国社会的精神气质相一致,美国天主教会沿着这一方向积极发展,在它的信众的心目中,天主教已经与美利坚民族主义融合在一起,它对于自己传统的和正式地位的修订,也符合美国条件下天主教在这个国家进行重新"构建"的需求,它在事实上接受了美国宗教生活的多元主义性质,即"民主的三个主要宗教",而且在日常体验中也对此感到适应。正如赫伯格所注意到的,所有这些发展代表了传统天主教导向的修订,也反映出源自美国的生活和条件的强大社会力量的性质,也构成了对制度化的天主教会在美国所经历的文化适应的程度进行衡量的一个指标。

前述的这些发展并没有否认或者试图以任何方式贬低今天存在于有信仰的天主教徒和大多数其他美国人之间的公共生活中的价值冲突的意义。在大多数情况下,这些冲突集中在一些重要议题,如控制生育、离婚和对私立学校的公共财政支持。然而,一些迹象表明,即使在这些领域里,非天主教美国人价值的影响力还是很强的,特别在离婚和
218 控制生育议题上,这在一定程度上导致活跃的天主教区居民的广泛反叛或"流出"(leakage)。[①] 当我们考虑到内在文化特质这一普遍性问题

① 参见 Fichter, *Social Relations in the Urban Parish*, Chapters 5 and 6, pp. 56—79。

时,对于天主教徒和非天主教徒之间的现存差别,以及天主教亚社会在促进天主教特定价值方面的成功程度,无论是在差异程度还是差异的重要性方面,相关的证据和解读都各不相同。为了研究这个专题,一个策略就是把在教区学校接受教育的天主教徒和在公立学校学习的天主教徒进行比较,同时也把这些天主教徒和新教徒及其他美国人群体进行比较研究。这个策略基于这样一个假设,即来自教区学校的天主教徒的态度和行为将帮助教会成功地向教众灌输天主教的信仰价值。在对以成年人为对象、针对这一问题性质的几个研究(大多在新英格兰地区)进行分析后,两位罗西得出的结论是:

> 我们没有发现任何有力的证据表明教区学校的天主教徒与其他天主教徒之间存在明显的差别。教区学校对学生施加的影响最主要表现在某些特定领域,教会在传统上对这些教区学校给予很多支持,特别是支持学校里的宗教知识教育或者宗教仪式活动的举办。在其他生活领域,教区学校的天主教学生与其他天主教徒之间只有一些很次要的差别。[①]

在对以天主教学校学生为对象开展的各种类型的多项调查进行综合分析后,乔舒亚·菲什曼对天主教学校在它的继承人中推行特定价值的效果甚至得出了更为负面的结论,他宣称:“看起来,当一个孩子带着他在周围完全美国式环境中已经确定了的态度和看法来到天主教教区学校时,这个学校自身并没有强大到足以改变他的态度和看法了,甚至当这些变化显得适当的时候,情况也是如此。”他接着说:“天主教会领 219
袖们孜孜不倦地想用教区教育来把将天主教和美国新教及世俗主义区

① Peter H. and Alice S. Rossi, “Some Effects of Parochial School Education in America”, *Daedalus*, *Journal of the American Academy of Arts and Sciences*, Spring, 1961, p. 324.

分开来的深奥哲学和宗教差异传递给下一代,然而,他们的不懈努力却为天主教家长们、青年们和孩子们的持续抵制所阻碍。”①

在他对一个中西部教区的研究中,菲格特也没有在天主教教区小学高年级学生和公立小学相应班级其他信仰的学生之间发现差异。在加利福尼亚人格测验(California Test of Personality)中包括了以下几个项目:“社会标准”、“解脱反社会倾向”和“家庭关系”。在这一测验中没有发现这两组学生之间有本质差异。在另外一组涉及社会议题的测验中,他发现教区学校孩子们在诸如“难民”、“外国援助”、“工会”这些议题的态度上给出的分数显得更具自由主义(如人们的传统定义)和人道主义(这两组学生之间的差异很小,平均为4%)的色彩。当他们被要求选出他们最喜爱的电影和电视明星时,教区学校学生的选择排序为:泰伯·亨特、约翰·韦恩和黛比·雷诺斯,公立学校学生的选择是:泰伯·亨特、约翰·韦恩和洛克·哈德森,后一组选择的三人全是男性,除此之外几乎在任何方面都与教区学校学生的爱好没有区别。两组学生所选出来的历史上最伟大人物的次序也完全一样:乔治·华盛顿、亚伯拉罕·林肯和克里斯托弗·哥伦布。但是,当他们被问及“当今仍然在世的最伟大的人”时,教区学校学生的选择是:教宗庇护十二世、艾森豪威尔总统、明兹提红衣主教,而公立学校小组选择了艾森豪
220 威尔总统、尼克松副总统和埃尔维斯·普雷斯利(猫王)! 整体来看,这幅图景展示了两组学生在美国流行文化影响下在价值和爱好方面的高度相似性。②

在另外一个方面,伦斯基在底特律的研究中发现,在对待与经济流动和社会流动、权威与自由、公民权利和自由主义相关的一系列经济、

① Joshua A. Fishman, “Children Indoctrination for Minority-Group Membership”, *Daedalus*, *Journal of the American Academy of Arts and Sciences*, Spring, 1961, p. 337.

② Fichter, *Parochial School: A Sociological Study*, pp. 109—131; 442—446; 452—453.

政治、家庭和教育综合议题时，白人天主教徒和白人新教徒（甚至当社会阶级因素得到控制后）在态度上存在着重要差别。更重要的是，他发现上述这些差别由于天主教教区学校的影响而加大了，与其他社会群体相比，这一情况在中产阶级、第三代和城市居民当中更为明显，这代表了美国民众未来的一个发展趋势。[1]但是在缺乏更进一步宏观的比较研究的前提下，我们还是很难判断在以上简略回顾的这些研究中得到的数据和结论，以及对它们的解读，也很难说发现的这些差异是否源自这些研究的不同时间或不同地点、采用的不同调查方法或其他因素。但是，对于这一领域的观察者来说，虽然美国天主教徒和非天主教徒之间在一些价值议题上无疑存在着相当程度的价值冲突和差异，但是由于美国大众文化的激励，这两个群体在价值观方面所出现的相似性至少也成了具有相同重要意义的现象。

关于白人新教徒

如果黑人、波多黎各裔群体、墨西哥裔美国人、犹太人和白人天主教徒在不同但又十分重要的程度上参与他们自己亚社会的社区组织和 221
小集群，那么很显然白人新教徒必然也会在一定程度上这样去做，尽管这种努力的程度在不断降低。现在人们通常所指的“美国一般社会”，就社区组织和初级群体关系而言，在现实中就是一个白人新教徒的社会天地，这个世界被这个特定的族群涂上颜色并注入了这个群体内含的预设价值。毫无疑问，这是美国人口规模最大的一个族群，而且也像其他大族群那样，它的内部也分化为不同的社会阶级。[2]教派差异、城乡差异（与犹太人和白人天主教徒不同，乡村人口中主要是白人新教

① Lenski, *The Religious Factor*, New York: Doubleday, 1961. 书中各处，尤其是第 291 页。

② 关于对“一般的”美国阶级体系的分析，参见本书第二章中的注释和讨论。

徒)和地区差异在新教徒的内部分野中也扮演了一个角色,尽管是个明显的次要角色。此外,新教徒内部的不同教派倾向于沿着阶级分野来构建[①],因此除了相对隔绝的农村小聚落之外,这个因素所造成的内部分裂是可忽略的。

一个重要的基本事实是,新教徒的分布贯穿着整个阶级体系,新教徒的族群性和社会阶级的交叉勾勒出美国的基层社区体系的边界,新教徒内部的基础群体关系也被限定在这个体系之中。举例来说,上中等阶级白人新教徒构成了居住在城郊富人区、每日开车上下班的人群,典型的城郊富人区就是宾夕法尼亚州的阿德莫尔区(Ardmore),纽约的斯卡斯代尔区(Scarsdale),新泽西州的肖尔希尔斯区(Short Hills)或者马萨诸塞州的韦尔斯利区(Wellesley),和美国大多数类似群体一样,这些居住区中的居民都是相对封闭和非常容易辨别出来的社区性群体。考虑到这方面的内部关系,我们可以引用两类数据。在伦斯基的底特律调查中,正如我们前面注意到的,38%的白人新教徒宣称他们全部或几乎全部亲密朋友都属于新教徒。[②] 这并不是一个令人吃惊的大
222 数字,但它表明样本中的每十位新教徒中就有几乎四人在初级亲密关系层次上的交往被完全封闭在“社区成员”内部。我们并不了解这一倾向是如何随被访者的阶级身份而变化的,我们自然也不知道,如果我们能够获得其他变量的信息,这些社区的具体数据会有什么变化。在这方面,我们应当补充伦斯基研究获得的其他数据。在白人新教徒当中,76%的人报告说他们全部或几乎全部关系相近的亲属也是新教徒,73%的白人新教徒的配偶从小接受的是新教信仰,86%的人的目前配偶信仰新教。[③] 在人口普查局1957年开展的涵盖全体成年美国人的抽

① Liston Pope, “Religion and the Class Structure”, *The Annals of the American Academy of Political and Social Science*, Vo1.256, March 1948.

② Lenski, *The Religious Factor*, New York: Doubleday, 1961, pp. 35—36.

③ Lenski, 同上,第35页。

样调查结果中,在"目前双方属于相同宗教的婚姻"当中,新教徒属于这种婚姻的比例是91%,这一比例仅仅稍低于犹太人的93%,但是明显地高于罗马天主教的78.5%。[①] 因此白人新教徒当仁不让地是美国人口中规模最大的族群,是文化上占支配地位的群体,这个群体的历史角色根据民众心目中的合法性也获得最高程度的承认,因此,正如我们在其他类似案例中所见到的,事实上这个群体具有足够的承受能力来适当地降低它自身的社区主义(communalism),甚至可以承受群体成员对本族社区主义的无视态度。但是在一个外部的观察者看来,新教徒的社区主义与其他族群的社区主义相比,两者之间的差别仅在于程度的不同,而不是性质的不同。

值得注意的是,在过去的几十年里,由于其他宗教教派制度性活动的积极(甚至进取性的)发展,造成的结果之一就是新教徒中的社区主义至少在一部分成员中也有所增长。在这个方面,我们需要认识到,许多民族性组织(具有社区性质且最初也在这样的框架下形成)在近些年
里从宗教意义上(不是从种族意义上)说已经在本地层面被碎片化了。 223
两个突出的例子分别是"美国男童子军"(Boy Scouts of America)和"美国女童子军"(Girl Scouts of the United States of America)。[②] 在一代人之前,男孩和女孩在参加他们当地社区的这些组织后会发现这些队伍是以全社区为基础组织起来的(在一些案例中,甚至当这一组织完全是由当地新教教会主办时也是如此),因此他们与其他不同信仰的年轻人

① United States Department of Commerce, Bureau of the Census, op. cit., Table 6, p. 8.

② 关于这方面我受益于我1959—1960年在韦尔斯利学院开设的社会学研讨课的学生们开展的两个富有探索性的研究项目(其中Jean LeMatty调查的是男童子军,Florence Craig调查的是女童子军),以及由Martha M. Gordon在1959年基于对童子军官员访谈撰写的研究报告。这一研讨课的其他成员也提交了关于族群和自治活动之间关系的研究报告,他们是Abby Alt、Linda Fleger、Susann Hayes、Joan Kaplan、Collette Ramsey和Susan Ruppert。

一起活动。在20世纪30年代中期,天主教会神职人员和天主教青年组织接受了童子军作为天主教活动的组成部分,前提条件是当地童子军队伍由天主教机构来指导,而且这些队伍应当主要由天主教男女青少年组成并为天主教青少年服务。各地的童子军组织希望能够把自己运动的主张加以广泛传播,也分别以各种方式接受了这种安排。现在有许多的童子军队伍是由各新教教派、天主教教会和犹太教派来承办的,同时也有由基督教青年会、基督教女青年会、教区学校、犹太人社区中心以及其他教派机构举办的童子军队伍。在童子军组织当中,由宗教机构承办的部分在持续增长,现在超过50%的男童子军队伍是由宗教机构以某种形式来承办的,类似情况在女童子军队伍中约占四分之
224 一。[①] 在现实社会中,有些宗教组织支持的童子军队伍吸收了有其他信仰的成员,而且童子军所组织的社区和地域性质的活动也吸收来自其他童子军队伍的成员(但是后面一类活动大多数属于次级群体交往,而不是亲密的初级群体关系)。然而,童子军组织的基本趋势是,在基层的活动事实上还是因宗教差异而相互隔离的,这种现象的产生是由成年人的宗教社区主义所驱动。

知识分子

我有一个假设,即美国知识分子在互动中采取的模式化方式至少构成了属于他们自己的亚社会的基础结构,这是美国社会中独一无二的亚社会,它的成员具有不同的族群背景,但又能够相对轻松容易地在初级群体关系层面频繁地交往。并不存在可以清楚地证明或否定这个假设的相关研究。知识分子也以一种持续的热情讨论过这个问题和

① 关于男童子军的情况,可参见正式的统计表格,男童子军总部提供图表形式的童子军单位分类数据,也可参见前面引用的 Jean LeMatty 的论文。关于女童子军的情况,参见 Girl Scouts of the U.S.A., "Girl Scouting and Religious Groups"(小册子)。

他们的角色。[1] 目前看到与以上假设相关的、针对知识分子的经验性研究非常少,而且彼此很少关联。对于那些可以看到的研究成果,我们将在下面进行简略的讨论,但是我们首先需要讨论一下"知识分子"(intellectuals)这个术语的定义。

知识分子是这样的一群人,对于他们而言,"思想、理念、文学、音乐、绘画、舞蹈等具有内在的涵义,是他们所呼吸的社会—心理空气的一部分"。[2] 从所从事的职业来看,他们的特点是分布于专业性的职业,特别是大学教师、研究人员和新闻业的上层人士(在稍低的程度上,包括了法律界和医学界),也分布在艺术界(包括创作人员和演员)。如果 225
他们从事的是产业活动,那么一般是在传播业和出版业。并不是从事这些职业的所有人员都可以被归类为知识分子,而且我们有时也会在其他职业的从业人员中发现知识分子。从事教学和研究工作的学术界近期也补充进了一些基金会人员,这些人员自己开展或者委托组织的研究项目,都是知识分子生活当中最引人关注的议题,当作家、艺术家和音乐家们跟那些在人文学科、自然科学和社会科学领域的教授一样开始在大学担任教师和常驻艺术家时,这部分人的数量得到了明显的增长。

正如利普塞特注意到的,现在美国知识分子的人数规模已经非常庞大了,他们分布在这个国家辽阔的国土上,因此,与他们的一些欧洲国家的同行相比,美国的知识分子只可能与本国同行当中极小部分人发生个人间的接触。[3] 仅在波士顿地区就有 9000 名大学教师,在加

---

① George B. de Huszar (ed.), *The Intellectuals: A Controversial Portrait*, Glencoe, Ill.: The Free Press, 1960.

② Milton M. Gordon, "Social Class and American Intellectuals", *American Association of University Professors Bulletin*, Vol. 40, No. 4 (Winter, 1954—1955), pp. 518—519.

③ Seymour Martin Lipset, "American Intellectuals: Their Politics and Status", *Daedalus*, *Journal of the American Academy of Arts and Sciences*, Summer, 1959, pp. 470—472.

州北部的旧金山地区大约有 14000 名大学教师，在纽约市地区大约有 20000 名。[①] 由于同样的原因，学术群体的庞大规模使得它的成员完全不可能保持一种封闭的社区性生活。此外，由于知识分子群体成员分布在极为广泛的各种不同的专业化职业内，他们更倾向于在内部形成一个社会关系联结程度不同的松散网络，而不是紧密融合在一起的群体飞地。例如，在剧院工作的人包括剧作家、导演和演员会形成一个结合紧密的小群体，类似的情况也发生在歌舞团、视觉艺术群体等。
226 甚至一个规模较大的大学里的教授们（虽然交往情况可能因个体性格而在程度上有所变化）也会沿着院系和部门的边界组成他们主要的朋友群体。

正如我们在前面所提到的，任何亚社会在内部都是由许多的亚社区组成的，每个亚社区在地理空间上位于一个特定的地区，一个亚社会的成员资格在下属各亚社区之间是可以通用的。所以，知识分子在地理空间上的广泛分布证明了一个单纯的知识分子社区是不可能存在的。另外，无论是出于职业角色的需要还是个人兴趣爱好，知识分子所从事的广泛阅读也使他们倾向于创建出一个共同的领导体系、一些参照群体和话语讨论的惯例。例如，大多数知识分子事实上阅读的是为知识分子们出版的全国性报纸《纽约时报》（*The New York Times*），他们每天或在周日对其内容进行有选择性的阅读，从书评栏目了解近期出版了哪些新书，从戏剧专栏了解哪部戏剧正在排演，从音乐专栏得知哪个交响乐团、指挥家、演奏艺术家和剧团出现在纽约，从新闻栏目了解当前重大的国内和国际事件以及存在哪些争议。除了他们的专业性学术刊物之外，在他们的咖啡桌上放着的杂志也是依据人们的品位和兴趣来选择的，包括《哈泼斯》杂志（*Harper's*）、《大西洋月刊》（*The Atlantic Monthly*）、《纽约客》（*The New Yorker*）、《报道》（*The Reports*）、

① Lipset, "American Intellectuals: Their Politics and Status", *Daedalus*, *Journal of the American Academy of Arts and Sciences*, Summer, 1959, pp. 470.

《评论》(*Commentary*)、《星期六评论》周刊(*The Saturday Review*)、《美国艺术与科学学院院刊》(*Daedalus*)、《消费者报告》(*Consumer Reports*),还有文学季刊等等。如果他们家里有电视机("为了孩子们"),当他们自己很罕见地打开电视机时,只是为了观看伦纳德·伯恩斯坦的节目、《每周演出》(Play of the Week)或是相当于综合节目的内容。如果他们喜欢音乐,就会打开音响组合来倾听古典音乐,不管它是属于交响乐还是室内乐形式,他们也会听好的爵士乐,或者二者都欣赏,但是不会听二者之外的其他音乐。他们有时也会买书来阅读,不仅仅是自己专业领域的书籍,也会买一般的书,如生物学书籍、历史类书籍或者 227
分析时事的论著等。换言之,他们避开了流行文化当中很大的一部分,而正是这些流行文化构成了被美国社会其他成员所关注和欣赏的大众传播文化,尽管各社会阶级在接受这些文化时也会有所选择。我曾在其他地方讨论过,我认为从身份地位的观点和生活方式的品位来看,知识分子应当属于上中等阶级的行列。[①] 即使如此,他们的基本参照系虽然不同于那些普通人的品位,但是同时也不同于上中等阶级的其他成员,而恰恰也就是这一点使他们成为知识分子。因此,当知识分子相遇时,他们会识别出彼此,而且彼此可以很容易地交流。举另外一个例子,他们之间的这种交流方式很像一个非知识分子的低中等阶级白人新教徒遇到另外一个与他的族群和阶级背景完全同样的人,他可以识别出对方并且非常自信地、带着共同的价值假设来与之进行交流。

正如其他的社会个体一样,知识分子也都有自己的族群背景,其中一些人也不愿意冒险跨越出自己族群的边界。他们是思想界和艺术界的人,同时也是黑人、犹太人、爱尔兰人、意大利天主教徒或属于其他群体的人。[②] 美国社会阶级体系所施加的文化同化影响力使他们与

① Gordon, "Social Class and American Intellectuals", *American Association of University Professors Bulletin*, Vo1.40, No.4 (Winter, 1954—1955).

② 下面几段话中的讨论和类型分析,大多数逐字引自我的文章 "Social Class and

具有相同社会地位但属于不同族群的其他社会成员交往,这无疑威胁到了族群共同体的界墙,尽管并不一定能彻底打破它。由于知识分子的观察和兴趣比较尖锐和积极,他们在面对这一冲突时自然要比其他人更为敏感。基于他们对于这一冲突的态度和影响他们态度的人格类型,我们可以把知识分子面对"族群性"(ethnicity)和"知识分子主义"(intellectualism)二元压力时所做出的反应区分为三种"理想型"。这
228 三种类型的代表可以分别被称为"活跃积极的族群知识分子"、"被动消极的族群知识分子"和"边缘的族群知识分子"。

"活跃积极的族群知识分子"把自己保持在所属族群范围之内,而且他们作为知识分子的兴趣完全集中在自己的族群性上。他是这个群体的文化历史学家、神学研究者、社区领袖、辩护者,以及研究这个族群的艺术、音乐和文学的学者。当他与周边更广泛的意识形态潮流和社会事件保持一种体面而恰当的接触与交往时,他最主要的兴趣和情感还是在于保持他认为自己深深根植于其中的种族、宗教和族群背景的精神气质。他的研究是充满自信的探索,而且他表现得无需去考虑那些与边缘性相关的难题。他有可能是一个白人新教徒,但也可能是属于某个少数族群的成员,而白人新教徒是美国人口最多的族群。

"被动消极的族群知识分子"是第二个容易识别出来的类型。这些人基本上保持留在自己所属族群的亚社会边界之内,他们发现这样做最容易、最安全也最符合自己的人格类型。如果他是一个黑人,他的绝大多数朋友也许都是知识分子,但是同时也是黑人。如果他是一个犹太人,那么他会把自己的朋友圈子也主要限定在犹太人知识分子这个范围内。假如他的兴趣属于一个更广泛的、跨越族群的一类,他会在族群共同体的界限内设法满足自己的兴趣。他偶然也会有跨越族群边界去接触其他知识分子的愿望,但他绝不会在任何实质的意义上跨过(他

American Intellectuals", *American Association of University Professors Bulletin*, Vo1.40, No.4 (Winter, 1954—1955)。

也没有能力跨过）这些族群边界。

从我们的观点来看，“边缘的族群知识分子”是最有意思和最为重要的一个类型。正是这些人构建出了知识分子亚社会。正如他们的名称所表达的，他们对自己的族群性看得很淡，即使在他们自己眼里不是如此的话，至少在世人的眼里是如此。无论他个人的社会心理是怎样的，他都觉得自己的族群共同体无法使自己感到满意，因此他会在这个圈子以外结交朋友，有时甚至缔结婚姻，只要这些人可以与他分享对卡夫卡的痴迷和对海因里希·舒茨的热情，他就会与这些人在一起。对于 229
其他的那些常规的族群成员而言，他很像是一个偶尔出现的叛徒，有时被看作是势利小人，借用卢因（Lewin）的话来说，他时常会被看作是“来自边缘的领导者”。在大多数情况下，人们对他不加理会，如果他的事业很成功，人们也会承认他，而他也会对此感到高兴。

在缺乏相关研究的情况下，我们此时不可能详细说明这三种知识分子类型各自的相对规模和影响力，既无法说明各类型的整体情况，也无法判断它们与特定族群之间的关系如何。我们可以假定第一种类型在数量上是最少的，但是他们与自己族群人口的比例是相对稳定的；第二种类型在数量上要大一些，但是他们的数量和构成显得不够稳定，这是因为族群社区在智力方面能够为族群成员提供的资源越来越无法满足他们的需求。按照这个假设，第三种类型也就是“边缘的族群知识分子”是数量最多的一类，它的规模在持续增大，而且随着它的人数的增加，知识分子亚社会的结构也在扩大。

我们提出了存在一个知识分子亚社会的假设，但能够证明或否定这一假设的经验性研究却极为缺乏。在西曼对一个中西部大学 40 名讲师所进行的、主要采用定量方法的研究中，他发现受访者在谈论到他们自己和他们作为知识分子的角色时，所使用的语汇和逻辑的特征也正是少数族群在自我讨论时常见的特征。当一些语汇和逻辑暗含着对知识分子的负面倾向性的时候，当人们很少公开接受知识分子的身份时，我们可以从我们现有的初步材料来推论出，知识分子隐秘地感受到了自己的知识分子群体认同意识，以及主观上的在更广阔的社会中的疏离感。[①]

230 哈吉达对25所美国大学超过2000名本土出生研究生开展调查所提供的数据，在一些方面与我们的假设有更直接的相关性。[②]在他的样本中，47%的人把自己定义为知识分子，也就是说，他们对“你是否认为自己是一个知识分子”的问题给出了肯定的答复。在人文学科的研究生中，这个比例提高到53%，在社会科学的研究生中为51%。在全部学生中大约有三分之二的人感觉到自己与一个更大的社会之间出现了疏离（用一个指标来测量这种疏离感，学生们被问及有关他们在非学术界人员面前自我感觉的一系列问题，这些回答组成了这个指标的数据）。尽管哈吉达的数据并没有证明所有研究生都把自己定义为知识分子，或者都感到自己与一个更大的社会之间出现疏离（或疏离已经存在），但是每个群体类别所占百分比之大都十分引人注目。此外，哈吉达的另外一个发现，就是“带有知识分子发展导向的这种疏离感，成为那些期待在毕业后继续在学术界发展的学生的普遍性特征”[③]，这对于我们关于存在一个知识分子亚社会假设的有效性给予了更多的支持。此外，研究者对疏离的知识分子的社会学轮廓描述也表明，这个群体的特征就是他们对一个更大社会的制度和组织的结构性归属感处于最小化的层面：“研究生中的这些有疏离感的知识分子是这样的一些人，他们或多或少地立志献身于学术社区，他们更倾向于把更大的社会视为反知识分子的，他们没有宗教归属感，也很少成为教会的正式成

① Melvin Seeman, “The Intellectual and the Languages of Minorities”, *American Journal of Sociology*, Vol. 64, No. 1 (July 1958), pp. 25—35.

② Jan Hajda, “Alienation and Integration of Student Intellectuals”, *American Sociological Review*, Vol. 26, No. 5 (October 1961), pp. 758—777.

③ Jan Hajda, 同上，第772页。

员，与其他同学相比，他们与自己父母家庭的联系密切程度要低一些，他们的朋友当中也很少有人曾是中学同学。他们个人职业生涯的标志包括对自己成长中的宗教传统提出异议，也包括与父母权威发生冲突的历史。唯一的非学术组织可以使他们在一些时期积极投入的，就是一场自由主义政治运动。”① 对于这最后一种关联性，拉扎尔斯菲尔德和蒂伦斯对约 2500 名社会科学专业的全国性大学教师样本提出了有关第二次世界大战战后十年“意识形态一致性”压力的问题，他们对这些教师所作反应的分析，有必要在这里讨论一下。对于以下问题：“与你有社会交往的人中，大多数是来自你所属的院系，学校的一般教师，还是你的社区？”62% 的被调查者报告称他们的主要社会交往限于学校教师的范围。在那些更有声望的学院和大学的教师当中，这个比例超过了 70%。② 231

最后一个具有高度量化性质的证据引自《评论》（*Commentary*）杂志，这是一个由美国犹太人委员会（American Jewish Committee）出版的具有很强知识分子色彩的月刊。在 1961 年，这个杂志的编辑出版了一个以“犹太人特性和年轻知识分子”为主题的专题论丛。这个论丛包括的稿件来自 31 位出身为犹太人的美国知识分子，他们的年龄都在四十岁以下，大多数不超过三十五岁，他们讨论了如何看待一组与犹太文化和美国犹太社区相关议题的具体态度。③ 他们的回答是多样化的，而且内容也很复杂，但是正如人们从这样一个性质的群体所期待的，他们的回答揭示出了他们与美国犹太人的意识形态、议题和犹太社区生活关注点的普遍疏离。那些来自一些犹太社区代表的极度苦恼和愤怒

① Jan Hajda, “Alienation and Integration of Student Intellectuals”, *American Sociological Review*, Vol. 26, No. 5 (October 1961).

② Paul F. Lazarsfeld and Wagner Thielens, Jr., *The Academic Mind*, Glencoe, Ill.: The Free Press, 1958, pp. 31—32.

③ “A Symposium: Jewishness and the Younger Intellectuals”, *Commentary*, April 1961, pp. 306—359.

232 的“致编辑的信”被刊载在接下来一期的杂志中[1],这也证明他们感受到了这一疏离而且对之持有十分负面的评价。

简而言之,证明“在美国存在一个知识分子亚社会”的经验性证据还是很有限的,这也表明我们需要更多的研究把关注点集中于这个假设。然而,在目前存在的证据当中,多数表明这样一个亚社会的轮廓正在美国逐步形成,这一发展对于群体关系的影响将会在作为本书结论的下一章里讨论。

① 参见 the “Letters from Readers” column in the June and July 1961 issues of *Commentary*。这并不是说为这个专题论丛写文章的作者表示他们没有接受犹太文化的影响。但是他们对于犹太文化的诠释倾向于强调社会正义的世界性预言传统,而不是文化遗产中那些鼓励特定族群关注的元素。

第八章

族际关系的评估与启示

我们现在已经有了充分的准备，可以对群际关系领域未来的发展 233
前景进行分析和评估了。在本书开篇中我们就曾提到，我们最终关注的是偏见和歧视的问题，但是我们的研究并没有直接聚焦在与族群偏见行为相关的个体心理状态和行动，而是聚焦在美国群体生活的性质和结构方面。我们之所以沿着以上思路进行分析，并不是由于我们认为个体心理状态对于解释偏见和歧视现象是不重要的，而是因为我们坚信，群体生活和社会结构构成了一种模板或基质（matrix），人们累积的心理状态则被嵌入其中。如果不参考个人心理状态，我们就不能系统地理解这个模板或基质，但是长期以来，在对种族和文化偏见的根源分析中，社会结构和群体生活作为一个动态因素相对受到忽视。

如果从另一角度来看这个问题，我们可以把美国的种族和文化偏见放在两个不同的框架中来考虑。一个是从1.9亿美国人个体的角度来思考，这些个体中有些是白人新教徒，有些是白人天主教徒，有些是
犹太人，有些是黑人，等等。我们可以提出问题：为什么这些个体当中 234
有些人遭受了族群偏见，而另一些人没有或者只是部分地遭遇了偏见？然后我们可以集中研究沿着偏见程度连续统（continuum）（从没有偏见的一端到偏见极强的另一端）上各类人群的人格症候群（personality

syndromes）以及造成这些症候的根源。许多很有价值的研究正是沿着连续统上的这条线来展开的。尽管我们开展的调查很不一样，但是这两种探讨应当被视为是相互补充而不是相互竞争或相互排斥的。我们的选择是把研究的注意力集中在美国群体生活的性质上，因为群体生活构成了一个社会架构，正是在这个架构中，具有不同种族、宗教和祖籍民族背景的人之间发展出相互关系。因为这 1.9 亿美国人并不仅仅是一些具有心理特征的个体，他们属于不同的群体：初级群体和次级群体、家庭群体、社会小集群、民间协会或正式的组织、协会的网络，以及种族、宗教、祖籍民族群体还有社会阶级。这些群体的性质和它们之间的关系，对于族群背景不同的人们相互看待和交往的方式具有深刻和长远的影响。

我们特别呼吁要共同来关注族群自身作为一个大规模亚社会所具有的性质，族群又与社会阶级相交叉，同时包含了自身的家庭、小集群和协会等初级群体，这是它自己的组织和制度的网络。换言之，作为一个高度结构化的社区，每个个体只要愿意，就可以把自己绝大多数有意义的生命活动从摇篮到坟墓都保持在族群的边界之内。我们已经给出一批相关证据，表明除了知识分子群体之外，美国各种类型的族群都倾向于把他们大多数亲密和初级群体关系保持在自己族群和社会阶级范围内，同时与美国其他族群和阶级群体开展非个人的次级群体关系。我们也努力证明，美国是一个多元的“熔炉”，除了移民第一代人之外，
235 所有群体都在这个“熔炉”中接受大规模和决定性的文化适应，同时并不必消除掉所有的价值冲突，但是，在这个“熔炉”中出现了以种族和宗教为基础的“结构性分离”（structural separation）——我们称之为结构性多元主义，这种分离成为美国社会中居于主导性的社会环境。现在，从群际关系角度对美国族群生活进行的分析性描述的启示，将成为我们的核心关注点。下面的评论在主题的一般性以及结论和建议的特殊性上有很大不同。此外，在人们交往中，这些未来的走向将会不时地

成为意识形态的确定前提，在有些时刻我们可以对其加以仔细的认定。在记住这些考虑的前提下，就可以对我们分析的未来走向依次地开展讨论。

结构性分离、功能性结果和偏见：近期的研究已经指出，分别来自多数群体和少数群体的相同地位成员之间的个人接触在降低群体偏见方面扮演了一定的角色。[①] 根据其定义，"结构性分离"意味着发生在不同族群成员之间的初级群体关系被保持在最低的水平，甚至在次级群体层面接触（如在就业职场、公共活动和其他场合的非私人接触）很多的时候也是如此。当我们观察人类如何对自己的心理和反应划定类型、并在熟悉的经历和交往中形成内向群体（in-groups）——时常也形成外向群体（out-groups）——时所具有的倾向时[②]，我们可以提出很具 236
有说服力的观点，即亲密的初级群体关系可以减少偏见，而缺乏这样的亲密接触则会助长族群性的敌意态度。需要特别注意的是，我们并没有由此而得出结论说，在结构多元主义的条件下，偏见和歧视是不可能减少的；我也没有得出结论说，从哲学观点来看，结构多元主义一定是不好的事情。很显然，即使从社会学的观点来看，这个问题还是一个关

① Samuel A. Stouffer, Edward A. Suchman, Leland C. DeVinney, Shirley A. Star, and Robin M. Williams, Jr., *The American Soldier: Adjustment During Army Life*, Princeton, N.J.: Princeton University Press, 1949, pp. 586—595; Morton Deutsch and Mary Evans Collins, *Interracial Housing*, Minneapolis, Minn.: University of Minnesota Press, 1951; John Harding (ed.), "Intergroup Contact and Racial Attitudes", *Journal of Social Issues*, Vol. VIII, No. 1, 1952; Gordon W. Allport, *The Nature of Prejudice*, Cambridge, Mass.: Addison-Wesley Publishing Co., 1954, pp. 261—282; Daniel M. Wilner, Rosabelle Price Walkley, and Stuart W. Cook, *Human Relations in Interracial Housing: A Study of the Contact Hypothesis*, Minneapolis, Minn.: University of Minnesota Press, 1955; George E. Simpson and J. Milton Yinger, *Racial and Cultural Minorities*, New York: Harper and Brothers, Revised edition, 1958, pp. 751—757.

② Gordon W. Allport, 同上, 第 17—67 页。

于具体程度而非基本性质的问题，我们应当在这个意义上来对它加以讨论。

一方面，群体的结构性分离是由多数群体的歧视以及这种群体维持自己的社区认同和亚文化的愿望造成的，这种愿望可以发展到这样一个程度：它无法在群体之间创造出人们所期待的友善态度和群际关系，也无法保证社会本身的正常运行。现代城市化和工业化的社会的运作，是基于对“个体根据职业分工和需求实现职位互换和流动”这一条件的确保。职业角色的履行、居住地点的选定、政治领导人的选择还有教育过程的有效运行，这些都要求对个体能力的考察和培训必须使用普遍性的通用标准，而不能应用那些基于种族、宗教或祖籍民族背景来考虑的其他标准。从长远观点来看，以考虑族群因素为由颠覆这一原则，必然会产生社会混乱、冲突和平庸。美国社会在“内部区隔化”（compartmentalization）和“纵列化”（columnization）的方向上还没有走得像其他一些国家（如荷兰和黎巴嫩）那样远[1]，但是朝着这个类型的
237 结构性组织发展的趋势在美国正在逐步形成。因此，在对底特律地区各社会宗教群体研究的数据进行分析后，伦斯基警告性地指出：

> 目前我们似乎正在逐步陷入一种社会安排机制，如果具有各种信仰的美国人都完全了解为此所要承担的全部后果，他们就会

---

① Gerhard Lenski, *The Religious Factor*, New York: Doubleday, 1961, pp. 326—330; David O. Moberg, “Social Differentiation in the Netherlands”, *Social Forces*, Vol. 39, No. 4 (May 1961), pp. 333—337. 关于荷兰过分的多元主义造成的机能失调的问题，参见 Moberg, pp. 334—337。下面的引文是具有启发性的：“（在荷兰）社区的团结和效率是被削弱的。不仅是一个群体在政治事务上反对其他群体，即使是那些有合作计划的全社区行动，也必须有社区中几乎全部主要教派的代表出席。其结果是，计划无法履行的情况时常出现；对于宗教政治的考虑要高于社区组织、委员会人员的选择或任命的履行。甚至在跨越宗教纵列的联邦行动中，具有不同宗教观的人真正的协作只是出现在有领导者职位的人口中非常小的部分中。‘不漏水的’隔板把社会的普通成员分隔开来。”（Moberg，同上，第 329—330 页）

> 彻底地否决它。
>
> 这个问题应当引起宗教领袖们的特别关注。我们目前正在走向一个“内部区隔化”的社会发展方向，这可以很容易地产生出一种情景，在其中个体发展出对宗教群体不断增强的效忠情感，同时对自己群体之外的其他人的责任感则被降低到最低限度。在一个内部被高度区隔化的社会，我们有理由担心宗教伦理和精神元素的衰落以及危险的政治元素的强化。这样的发展将会严重背离美国所有宗教信仰共享的圣经传统的基本理念。所以，在宗教和政治的基础上，美国人需要更带批判性地研究这个议题，而不是任由多元主义社会的鼓吹者们把这一主题向前推进。①

考虑到偏见本身，似乎看起来我们有理由得出这样的结论：过度的“内部区隔化”或结构性分离，将使那种让人类在生命最重要时刻得以团结起来的亲密友谊关系无法形成，这种亲密的结合可以发挥保护墙的作用来对抗导致分裂的刻板印象，而正是过度的“内部区隔化”或结构性分离创造了条件，使族群偏见得以生长和发展。甚至最 238
轻程度的结构性分离也总会容易造成不同族群之间较低程度的、地方性的偏见（当然个体差异很大），而这种偏见是一种社会学后果。这绝不是要建议人们陷入绝望，也并非意味着不去鼓励各种民间和公共机构按目前标准方式开展的那些反对偏见和歧视的努力。但是至少它指出，一个人不可能两者兼顾，不可能“既把蛋糕完全吃下去，同时还能够保有它”，而且它也特别强调了相关研究日程的重要性，这些研究应该集中分析“结构性分离”的类型、程度和它与族群偏见态度之间的因果关系。同时，那些带有族群性质的机构、组织和官员（无论是属于宗教的、种族还是祖籍民族的性质的）都有义务去仔细地思考哪

① Lenski, *The Religious Factor*, New York: Doubleday, 1961, pp. 329—330.

些项目和政策方式是所需要的，并预测一下这些项目和政策是否会提高美国目前存在于各族群之间的"结构性分离"的程度。此外，也给我们提出了这样的问题：作为社区宗教领袖和官员所制定的组织章程规定的结果，那些明显应当涵盖社区范围的公共机构和公共项目（男女童子军组织就是突出的例子）却根据宗教的差异而在基层组织上出现了相互隔离的现象。那么，默许这类现象是否符合我们最终期望达到的目标？

教派社区领袖们对此是不承认的："我们希望人们既积极参与教派组织和活动，同时也参与社区范围的组织与事务。"但是，我们对于这种观点必须面对简单的现实来加以衡量，人们的时间和精力在量上不可能是无限的，而且客观上受到许多限制。如果一个普通公民被他的族群领袖们不断劝诫无保留地参加那些不断扩展的族群内部包括了所有年龄层次的社区组织和活动，那么，事实上他的一生将没有任何时间和精力再去参加那些涵盖范围更宽的社区组织和活动。而正是范围更广泛的组织和活动可以为他们带来更宽广的视野和成员资格，把美国各种宗教的、种族的和祖籍民族的群体联系和结合成为一个能够生存和
239 成长的民族。为了社会能够健康地发展，也为了坚持传统的政治理念，这个民族必须奋斗，力求在实质上要胜过由许多彼此猜疑的族群所组成的一个工具性联邦（instrumental federation）。

结构和文化的多元主义——它们的合法性与民主价值的关系：虽然我们刚刚就过度的结构多元主义的危险性做出了警告，但我们提出的第二点就是呼吁人们关注美国社会中的现实情况，那就是这种类型的社会组织在美国具有压倒性的优势；我们也呼吁人们关注最不可能出现的现象，那就是这种类型的社会组织的基本轮廓在可见的未来会有所变化；我们还要呼吁人们关注我们认为有必要传达给公众意识的信息，那就是适度的结构和文化多元主义符合美国的民主理念。我们

已经检验过的那些证据表明，除了知识分子这个亚社会之外，发生在美国不同种族和宗教群体成员之间的亲密初级群体关系处在一个最低的水平。这种“结构性分离”提供了客观条件来保存族群的社区性质，在涉及主要宗教教派的案例中，它也提供了保存不同的核心宗教信仰、价值和历史象征的条件，这对于各宗教信仰的虔诚信徒们来说非常重要。在这一点上，人们可以说美国的结构多元主义伴随着适度的文化多元主义。在绝大多数美国人共享并扎根在这个国家历史传统中的民主价值体系中肯定没有这样的元素，它发出指令，要求所有不同的历史宗教价值和它们的文化伴随物应当而且必须合并成为一个超越所有宗教的体系，或者要求天主教徒和犹太人必须放弃自己的宗教而皈依基督教新教。美国的民主价值信条中也没有暗含这样的要求，即这个国家的公民没有权利选择他们的亲密朋友和他们的组织归属，人们完全可 240
以根据个人喜爱和志趣相投这样一些便利合意的标准来做出自己的选择。换一种方式来表达，亚社会的归属和参与在美国是人们自愿的事情（尽管在事实上存在以宗教归属为基础的非正式压力——以父母的宗教归属为基础），至少在国家的眼里是这么看的。人们在功能性的范围内对结构性组织和亚社会归属的自愿性选择，完全属于由民主价值保障的个人选择的领域。

当然，这个立场并不是要证明，在就业、住房、教育、公共设施或任何其他涉及对人类人格和普遍幸福的满足至关重要的功能性利益的领域中，使用种族或宗教标准是正当的。换言之，这并不能使歧视行为合法化。但是确实为个人保留了在亲密初级群体关系方面可以根据自己的标准有所选择的权利。同样，这一原则也禁止国家、任何个体公民或任何公民团体去干预那些希望跨越种族、宗教边界来建立亲密群体关系的个人。举例来说，如果国家或城市立法禁止白人和黑人（或其他种族成员）之间建立社会关系甚至包括婚姻关系，这样做在民主政治或希伯来—基督教宗教传统的价值体系中都是没有合法性的。

最后,如果根据美国的信念,一个适度的结构多元主义和文化多元主义是合法的,那么它的正当性应当在公众意识观念中得到凸显。为了解释这一实际上运行着的体系并使其合法化,我们需要说明这个体系的正当性,同时要帮助消除许多美国人心目中对少数族群所持有的敌意,因为在他们眼里,这些少数群体成员没有被“同化”或被“熔合”,没有融入白人新教徒人群中,没有放弃他们自己的社区认同,也没有在信仰和生活的基本领域放弃他们的文化特性。正如我们已经表明的,
241 对于那些不希望自己被“熔合”到这一程度的人而言,他们这么做在美国的价值体系中具有充分的合法性。对于多元主义立法,将多元主义的合法性及其在美国社会中的合理性和现实性灌输到美国的公众意识观念中,这将有助于消除一个错误的结论,那就是:只有某个特定的群体要求保持社区的分离。在这个方面,犹太人经常被单独拿出来说成是一个“分离主义的”少数群体,“clannish”(小宗派的)就是人们经常用来描述他们的形容词。正如我们的研究所表明的,其实所有这些主要宗教(犹太教、天主教、新教)都没有像知识分子群体那样超脱,它们的运行功能就是要保证各自的族群共同体在美国人口中永远存在。新教徒对于这一宗教延续的过程是认识得最少的,因为他们拥有多数群体身份以及在美国历史上的优先地位,这就使他们对于新教信念和标准在许多具有“美国的”和“社区的”标签的组织机构中被接受和实行的情况毫无所知。作为一个人口上的多数群体,新教徒同时也倾向于在客观上降低因通婚及确立其他族际初级关系而侵蚀自己的族群共同体和文化价值观的可能性。在鼓励族际混合方面,新教徒们可能会失去的东西要远远少于其他族群。

我们的观点概括来说,就是族群之间的初级群体接触并不是不可接受的。实际情况恰恰相反。与此同时,由于许多(甚至大多数)主要宗教(以及在种族方面的美国印第安人)基本上都希望保留某种形式的族群共同体和各自的亚文化,多元主义的现实和它在美国价值信念中

的合理性应当被明确地传播到所有美国人的家中。

多元主义和同化——引导移民适应美国生活的相关机构的指南：我们从理论和经验研究方面开展的对美国的同化过程的分析、对同化的亚类型的提炼，以及有关这些亚类型之间互动的讨论，为那些指导移 242
民及其后代如何对美国生活和文化进行调适的机构和组织都提供了一系列工作指南。

1. 移民在美国的结构性同化（指的是作为成年人来到美国的第一代人，这些人来到美国时，他们在数量上足以形成他们自己的社区生活），在大多数情况下，是不可能达到的，而将其作为一个目标向移民施加压力，也是不必要的。有些可作为例外的个体也会在结构上被同化并进入一个美国本土的亚社会，在多数情况下他们进入的是知识分子群体，但是绝大多数新来者将需要并选择加入来自他家乡的移民同伴的社区生活以此得到某种保障。这一概括特别符合来自农村、劳工阶级和具有低中等阶级背景的移民，按照人口调查的基础数据，他们的视野和倾向性不可避免是比较狭窄的。但是，移民中也包括了许多具有较高阶级出身的人，在任何情况下，这部分移民的数量不可能很多。所以，那些强制在移民中推进结构同化的努力要么是无效的，要么会制造紧张关系。这些新来者需要的是一个在社会关系和心理上让他们感到舒适的环境，他自己群体的共同体可以提供这样的环境。甚至对于那些最终会与本土亚社会发生结构性接触的移民个体而言，他们在进行最初调适时，也会从他们自己群体的社区基础得到助益，而且当他们尝试进行跨族群的初级群体接触而其结果不令人满意时，他们还可以退回到自己的群体。因此，那些协助移民进行调适的机构就不应该浪费他们的时间和精力去尝试在很大的范围内推动结构性同化，而是应当欣然接受在社会功能上很有必要的移民社区生活。在这个领域，这些机构可以很好地将自己的 243

精力集中用来为移民与美国本地人建立初级群体关系创立有意义的机会,这些机会应当是建立在完全自愿的基础上,这样,当移民中相对数量较少的一些人愿意的时候,他们就能够用这些机会来拓展自己的社区生活。

2. 因此,对于那些协助移民进行调适的机构而言,它们的主要工作应当放到文化适应这个方向上来,这些工作在推进时应当以适当的程度进行并集中在选定的地区。基本目标就是帮助移民们通过调适在次级群体关系层面和制度性层面接受美国的文化和制度,这一层面的调适可以使移民获得并保有一份与他的潜力和训练相当的工作,在需要的时候使他能够接受再次培训和教育,使他能够适当地充当一个潜在的未来公民的角色,这个角色不仅是对于美利坚民族而言,也是对于当地社区而言,它可以使移民以一种既不会在感情上与原来家乡的传统相抵触、也不会颠覆家庭的社会化过程的方式来培养自己的孩子,这种方式与美国中产阶级养育孩子的文化在实质上大致相似。这就使工作的重点移到了提供工具性技能的培训方面:在掌握母语的前提下帮助移民掌握好英语,同时既不抛弃也不贬低他们的母语,为他们提供职业培训,向他们介绍标准的技术设施,为他们提供知识使他们能够更好地利用美国广泛的受教育机会,使他们熟悉美国的公民权利、投票程序和对政治流程的一般性的参与。这些工作的功能性目标应当是使移民在文化上和结构上与美国生活中的次级群体关系和工具性制度层面建立起成功的互动关系。任何试图改变他们的亲密初级群体社区生活的方向与性质的想法都应当被排除,因为这些想法是不可行的,也不是通过直接的工作能够得到结果的。

244 3. 移民社团的制度性和亚文化生活不仅仅应当被视为一个新美国人的社会心理健康所必需的让步,而且它提供了正面和有效的方法使得一定程度的文化适应得以实现,如上一段所说那样,这种文化适应是必要而可行的。移民社团的形式和设施面临着两条途径。一方面,它们提供了必不可少的舒适环境，继续使新来者熟悉这个国家及其地域文化，熟悉它的做事方式，熟悉它的历史和当前时事。另一方面，这些项目要把美国文化元素逐步吸收进来，把美国文化向这些新来者以一种他能够理解的方式进行解说，把这些元素进行精选并把它们呈现给这些移民，在呈现的深度和速度上要进行克制，使其能够承受因文化碰撞而带来的冲击。移民的葬礼和保险团体、他的本土性教堂、他的"外国语言"出版事业、他心爱的餐馆和咖啡厅、他的老式的剧场娱乐表演、他那由各种社会小集群和"民族性"组织组成的网络、他的各种仪式和民族舞蹈，都绝不可能在美国的土地上作为原来国家元素的复制品简单地被创造或再创造，以上所有这些都会逐步地反映出美国文化环境和美国社会事件的影响，这些活动在旧世界和新世界之间起到一个坚固的桥梁作用。简而言之，移民亚社会在移民原有文化和美国文化之间发挥了一个中间地带的作用。认识到这一事实，是有效运用传播渠道和移民社区生活的网络来帮助和鼓励移民达到值得努力的文化适应目标的必不可少的先决条件。

4. 移民在美国出生的子女，也就是第二代人，除了那些生活在严格封闭的飞地中的极少数人之外，应当被很现实地视作是不可逆转地走上文化适应道路的一代人，他们会在不同的阶级层面上完成以本地美国文化为目标的实质性的文化同化。被充斥在四周的公共学校和大众媒体的文化同化力量所感染，移民的孩子们将会对美国文化体系的 245
这些方面表现出他们毫不犹豫的忠诚，这些文化在他们所处的社会—经济结构的特定部分也可以接触到。在这个领域协助移民进行调适的机构负有的一个可行的和必要的任务，就是帮助这个文化同化的转型尽可能平稳顺利地进行，我们要看到，无论是对这些孩子还是他们的父母来说，这一转型都存在着许多潜在的困难。

发展的总趋势将是，本地出生的孩子们逐步偏离开他们的移民父母及其所代表的文化，他们对社会地位更高的美国主流文化价值给予正面的回应。与移民相关的社会福利机构和组织所面临的挑战,不是去努力阻挡必然出现的美国文化适应大潮,而是帮助移民的第二代对于自己族群的传统文化价值持有现实程度的正面理解,这种正面理解并不会阻碍文化适应过程,而是使这些孩子在与美国文化发生冲突时有一种更健康的心理基础,而且也使这些孩子能与他们的父母建立认同感并保持互动。当然,这样一种努力与鼓励他们有效地提高英语能力的做法并不矛盾,因为提高英语能力对于他们进行自我调适以适应美国生活是绝对必需的。这些计划也不会消除第二代孩子在传统上所需要面对的那些相互联系的问题,包括他们作为受制于某种程度的偏见和歧视的少数族群成员所面临的问题,以及处于社会—经济结构中较低和贫困阶层环境中实现"社会化"所面临的问题。

去种族隔离、种族融合和政府的角色:我们的社会学研究集中关注美国的族群共同体现象,由于最高法院1954年"去种族隔离"(desegregation)的决定而引发的一系列事件已经在美国社会全面推广
246 开来,围绕通过法律手段消除种族歧视的这些努力出现了许多争论,我们的研究可以对此提出一些重要的相关思路。

克拉克对于这些动荡事件的进展类型已经做出了必要的基本理论区分,他特别指出了"去种族隔离"(desegregation)和"融合"(integration)之间的差别。[①]"去种族隔离"指的是在公共或半公共设施、服务部门、制度机构的运行中消除种族标准,这样每个人就获得了在地方社区或全国性社会中作为一个公民并与其他所有公民完全平等的法律地位和资格。这就是我们通常所说的获得了完全的"公民权利"(civil rights)。而"融合"信奉的理念是消除偏见和公共生活中的歧视,因此它所包含的内容要更多一些。用克拉克的话来说:"融

---

① Kenneth B. Clark, "Desegregation: The Role of the Social Sciences", *Teachers College Record*, Vol. 62, No. 1 (October 1960), pp. 16—17.

合作为一个主观的和个体的过程，包括了态度的转变，以及消除恐惧、憎恨、猜疑、刻板印象和迷信。融合涉及了个人选择、个人意愿和个人的恒心。融合的实现必然需要一个很长的时期，而不可能发生在'一夜之间'。它需要通过教育来推动，它所针对的深刻问题是要改变人们的内心和思想。”[①] 我们可以采用社会结构的术语补充说，“融合”以消除一个民族内部不同族群之间在初级群体关系和社区生活中的坚硬而牢固的壁垒为先决条件。它所包含的情景是拥有不同种族、宗教和民族性背景的人们能够在社会小集群、家庭（如族际通婚）、民间组织和亲密朋友关系中十分轻松和富有流动性地混合在一起。根据以上对“去种族隔离”和“融合”概念之间所作的基本区分，以及这种区分与社会现实和美国民主价值体系之间的关系，我们可以得出以下的结论：

1. 去种族隔离是一个在公共和半公共制度性设施的运行中消灭种族歧视的过程，但是它不会马上（或在中期的未来）必然导致融合，这 247
里的融合指的是族群共同体的解体和跨越种族与宗教边界的大规模初级群体关系的建立。正如我们所展示的，族群共同体的倾向在美国人生活中是一种强大的力量，一旦族群亚社会出现后，族群共同体就获得了心理惯性规律、舒适社会环境以及既得利益等因素的支撑。即使当所有的南部公共学校和公共设施服务马上实施去种族隔离化，我们也没有理由假定黑人亚社区和白人亚社区就会相互合并，或者黑人与白人之间在建立亲密友谊关系方面的传统藩篱会立刻倒下。同样可以肯定的是，我们也不可能相信，像胶囊一样被包在各自亚社区内的黑人与白人，就会很快地彼此通婚。我们在这里需要注意的是，这样的社会学洞察力向我们提供的是科学的中立精神，而不是根据一些特定的价值体系而得出的关于“哪一个是好的或是坏的”的结论。基于传统的美

① Kenneth B. Clark, “Desegregatiojn: The Role of the Social Sciences”, *Teachers College Record*, Vo1.62, No.1 (October 1960), p. 16.

国民主价值观，我已经明确表明，如果黑人和白人愿意的话，他们都应当有权利跨越种族边界来选择亲密朋友和配偶。但是社会现实告诉我们，这样的现象不可能大规模地在近期发生，即使在所有的公共和制度性歧视被完全消灭后也不可能出现。也许那些顽固的种族隔离主义者激烈反对黑人获得完全公民权的活动，将有助于我们理解这一现实，而关于“去种族隔离”的争论也有可能在感情色彩较少和更理性化的讨论和行动的氛围下开展。这里有必要再重复一下，我们的观点不是要对种族隔离主义者阻止跨种族初级群体关系的任何“权利”让步，而是社会学研究得出的可能性的一个陈述，如果能够被正确地理解，这个可能性也许能为一些更迅速和有效的行动扫清道路，这些行动的领域包
248 括公共教育、公共交通、公共娱乐、就业、住房和普通的制度性设施的运行，所有这些都完全平等地属于全体美国人。

2. 在美国的民主体制下，政府在种族和族群事务中的适当角色可以被设定为三个步骤：

（1）在所有层次（国家、州、地方）政府下属的所有设施和服务的运行中实现“去种族隔离”（即消除种族标准），这是政府的责任。美国的民主价值体系和这些价值在宪法第五修正案和向联邦政府提交的三个“内战修正案”（Civil War Amendments）中有特定的表达，特别是第十四修正案，它的条款责成各州不得剥夺任何人的“法律的平等保护”，也为这样的禁令提供了法律依据，这一条款的实施要求在就业、住房、选举投票、教育、军队服役和使用公共设施方面以立法、法庭命令、行政命令等形式采取行动。由于联邦政府现在通过拨款、贷款和购买等方式直接管理许多类型的活动，这些活动在过去或者是完全由私人经营，或者由州政府和市政府经营，这样联邦政府就有办法向拒绝服从或犹豫的、仍希望保留旧的种族隔离模式的地方政府、企业、组织和个人施加全部的立法压力，这省却了联邦政府的大量投入。但是不可避免的还有另外一些行动领域，政府在这些领域的参与是否真正达到足

够的程度来保证“国家行动”的实施，这一点仍是不够清楚的。[①]这些事务只能由后续的司法判决来决定。不过，制定政策的主要目标就是， 249
要使政府——作为国家全体国民意愿和福利的表达者——撤出那些以直接或间接方式支持种族歧视的企业和商业营业，这一点始终是清楚和无可指责的。

（2）努力尝试去强制推行种族融合，这既不是政府的责任也不是政府的特权。我们这里所指的，就是把个人的态度和选择作为官方的通告（指超出公共学校的日常教学过程的行为，在这些公共学校中，标准的事实和相关解释是教学大纲的基础），以及以任何方式干预在初级群体关系和组织归属方面的个人选择，无论这样做的目的在具体事例中是为了加强族群共同体还是推进族群混合。当然，在这里我把触犯法律和破坏秩序的那些煽动暴力和准军事性的特定行动排除在外。简而言之，共同体的一般运作，无论它是在族群内部还是在族群之间运作，都是政府的干预或考虑范围之外的事。

（3）政府既没有责任也没有特权使用种族标准在一些制度性领域的公共设施中正面地强制推行“去种族隔离”，在这些领域出现的种族隔离并不是种族歧视的直接后果，而是在另外一个制度性领域里种族歧视运行的结果，或者是由于其他原因。假如在一个制度性领域 A 里出现的事实上的种族隔离并不是因为在这个领域里直接使用种族标准，而是因为在另一个制度性领域 B 中存在种族隔离，并且这两个制度性领域 A 和 B 之间存在某种关系，那么，我们反对种族歧视的斗争就应该放在 B 领域而不是 A 领域。在这方面的一个明显例子就是公共学校体系的运行。一些本意良好的“种族自由主义者”在北部一些社区的公共学校内推动“去种族隔离”，采取的方法是推翻按照居住街区

① 有一个涉及“国家行动”定义是基础性但又是相互矛盾的，关于这个有趣案例的讨论参见 Milton M. Gordon, “The Girard College Case: Resolution and Social Significance”, *Social Problems*, Vol. 7, No.1 (Summer 1959), pp. 15—27。

分配就读学校的原则,然后通过跨越街区按照种族名额分配就读学校
250 的做法,从正面来鼓励黑人—白人的混合就读。在我看来,这种方法是
一种误导。它之所以是误导,是因为无论它的目标如何值得称赞,它在原则上是完全错误的。这种做法把政府置于这样一个位置,即在它管辖下的一个公共服务机构的运行中采用了种族标准,而不管是从正面的意义去反对种族隔离,还是从负面的意义去加强种族隔离,这恰恰就是政府所不应当做的事。在处理种族问题方面,从最有见识的角度来看,美国政治传统的精华就在于,它提出在政府机构设施的运行中采用种族标准是不合法的,这种做法是应当严格避免的。如果在尚未把种族标准从后门丢出情况下,又从前门引进种族标准,依我看,这种做法就国家而言并没有表现出真正的进步,而且对于未来的走向还具有潜在的危险性。假如种族身份在政府的考虑中是一个合法的标准(而我明确地认为它不是),那么,我们就不得不面对许许多多不祥的争论,即围绕政府的运行中任何特定种族条款的优点和价值所开展的争论。

需要认识到的是,我在这里并没有为公共学校街区分配就读原则的特定优点进行抗辩。那是一个应当由教育家们在他们内部进行讨论的问题。此外,当在一个黑人高度聚居社区的学校设施条件很差时,或者黑人或其他少数族群成员因为个人条件而没有获得教职任命时,这时我们就面对种族歧视的法律个案,而这是需要得到呼吁加以纠正的。[1] 我们的基本观点是,如果许多北部城市由于住房问题上的种族隔离(事实确实如此)而导致公共学校里存在事实上的种族隔离,那么我
251 们为了公民权利而开战的地点就是住房问题,而不是公共学校体系,而且我们斗争的方式是在获得居住空间的方式上消除种族标准,而不是把这些种族标准注入教育系统的运行。

① 另外一个限制条件在这里也必须提到。如果学校教区原本就是为了把所有或大多数黑人学校集中在一起而不公正地划分出来的,那么应当对这种初期发生的种族歧视行为进行斗争,而且应当要求纠正的措施。

（4）如果政府依照目前一些民权倡议者所要求的那样创立一些项目，把它们标上标签或专门保留给一个特定的种族群体，或者在任何具体领域（如就业）设定种族配额，这都是不明智也是不合法的。我们不否认失业的沉重压力现在主要是集中在黑人身上，这是历史上的种族歧视行为累积的结果。但是，社会上也存在需要帮助的白人、印第安人和东方族群的失业工人，政府对就业困难的美国公民进行培训和提高就业能力的任何项目也应当包括他们。换言之，这些项目应当被设立作为面向所有人的“功能性的”项目，而不应当是排他性的种族项目。我们并不需要特殊说明，所有层面的职位雇佣和晋升都应当完全以个人能力为基础，而不应当设立种族配额，但是因为后者显得“很宽厚”所以很容易被提倡。如果我们今天在这个领域做了错事，那并不能解决由于过去的不公正而造成的问题，而只会确保潜在的社会罪恶将会进一步烦扰我们的未来。我们不希望在美国人的生活中出现“反复无常的歧视”（see-saw discrimination），我们要的是毁灭整个的歧视机制。

概括地说，政府的适当角色就是，在它的司法体制下平等地对待所有的人，不会为了任何目的而去考虑他们的种族背景。

去种族隔离、种族融合和私人机构：把去种族隔离和种族融合二者加以区分，这对于评价私人机构和组织在种族和族群事务中的角色还是很不够的。一方面，在许多私人社会机构中（例如兄弟会、社会俱乐部），“去种族隔离”很自然地就意味着种族融合，因为在这些机构的运行中社会关系的这种性质是不言自明的。在另外一些规模较大的私人机构中（例如私立大学或私立学院），“去种族隔离”有可能导向融合，也 252
有可能不会导向融合，这取决于一些与这些机构的活动相关的特别因素，如人员规模和内部是否存在隔离的或自我隔离的亚群体。此外，围绕着种族隔离、自我隔离或去种族隔离这几种选择的讨论，可能是更加多样和更加复杂的，可能比政府机构还更具冲突性。然而，我们在前面的分析所指出的方向和领域也为有关的行动提出了几个思路和指导：

（1）有些类型的私人组织，对于它们的目标和运行而言，族群背景本身就是属于功能性的、与之直接相关的。很明显，一个卫理公会的教会社区，一个天主教会社区，一个犹太教礼拜堂姐妹会或者一个为波兰移民及其后代的社会福利服务的俱乐部，我们没有理由期待这些机构把自己的会员资格向持有其他宗教信仰者或其他族群成员开放，实际情况也确实是这样。在这里，我们可以很自信地说在这些机构中没有歧视，而只是很简单地根据机构的功能来确定自己的成员资格。

（2）有些目的较为广泛的私人组织和机构，在一些条件下，它们可能并不把自己的成员资格限定在族群的基础上，这些机构和组织就必须面对一系列重要的质询。它们是否从公共财政那里以拨款的形式或者免税的形式获得任何资助？它们能否证明自己在主要功能与组织目标相关的基础上有排外的政策？它们是否宣称自己的运行是遵循美国民主、希伯来—基督教兄弟情谊、公平竞争的普遍原则？它们是否具有准公共性质的社会功能，例如提供一般性教育？在许多情况下，如果对以上问题的回答表明这些机构存在某种不适当的排外政策，那么，我们就应努力去构建一个非歧视的政策。如果一些成员致力于改变这些歧
253 视政策的努力使得组织中的种族隔离主义者不高兴，我们必须指出，对于一个自愿形成的组织来说，其政策的改变应当依据其成员中大多数人的意愿并在一个完全民主的程序中推行。因此，私人组织中关于族群问题的实践通常是通过一个民主程序的政策制定动态过程来加以解决的，在一个处于转变的社会中，传统的程序要从属于当下的检验。

族群共同体的目标和"去种族隔离"之间内在的紧张关系：在本章的前面部分，我们曾提到，美国的公共和准公共设施服务中的"去种族隔离"不大可能导致初级群体社区生活层面的族群藩篱的迅速解体。因此，种族隔离主义者对于这一变化的恐惧是没有理由的。我们在这

里将审视一个观点,它初看似乎否定了以上结论,但是在事实上它不但没有否定,反而证明了以上结论。

如果把“去种族隔离”换个正面的说法,那就是让所有群体的成员获得完全的公民权利,这在就业领域、在居住街区以及公共场所中创造出来一种局面,使具有不同族群背景的人能够在次级群体层面时常以平等身份进行相互接触。这些次级群体性质的接触不会必然地导向初级群体关系的建立,例如小集群的友谊、小组织成员、男女约会、族际通婚等,这些在近期或中期的未来都不大会严重地干扰美国现存的族群共同体的基本轮廓。但是,经过了一个足够长的时期之后,我们可以预见,在不同族群背景的人之间新建立的这些次级群体关系将会导向一种新的局面,包括更多的跨越族群边界的亲密个人友谊、人们文化视野的扩展、对多元价值的欣赏以及一定程度的族际通婚比例的增长。最后提到的所有这些发展都会与族群封闭性和族群共同体的社会要求(不管是事实存在的还是得到承认的)相违背。于是出现了现实社会的另外一个主要领域,在这个领域里,文化多元主义(也涉及结构多元 254
主义)的倡导者们不可能二者兼顾(既吃掉自己的蛋糕,同时仍然占有它)。在这里出现了在族群共同体自身要求的目标与完全公民权利之间的内在的紧张关系,这些紧张关系为文化多元主义者创造出来一个强烈的两难窘境。这个两难窘境对于两个大规模的少数宗教群体(犹太人和天主教徒)显得特别明显,他们并不希望看到他们的年轻人“投入”到人数和文化上都占主导地位的新教亚社会中去,或者“投入”知识分子社区而且热情地支持为美国社会所有人保障完全公民权利的斗争。另外,各个种族群体对于“去种族隔离”这个问题的处理方式可能有所不同:除了那些“黑人民族主义者”之外,美国黑人在意识形态上从来也没有倾向于建立自己的种族共同体,尽管他们当中许多人被迫从属于黑人的种族共同体。另外,一些希望为所有人争取完整公民权利的白人,却不太情愿支持跨种族通婚的想法,他们也必然会认识到,在种族完全平等的条件下种族通婚的可能性最终会有所增长。而那些仍然希望使自己的亚文化延续下去的民族性群体（nationality groups）的许多努力最后将被证明是无效的，对于它们来说，这个两难窘境在现实中仅具次要意义。

我相信，并不存在清晰的行动路线可以干净利落地解决这个两难窘境，并使涉及的所有群体都达到完全的满意。在这一节里，我所做的只是把这些相互冲突的思路简单地呈现出来。这个两难窘境，是伴随着一个现代工业国家中具有多样文化源流和背景的群体所产生的社会问题而出现的。我的“解决办法”将会在我的研究的结论部分里提出。

知识分子亚社会及其意义：在美国存在着一个知识分子亚社会，它从所有族群中吸收了一些适当的个体成为自己的成员，并在一定程度
255 上使得他们得以制度性地组成初级群体关系，这个亚社会具有几点可以为我们所清晰辨识的影响，换言之，具有几个带有正面和负面意义的功能。

首先，它为这些个体提供了一个制度性的安全阀，这些人对于思想理念、艺术以及人类有着非常广泛的兴趣，并发现与自己的族群共同体并不是那么兴趣相投。如果这些个体属于跨越族群通婚的人，他们会发现在这个社会里很急迫地需要有一个知识分子亚社会，因为在美国人的生活中，这个亚社会是唯一真正“中立的土地”，也是唯一支持跨族群婚姻或者对它不会在意的社区（当然，这也只是一个程度的问题，跨种族通婚，特别是黑人与白人的通婚，甚至对知识分子亚社会而言也还是成为一个问题的）。即使那些自己没有经历族际通婚的人也会发现，一个跨族群的社会环境，或者说一个不考虑族群因素、更加强调思想理念和共同兴趣而不是族群背景的社会环境，对于他们来说是一个更舒适和求之不得的环境。也许我们可以说，族群背景在知识分子亚社会里并没有被忽视，因为我们在这个环境中看到人们对各族群民间舞蹈

和民间歌曲的极大兴趣,应当说“族群性”(ethnicity)成了一个有趣但次要的话题,而不是生活中的基色和占支配地位的议题。如果没有这样的社会环境和亚社会,具有前面提到的兴趣与倾向的个体就会具有反叛性并感到不快,因为他们会因为族群共同体的限制性束缚而烦躁和愤怒。

第二,这些族群混合的知识分子亚社会可以为这个国家的其他人员提供一个在社区生活中极具意义的初级群体关系层面族群和睦与融合可能性的象征。事实上,这个以族群融合为目标的过程甚至在知识分子内部也尚未完成。但是,即使在这个群体内部的族群融合也只是部分性的,这个知识分子亚社会还是为一个真正融合的社会的可能性
做出了一个最突出的榜样。同时,它也为获得这样一个社会所面临的 256
问题和过程提供了一个检验的场所,并成为在更大范围内所具有的潜在发展能力的一个象征。

第三个功能性的影响需要从负面意义来讨论,也许可以更准确地说,有一个问题应当被提出,而答案可能具有负面的含义。这个问题是:当它最具有知识分子倾向的许多或大多数成员被吸收进他们自己的知识分子亚社会,这些成员对自己父母所属族群的社区生活和议题仅保留了最低限度(假如还有所保存的话)的关注时,面对这一现实,美国的各主要族群亚社会将会发生什么?说得更具体一些,如果具有犹太人、天主教和新教背景的知识分子疏离了他们各自所属族群的亚社会生活和议题,那么,这对于这些族群、对于由这些族群构成其主体部分的美国生活的一般质量会造成什么影响?也有一些知识分子会仍然留在他们自己的原籍族群内,成为教士、社区领袖或普通世俗人,但是整体的趋势还是会像我们上面所描述的那样。那么,这些知识分子从美国各宗教—族群的外流,他们随后与这些群体生活之间的疏离,以及由此产生的在族群亚社会和知识分子之间的沟通障碍,是否会造成社会机能失调的后果?当社会作为一个整体以及各族群亚社会需要做出重要决

定时，在做出这些决定的过程中，知识分子是否会被排除在外？由于知识分子撤出各族群并组成了一个他们自己的社会天地，其结果是否导致美国流行文化和各主要族群亚文化出现了平庸和沦落？由于与自己族群的疏离，知识分子自身是否也因此失去了思维的宽广和远见？考虑到事物本质和已知个人间遗传差异的性质和范围，这样一种疏离或异化是否是不可避免的？或者，把这种疏离或异化作为某种措施带来
257 的结果加以消除或修订，这是否曾被考虑或推行？这些都是重要的问题，而由于缺乏相关的研究和探索，我们对这些问题应当如何回答还是完全不清楚的。但是，这些问题给我们指出了美国人生活中一系列问题重重的领域，而这些问题源自知识分子对流行社会和文化的疏离。

族群亚社会和它的内部责任：我们可以信赖族群亚社会有能力整顿它的制度性资源，并在美国开展反对种族和宗教的歧视和偏见的斗争。在前面几页里，对于如何开展这一责无旁贷的斗争的相关战略，我们已经从各个方面进行了讨论。现在我们转向一个相关但在表面上有所不同的问题：考虑到族群亚社会与人口规模更大的社区之间的关系，这些族群亚社会的领袖和领导集团应当采取什么样的态度来对待自己的亚社会和他们所服务的亚社会全体成员？我们可以将这个问题与两个亚问题（sub-questions）联系起来考虑。

第一个亚问题所涉及的是族群亚社会的制度化领导集团采取适当的态度来面对一些表现出不利于族群的事实和偶发事件。我们下面引用的这个例子是关于黑人群体的，但是对于其他族群（包括作为多数的白人新教徒）也是适用的。

不久以前，一本杂志探索了在平等权利框架下提高黑人地位的目标，提出了是否应当把整个议题专注于黑人少年犯罪和刑事犯罪这个题目。有些人争论说，正确的回答应该是对此予以否定，因为对于发生在黑人当中的、高于平均水平的犯罪和少年犯罪率的特殊关注，使得我

们在这个现象上集中了不必要的注意力，而且这样做会有利于种族主义者，他们总是急于发出警告，并且把黑人较高的少年犯罪率归因于种族的一些天生自然倾向和劣等性。

我对于这样一个策略是不赞同的。首先，通过一些杂志，如《时代 258
周刊》和《生活》，全国的关注已经被吸引到在大城市黑人聚居区的黑人高犯罪率方面了，每当黑人“蠢货”（muggings）在当地发生骚乱和其他同类暴力事件发生后，大都市的报纸都会提出这个议题。因此我们不可能使公众不去关心这个议题，即使我们希望他们不会去关心。更为现实和合乎需要的目标是：（1）让公众理解导致黑人高犯罪率的是社会原因而不是种族原因，要认识到根源是种族歧视，认识到歧视和偏见导致大量的黑人被迫生活在物质和文化水平都低于标准的条件中；（2）开展社会调查来发现犯罪和少年犯罪的一般性原因；（3）开展深入细致的调查来探讨黑人高犯罪率的特殊社会原因；（4）消灭种族歧视。在这些目标中，没有一个建议会采用鸵鸟政策来回避承认黑人高犯罪率和高少年犯罪率，也没有错误地限制对这一议题开展有根据和负责任的讨论。

在更高的层面上，也许我们应当说，在族群关系领域里，真相和理解是有见解和建设性的行动所必需的前提。唐纳德·扬在十几年前非常清楚地表述了这个原则：

> 让双方种族的成员都能够准确地了解种族之间存在的问题，是一个很好的方法。不存在更好的办法可以来回应错误的主张，来消除产生紧张的流言，来建立民主行动的坚实基础。这个原则得到了普遍的接受，但是也因为恐惧而时常被人们错误地引用，这种恐惧就是，假如真相不是对黑人的完全颂扬，那就会导致更大的偏见。同样，由于黑人非常敏感，并会很快推断出他人对自己的侮辱，……种族自由主义者会变得小心翼翼，不愿有冒犯黑人的风

> 险。在关于种族和犯罪、产业技能、教育和科学成就、军事行动的实施、文学和艺术作品等等的辩护性争论中，出现被扭曲或遗漏的事实、夸张和直率的推诿和谎言，都是经常发生的事情。但是，不
> 259 加掩饰的真相自会反驳种族主义教条和检验流言，它在消除似是而非的驳辩时比善意的谎言更加有效。除了既成现实的、过于严峻的一些情形外，在推动跨越种族教育的运动中无疑包含着弱点和力量这两个方面，面临的主要的结果很可能将会是：公众对此缺乏信心，行动项目的基础薄弱。①

这一原则自然也同等适用于犹太人、天主教徒、白人新教徒或者任何其他族群。

第二个亚问题也许可以用以下的话来表达：族群亚社会是否负有任何特定的责任来引导下属成员的行为，使他们注意回避采取那些显然会伤害社会的行动？毫无疑问，如果我们在白人亚社会里提出关于它们的组织如何看待种族主义者的态度这一问题，那么答案是很清楚的。例如，我们会期待白人新教徒、天主教徒的教堂和犹太人的礼拜堂会很快宣讲种族之间的兄弟情谊，支持在教会内部和在更大的社会实行“去种族隔离”，积极地反对种族偏见和歧视。而且我们相信那些从白人亚社会生长出来的公共组织也都会采取同样的立场。然而，假如我们在少数族群亚社会提出这个问题，而且假设了存在由于偏见和歧视造成的结果，很可能有些形式的反社会行为在这个亚社会中特别显著。在这里，让我们再次使用黑人社区作为一个例子，黑人低层阶级有很高的少年犯罪率。

“黑人社区”是否在预防黑人年轻人犯罪方面具有事实上应有的特定责任和角色？认为黑人社区不应负特定责任的论点所提出的理由大

① Donald Young, “Techniques of Race Relations”, *Proceedings of the American Philosophical Society*, Vol. 91, No. 2 (April 1947), pp. 157—158.

致如下:少年犯罪和犯罪是普遍性社会和心理力量造成的结果,而这些
力量是整体社会应当加以控制并负有责任的,而不应当看作是黑人社 260
会的特定责任。另外,在那些出现黑人高少年犯罪率的地方,这些高犯罪率都是白人偏见和歧视的结果,而且这些偏见和歧视是被嵌入在整个社区的制度中的。因此,任何认为黑人社区应为此负有特别责任的说法,在道德上都是不公正的,在逻辑上都是荒谬的。对于这个问题,我们可以有很多的讨论,在严格的理论意义层面上讲,我同意黑人社区不应当为黑人少年犯罪负有责任的提法,因为这意味着黑人社区有着针对少年犯罪的特别道德义务,或者意味着对一个谬误观点的接受,那就是少年犯罪的源泉在本质上是黑人社区生活中所固有的。

然而,我要说的不止这些。我要说,黑人社区对于黑人犯罪问题不负有特定责任,但在社会实际现实中,黑人社区却具有特定的机会以特定的方式自愿地集中它的部分资源来对待如何降低黑人少年犯罪的问题。那些黑人组织和机构的存在,黑人个体对黑人群体的认同感,黑人社区对参与社区活动在事实上的限制作用——所有这些黑人社区和亚文化因素的存在——都是社会学意义上的社会现实。因此,这些黑人亚社会的社会现实为黑人社区领袖提供了特定的机会,让他们可以通过黑人社区组织在降低黑人反社会行为方面扮演一个特殊的角色。

我们可以将其更加具体化:黑人社区领袖可以(1)采取积极态度来更多地关注黑人低等阶级和低等阶级家庭生活的社会过程,正是这些家庭出现了较多的少年犯罪现象;(2)因为低等阶级黑人和黑人社会工作者之间存在着亲密联系,因此可以在标准的社会工作领域开展
更加有效并得到改善的田野工作,同时直接针对目前缺少供应的黑人 261
社区对现有的社会工作措施予以增补;(3)设计与推行制度性的针对犯罪行为的防治措施,其具有的特殊有效性来自黑人社区的内部资源。如果忽视以上这些机会,在我看来,就是在产生黑人高少年犯罪率的多样化因素面前接受了鸵鸟政策,放弃了采用多样化防治措施的可能性,

这些防治措施给黑人社区自身提供了采取行动的特别机会。简明地讲，仅仅是因为产生黑人高少年犯罪率的根本原因是源自整体社会的更广泛的社会力量，这并不表示黑人社区自身不能在目前现存的结构和运行过程中采取一些有效的防治措施。因此我认为，从严格的哲学意义上来讲，黑人社区自身在黑人少年犯罪问题上没有特殊的责任，但是它在社会学的意义上具有特殊的机会对这一现象提供更多的关注和资源。我的观点是，族群亚社会，不管种族的、宗教的还是祖籍民族背景的，从社会学的观点来看，都有特殊的机会来处理一些特定的行为问题，这些问题可能与它的社会历史和当前环境有关，但是这些机会是不应当被忽视的，即使这些问题更深层次的根源在于整体社会的制度和实践。

当然，我并没有以任何方式建议，黑人社区应当缩小或减少它不断增长并持续有效的努力（也得到许多白人自由主义者的支持）来争取在美国人生活中消灭偏见和歧视的更为宏大的目标。在我的最后部分的分析中，实现在教育、就业、住房和获得公共服务资源方面的平等权利，
262 在美国全体公民中发展出来对本国各种族、宗教和祖籍民族背景群体之间的亲密关系，这些措施都将会最终构建出对于社会失范问题的有效的解决办法，即使这些社会失范问题更多地发生在特定的少数群体当中。

多元主义、民主价值和美国的长远目标：我们最后的评论，是我们对族群共同体和同化过程的分析所涉及的美国社会生活在族群关系方面长远目标的各种可能性。在进行这一分析时，我们必须插入我们所理解的民主价值的意义。

在美国人的生活中消灭种族和宗教偏见和歧视的斗争——本书认为这在社会学和意识形态上都是非常明确的正义斗争——反对的是在一个工业化和城市化的社会里，族群共同体顽固地维护自身存在这样

一个基础性的社会现实。我们已经描述了这种族群共同体的性质,从根本上讲,这是结构多元主义,伴随着它的是其程度永不减轻的文化多元主义。这样的社会与消灭族群偏见和歧视问题之间的关系,我们在前面已经讨论过了。那么,未来的前景是什么?我们感到有必要消除或减少偏见和歧视,认识到美国社会的现实以及我们所信奉的美国民主价值体系,那么在族群共同体方面,美国未来可行的目标是什么?

文化多元主义体系(它最终依赖于结构多元主义)经常被描述为“文化民主”,因为它保障了在一个民主社会中各族群保留自己的族群认同和自己的亚文化价值的权利。我们已经讨论过,由于族群共同体的建立在初级群体关系和私人组织归属方面是基于个人选择的原则,所以这种权利是在民主价值的自由选择的保障范围之内。然而在硬币的另一面,我们必须指出,民主价值所规定的自由选择并不仅仅是针对群体,它同样也适用于个人。这即是说,每个个体当他成长并达到可以 263
做出理性决定的年龄后,应当被允许做出自己的自由选择,决定是继续留在他出生族群所创建的共同体的边界之内,还是把自己的接触范围扩展为多元的跨族群领域,或者说,如果他希望改变自己的归属而进入另一个族群,他也有权利这样去做,无论这是由于皈依其他宗教或者跨族群通婚,或者只是出于私人的意愿。如果情况不是这样,假如族群对自己下属的成员施加很大的压力,要求他们保留在族群共同体的范围之内,那么,那些有意识地希望“扩展接触”或“离开”的个人就会感到威胁,或者觉得自己有罪并因此留在封闭的族群圈子里,或者在承受了很大的心理负担的情况下离开。事实上,这时我们所得到的只是群体的文化民主,而不是个人的文化民主。在现实生活中,对于一个在特定族群中成长的孩子来说,在他的社会化过程中不接受到一些内在的限制性价值几乎是不可能的,所以,对于这些限制性规范的重要性和强度必须也有所限制,否则我们就会面对这样一个社会体系,它为群体提供了文化民主,同时却强迫个人去服从族群封闭性。

也许正如大多数美国人在初级群体关系和组织归属的选择中所展现的，他们希望保留族群共同体，至少是保留它的基本轮廓。亚社区组织活动的性质和它们的族群社区领袖基于意识形态而提出的要求和激励产生了自我延续的压力，而大多数美国人对族群共同体的倾向性也支持了这种压力。正如我们已经指出的，一些个人由于他们自己的爱好和观点离开了原来的族群社区，加入了在结构上尚不定型的知识分子亚社区，这个知识分子亚社区包含了具有各种不同族群背景的成员。所有这些一再发生的过程很可能是不可避免的，而且基本上是不可逆
264 转的。由此看来，对于美国的长远预测将是如此：它的非正式社会结构将会包括与社会阶级结构交叉的一系列族群亚社区，初级群体关系将大致被限制在亚社区的内部，同时作为一个城市化和工业化社会的需要所产生的大量次级群体关系将跨越族群边界，而作为高等教育规模持续发展的结果，知识分子亚社会将会在人口规模和制度性结合方式上不断增长。[1]

这时，我们面临的主要问题就是如何保持在社区生活中的族群分隔不会变得太过显著以至于威胁族群和谐、良好的群体关系和本质上属于良好愿望的精神，而这些都是一个民主的多元社会所要求的；同时要防止族群分隔溢出并进入到次级群体关系所在的公共生活舞台，那将会侵害到住房、就业、政治活动、教育和其他功能性活动的领域，在这些领域里绝对需要实行普遍性的判断和分配标准，在这些领域里，任何以族群作为考量标准的运作只能是破坏性的甚至是灾难性的。要达到这一点，就得要求每个美国公民不论是什么族群背景都需要持有良好意愿和明智理性。除了这些品质之外，族群社区领袖也需要具有很高水准的公共政治家才能，因为在某些时候，他们有可能因为受到诱惑而

① 我并不是说所有的或绝大多数大学毕业生都会变成"知识分子"或者知识分子亚社会的互动成员。然而，高等教育的发展为越来越多在智力或性情上合适的人进入知识分子亚社会打开了一扇大门。

焕发自己的信念与热情,强调族群的排外性,要求他们那些特定的族群成员为族群共同体贡献出时间和资源。而不论他们的目的和意图如何,这些做法都将会进一步强化排外性和族群分隔。

总而言之,在涉及族群共同体时,美国人的长远基本目标是保持流
动性和温和适度,必须保障所有人享有完全平等的公民权利,无论他们 265
是什么种族、宗教或祖籍民族背景,还要保证群体和个体都享有民主的自由选择权。族群共同体在可见的未来不会消失,它的合法性和合理性应当受到承认和尊重。由于同样的原因,那些跨越族群界线而把人们联结起来的纽带和各种不同族源的人们可以相遇和融合的道路也应当受到爱护和加强。我们一起来做最后的思考:对于一个社会而言,什么是最重要的?那就是人们在这个社会里可以并排站在一起,怀着同等的自豪毫无顾虑地说:“我是一个犹太人,(或者是)一个天主教徒,一个新教徒,一个黑人,一个印第安人,一个东方人,一个波多黎各人”;“我是一个美国人”,还有,“我是一个人”。

索　引

（条目后的页码为原书页码，见本书边码）

关键词英汉对照表

acculturation 文化适应
alienation 疏离
amalgamation 血缘融合
American nation 美利坚民族
Anglo-conformity 盎格鲁一致性
assimilation 同化
behavioral assimilation 行为同化
brotherhood 兄弟情谊
civic assimilation 公民同化
clique 小集群
communal life 社区生活
communality 共同体
community 社区
concepts of statehood 国家概念
continuum 连续统
cultural amalgam 文化混合
cultural democracy 文化民主
cultural pluralism 文化多元主义
diploma elite 文凭精英
discrimination 歧视
endogamy 族内通婚
ethclass 族群阶级
ethnic affiliation 族群归属
ethnic communality 族群共同体
ethnic enclave 族群飞地
ethnic group 族群
ethnic integration 族群融合
ethnic neighborhoods 族群街区
ethnicity 族群性
folk society 乡民社会
frontier melting pot 边疆熔炉
identificational assimilation 认同意识同化
institutional dispersion 制度性弥散
integration 融合
intermarriage 通婚、族际通婚
lower-lower class 低低等阶级
lower-middle class 低中等阶级

lower-upper class 低上等阶级
marginality 边缘性
marital assimilation 婚姻同化
melting pot 熔炉
multigroup nation 多群体民族
nation making 民族缔造
national background 民族背景
national origin 祖籍民族
national society 民族社会
nationality 国籍、民族、民族性
nation-state 民族国家
nation 民族
nativism 排外主义
participational identification 参与性身份认同
peoplehood 群体性
personality syndromes 个性症候群
personality 个性
prejudice 偏见
primary group 初级群体
primary relationships 初级关系
race 种族
secondary group 次级群体
social structure 社会结构
social world 社会天地
structural assimilation 结构同化
structural separation 结构性分离
subcommunity 亚社区
subculture 亚文化
subgroups 亚群体
subprocess 亚过程
subsociety 亚社会
upper-lower class 上低等阶级
upper-middle class 上中等阶级
upper-upper class 上上等阶级
variables 变量

译后记

米尔顿·M. 戈登出生于1918年，是美国马萨诸塞大学阿姆赫斯特分校的社会学教授，也是国际学术界研究种族和族群问题的著名学者，他先后出版了四部著作：1964年的 *Assimilation in American Life: the Role of Race, Religion, and National Origins*（Oxford University Press），1978年的 *Human Nature, Class, and Ethnicity*（Oxford University Press），1981年主编的 *America as a Multicultural Society*（American Academy of Political and Social Science）和1988年的 *The Scope of Sociology*（Oxford University Press）。在这四部著作当中，影响最大的还是他在1964年出版的第一本书《美国生活中的同化：种族、宗教和族源的角色》，这本书出版的第二年即分别获得两个奖项，一个是安尼斯菲尔德—沃尔夫种族关系图书奖（Anisfield-Wolf Book Award in Race Relations），一个是美国基督徒与犹太人联合会兄弟情谊奖（Brotherhood Award of the National Conference of Christians and Jews）。四十多年来，这本书始终是美国研究种族和族群问题研究生的必读参考书，具有广泛的学术影响，并被奉为研究美国种族和族群问题的世纪经典，其原因就是这本书对理解和指导美国种族关系的基本理论和政策方向的历史演变进行了精辟的宏观梳理，首次提出理解和分析族群同化的变量体系，系统分析了美国社会的族群结构和各个族群亚社会的演变历史，讨论了美国社会和学术界探讨族群政策的各种代表性观点，并对美国社会种族和族群关系的未来发展趋势和政策建议提出自己独特的见解。

1984年我在美国学习时首次读到这本书，它是这一年我选修的"Ethnicity"（族群问题）研讨课的主要理论参考书之一。那时我主要关注的是戈登提出的关于分析和测度族群融合的七变量模型，这个模型及其主要变量也成为我博士论文借鉴的理论框架和1985年在内蒙古赤峰地区进行户访问卷调查的重要参考。在撰写学位论文期间，为了全面地了解国际学术界有关种族、族群、民族主义等问题的基本理论、研究方法以及各国民族制度与政策设计背后的政治理念与分析逻辑，我系统地阅读了西方国家（主要是美国）社会学家们发表的相关著作和文章，这对我拓展自己的学术视野和社会历史知识有极大帮助。

美国是一个以移民及其后裔为人口主体建立起来的一个新兴工业国，至今每年吸收的移民规模仍在百万人左右，因此，它从殖民地时期开始就必然面临各种涉及种族、祖籍国、语言、宗教、生活习俗等因素而且极为复杂和棘手的族群关系问题。特别值得关注的就是历史遗留下来的黑人问题，种族问题不仅引发了美国历史上唯一的内战，在20世纪60年代还一度造成严峻的社会分裂和全国性的暴力冲突，但是通过"民权运动"和随后几十年在族群关系方面的逐步调整，美国整体的种族、族群关系出现了明显的好转。2008年有黑人血统的奥巴马高票当选为美国总统，这是美国白人主流社会在种族观念上的一个历史性的转折点，同时，近年来我们也看到华裔、西班牙语裔人士在美国政坛和司法界开始崭露头角。纵观美国两百多年的族群关系史，跌宕起伏，令人感叹。在人们的思想观念、社会的制度、政府的政策逐步转变和调整的整个过程中，应当说美国社会科学家们所发挥的作用功不可没。在阅读这些关于美国种族、族群关系现实状况、发展态势的调查报告、政策反思、理论探讨的学术著述时,我经常被这些学者的严谨学风和实证精神所吸引,也为相关论述中体现出来的人道关怀和理性思考所折服。

我认为在调查和研究当今中国社会的民族问题时,中国学者需要从四个来源吸收相关的知识体系和实践经验:(1)中国的民族关系发展史,在中国几千年民族交往历史中形成了颇具特色的群体观和看待群体关系的传统思想与实践,相关历史文献至今仍然是我们研究中国民族关系史的宝藏;(2)欧洲和美国的“民族观”及其演变,我们可从多部族帝国时代(罗马帝国、拜占庭帝国、奥匈帝国、沙皇俄国等)追溯到17世纪开始的“民族主义运动”(建立民族国家)的理论与实践;以及美国等欧洲移民建立的国家中演变出来的“族群”观念和处理族群关系的实践;(3)马列主义民族理论及其在社会主义国家(苏联、东欧国家、中国等)的实践,包括“民族”定义、民族识别与身份认定、对少数民族的各项扶助与优惠政策,以民族为单位的联邦制或区域自治制度等;(4)其他发展中国家民族—族群的历史演变,例如印度、印度尼西亚、墨西哥、阿拉伯国家、非洲和拉丁美洲等有殖民地经历的国家,独立后如何在原殖民地的行政区划内进行各自的“民族构建”(Nation-building)的理论讨论与实践。

在以上这四个知识体系中,目前中国研究民族的学者最熟悉的,主要是马列主义民族理论特别是斯大林的著述,但同时对苏联时期及解体后各国的民族关系实际发展情况很少关注。此外,中国民族史的研究在资料发掘和理论提炼上尚有很大空间,采用规范的社会学研究方法对民族关系现状与存在问题开展实证性调查研究,只是近些年来才在中国的许多地区逐步开展。近几年,欧洲有关“民族主义”研究的一些经典著作开始被译成中文出版,但是系统介绍美国族群社会学研究的经典著作仍然没有被译成中文。在苏联解体后,苏联的民族理论和民族政策对于国民的政治和文化认同方面造成什么影响,以及这些影响与国家解体之间存在什么关联等问题，我国学者对此的理论反思也远远赶不上西方学者。所以，广泛阅读国外出版的相关学术著作，尽可能地拓宽学术眼界，以解放思想的科学精神来吸收人类社会发展出来的所有知识，以实事求是的科学态度来调查和思考中国当前的各种民族关系问题，这是摆在我国民族问题研究者面前的一个历史性任务。

我在1987年3月回到北京大学任教，1988年开始在社会学系开设“民族社会学”研究生课程，在选择教学阅读材料时，我深感国内学术界对西方国家的族群研究的理论和方法介绍得太少，所以我在1988年就选编了一本英文参考文献文集，复印了作为选课学生的阅读材料，其中就有戈登这本书第二章有关同化模式的变量体系这一部分。这本参考文献文集的中文版在1997年由天津人民出版社以《西方民族社会学的理论与方法》为书名正式出版，修订版在2010年以《西方民族社会学经典读本》为书名由北京大学出版社出版。

与此同时，我开始向一些出版社推荐书单，希望能够把一些西方最经典的有关族群社会学基础理论和研究方法的著作翻译成中文并介绍给国内的学生和研究者。当时我草拟了一个推荐翻译的八本书的书单，其中就包括了戈登的这本书。我从1988年开始先后联系过七家与我曾有出版合作关系的出版社，但是最后都是不了了之。我想，这有可能是出版社认为这类书不可能热销而缺乏积极性，也可能是联系版权的手续过于烦琐。总而言之，这件事一直拖了二十多年，没有任何结果。

2011年我有一次和清华国学院的刘东教授一起吃饭，他是我国学术界很有影响的著名学者，也是多部影响重大的翻译系列丛书的主编。他和陈来教授离开北大转入清华国学院，我始终认为这是北京大学不可弥补的重大损失。我在席间顺便提起想翻译国外族群研究经典著作的事，刘东兄当即要我把这个书单发给他，他表示愿意尝试着帮我联系出版社，这自然使我喜出望外，但是经过了二十多年的挫折之后，我对此实在不敢抱有太大的希望。回顾此事，我当时还是大大地低估了刘东兄的影响和能量。也就是在几个月之后,他就告诉我,译林出版社愿意出版并已经开始与版权所有者联系相关版权转让事宜,并将纳入他主编的“人文与社会译丛”。当我得知这个消息时,真是悲喜交加,喜的是这些经典著作的翻译事宜终于尘埃落地,中国将会有更多的研究者、学生和关心民族问题的读者可以通过它们的中文版了解这些在西方早已普及多年的基础知识,悲的是这件事在我的生命历程中迟到了二十多年,我这个年过六旬、即将退休的人,已经没有当年充沛的精力来面对这项工作了。

译林出版社目前确定了版权的有三本书,分别是戈登的《美国生活中的同化:种族、宗教和族源的角色》、乔治·伊顿·辛普森(George Eaton Simpson)和米尔顿·英格尔(J. Milton Yinger)合著的《种族与文化的少数群体:关于偏见与歧视的研究》(*Racial and Cultural Minorities: An Analysis of Prejudice and Discrimination*)和安东尼·史密斯的《民族认同》(*National Identity*)。我最先开始动手翻译的,是辛普森和英格尔合著的《种族与文化的少数群体》,2012 年春天我在波士顿访问的三个月期间,主要的工作就是翻译这本书。也许是年龄的原因,也许是这本书的内容涉及多个学科,同时篇幅太大,在翻译过程中自己颇感精力不济,三个月里只勉强译完了全书十八章中的前七章,考虑到手边还有必须完成的其他事,我只好调整自己的工作计划,决定把后半部分的九章委托给我已毕业的一个学生继续完成,以便能够把自己有限的时间和精力集中到翻译戈登这本书的工作上来。

正巧 2012 年秋季台湾“中研院”的王明珂教授访问北京,见面时我曾向他提起是否有可能短期到台湾访问一事,他这几年正在台湾中兴大学兼职,表示愿意安排邀请我来中兴大学访问三个月,我当时心里的计划就是利用这三个月的时间来翻译戈登的这本书。中兴大学位于台中市的南区,远离台北的“中研院”和其他大学,所以相对比较清静,可以专心做事。到了 4 月底,这本书的各章基本译完,这项工作可告一段落。尽管我对自己的译文并不满意，各类错误在所难免，每次重读必有修订之处，但是终于接近尾声，很快即可发给译林出版社进入编辑程序。因此这本书的排版付印，很可能要在辛普森和英格尔的那本大书之前了。至于另外那本安东尼·史密斯的《民族认同》一书的翻译，我也计划委托我的另一名学生来做。无论如何，我自20世纪80年代后期即开始做的这个翻译英文族群研究经典著作的梦，到今天总算是看到了一点曙光，可以部分释怀了。我最应该感谢的，自然还是刘东教授，没有他的大力推荐，恐怕此事至今还是没有眉目。同时我还要特别感谢译林出版社，出版这三本译著也许并不能给出版社带来多少效益，但是它们在促进中国民族社会学的理论建设和实际研究工作方面所发挥出来的作用，决不是金钱能够衡量的，我只能说"功德无量"这四个字。

下面对于戈登的这本书再多讲几句话。

作为一个多种族、多宗教、多族群的移民国家，美国如何在这些历史、语言和文化传统差别极大的多元化人群中建立"美利坚民族"的凝聚力，如何化解历史上遗留、累积下来的种族矛盾和族群隔阂，这是独立后许多美国政治家和学者长期思考的一个核心问题，这个问题没有得到解决或者解决得不好，也就不会有一个统一和强大的美国。戈登这本书围绕着美国各族群的同化和融合问题从理论和政策方面来进行分析和讨论，苦苦探索和发掘美国社会中可能存在的凝聚因素、凝聚框架和凝聚力量，寻找构建美利坚民族的"正能量"，期望美国的族群"亚社会"的问题最终能够有一个比较理想的解决途径。他把许多全新的核心概念和分析思路引入美国种族和族群问题研究的理论视野之中，这正是这位资深社会学家的勇于创新之处。

纵观全书，我们处处可以感受到戈登教授不仅是一位有着深刻历史洞察力的睿智学者，而且是一位深深关切美国族群关系未来良性发展的善良的人，他从内心企盼每一个美国人（包括黑人和所有少数族群的成员）都能够与白人共享美国的社会理想和民主制度，都能够享有真正平等和最完全的公民权。在书中讨论美国新教徒中的极端宗教排外主义的倾向时，戈登引用了亚伯拉罕·林肯在一封信中写下的话：“在我看来，我们堕落的速度真的很快。最初，我们宣称‘**所有的人生来平等**’并以此成为一个民族（nation）。现在我们在实践中把这句话解读为‘所有的人生来平等，但是**黑人**除外’。当‘一无所知党’的党徒们控制了国家时，这句话将被解读为‘所有的人生来平等，但是黑人、**外国人和天主教徒**除外’。当这一切发生时，我将选择移民去其他至少不会虚伪地装作热爱自由的国家，例如俄国，在那里君主专制是公开而纯粹的，没有掺杂着虚伪。”在这段话中，我们读出了坚持废除奴隶制的林肯总统对于民主、平等和自由理想的热切追求和他对族群民族主义者的极端鄙视，也感悟到戈登教授对这一理念的充分肯定和推崇。

自鸦片战争之后，中国在长达一百多年的时间里持续地经历了多个帝国主义的野蛮侵略和分割，山河破碎、骨肉分离，各族民众几代人所期待的就是和平、平等、和谐、繁荣的幸福生活。1949 年后，外国势力彻底离开了中国，我们再也见不到洋兵洋警在中国的土地上耀武扬威。经历了多次政治运动的冲击和经济体制变迁的反复探索后，我们的日子逐渐好起来了，但是在社会的迅速发展和经济活动的拓展中必然会出现这样那样的问题，出现各种社会矛盾和群体冲突，这是任何一个社会在发展进程中都不可避免的。仔细读一读美国史，20 世纪 60 年代席卷全美一百多个城市的“黑色风暴”依然会使我们感到触目惊心。面对当前在民族关系方面出现的各种问题，我们应当静下心来，不慌不乱，一方面深入各少数民族聚居区开展社会调查，以完全开放的态度和虚心学习的心态来倾听当地各族干部、知识分子、普通民众对于我们各项制度、政策和具体工作的看法和意见，采取各种切实有效的措施来满足民众的需求并从根本上加强民族之间的感情；另一方面还需要拓展视野，从世界各国特别是多种族、多族群国家的理论探索和政策实践中吸取养料和智慧。别的国家走过的弯路甚至翻车的覆辙，我们实在不应去重蹈，而那些经实践证明对改善族群关系有明显正面效果的经验和思路，我们可以去吸取。一个没有忧患意识的民族是没有前途的民族，而一个不善于从其他国家那里学习的民族是一个愚蠢的民族。

中国各民族有着几千年的交往合作的悠久历史，在近代历次反对帝国主义侵略的战争中，各族人民也曾肩并肩地站在一起，1949年中华人民共和国成立之后，我们也曾长期彼此相互尊重、水乳交融、团结合作。我有信心在这样的基础上充分发挥我们的智慧和潜能，努力克服目前存在的一切不和谐的因素，让我们的各个民族重新走上团结合作的新历程。

在翻译本书的过程中，最令我感慨的就是戈登教授在全书最后的结束语："对于一个社会来说，最重要的是什么？那就是人们在这个社会里可以并排站在一起，以同等的自豪并毫无顾虑地说：'我是一个犹太人，(或者是)一个天主教徒，一个新教徒，一个黑人，一个印第安人，一个东方人，一个波多黎各人'；'我是一个美国人'，还有，'**我是一个人**'。"

我希望我们中国各族成员们有一天也能够并排站在一起，以同等的自豪并毫无顾虑地说："我是一个藏族人，(或者是)一个维吾尔族人，一个蒙古族人，一个朝鲜族人，一个彝族人，一个满族人，一个汉族人"，"我是一个中国人"，最后，"**我是一个人**"！

马戎

2013年4月30日

人文与社会译丛

第一批书目

1.《政治自由主义》(增订版),[美]J. 罗尔斯著,万俊人译 118.00 元
2.《文化的解释》,[美]C. 格尔茨著,韩莉译 89.00 元
3.《技术与时间:1. 爱比米修斯的过失》,[法]B. 斯蒂格勒著,裴程译 62.00 元
4.《依附性积累与不发达》,[德]A. G. 弗兰克著,高铦等译 13.60 元
5.《身处欧美的波兰农民》,[美]F. 兹纳涅茨基、W. I. 托马斯著,张友云译 9.20 元
6.《现代性的后果》,[英]A. 吉登斯著,田禾译 45.00 元
7.《消费文化与后现代主义》,[英]M. 费瑟斯通著,刘精明译 14.20 元
8.《英国工人阶级的形成》(上、下册),[英]E. P. 汤普森著,钱乘旦等译 168.00 元
9.《知识人的社会角色》,[美]F. 兹纳涅茨基著,郏斌祥译 26.00 元

第二批书目

10.《文化生产:媒体与都市艺术》,[美]D. 克兰著,赵国新译 49.00 元
11.《现代社会中的法律》,[美]R. M. 昂格尔著,吴玉章等译 39.00 元
12.《后形而上学思想》,[德]J. 哈贝马斯著,曹卫东等译 58.00 元
13.《自由主义与正义的局限》,[美]M. 桑德尔著,万俊人等译 30.00 元

14.《临床医学的诞生》,[法]M. 福柯著,刘北成译 55.00 元
15.《农民的道义经济学》,[美]J. C. 斯科特著,程立显等译 42.00 元
16.《俄国思想家》,[英]I. 伯林著,彭淮栋译 35.00 元
17.《自我的根源:现代认同的形成》,[加]C. 泰勒著,韩震等译 128.00 元
18.《霍布斯的政治哲学》,[美]L. 施特劳斯著,申彤译 49.00 元
19.《现代性与大屠杀》,[英]Z. 鲍曼著,杨渝东等译 59.00 元

第三批书目

20.《新功能主义及其后》,[美]J. C. 亚历山大著,彭牧等译 15.80 元
21.《自由史论》,[英]J. 阿克顿著,胡传胜等译 89.00 元
22.《伯林谈话录》,[伊朗]R. 贾汉贝格鲁等著,杨祯钦译 23.00 元
23.《阶级斗争》,[法]R. 阿隆著,周以光译 13.50 元
24.《正义诸领域:为多元主义与平等一辩》,[美]M. 沃尔泽著,褚松燕等译 24.80 元
25.《大萧条的孩子们》,[美]G. H. 埃尔德著,田禾等译 27.30 元
26.《黑格尔》,[加]C. 泰勒著,张国清等译 135.00 元
27.《反潮流》,[英]I. 伯林著,冯克利译 48.00 元
28.《统治阶级》,[意]G. 莫斯卡著,贾鹤鹏译 98.00 元
29.《现代性的哲学话语》,[德]J. 哈贝马斯著,曹卫东等译 78.00 元

第四批书目

30.《自由论》(修订版),[英]I. 伯林著,胡传胜译 69.00 元
31.《保守主义》,[德]K. 曼海姆著,李朝晖、牟建君译 16.00 元
32.《科学的反革命》(修订版),[英]F. 哈耶克著,冯克利译 58.00 元

33.《实践感》,[法]P. 布迪厄著,蒋梓骅译 75.00 元
34.《风险社会》,[德]U. 贝克著,何博闻译 17.70 元
35.《社会行动的结构》,[美]T. 帕森斯著,彭刚等译 80.00 元
36.《个体的社会》,[德]N. 埃利亚斯著,翟三江、陆兴华译 15.30 元
37.《传统的发明》,[英]E. 霍布斯鲍姆等著,顾杭、庞冠群译 21.20 元
38.《关于马基雅维里的思考》,[美]L. 施特劳斯著,申彤译 78.00 元
39.《追寻美德》,[美]A. 麦金太尔著,宋继杰译 68.00 元

第五批书目

40.《现实感》,[英]I. 伯林著,潘荣荣、林茂译 30.00 元
41.《启蒙的时代》,[英]I. 伯林著,孙尚扬、杨深译 35.00 元
42.《元史学》,[美]H. 怀特著,陈新译 89.00 元
43.《意识形态与现代文化》,[英]J. B. 汤普森著,高铦等译 68.00 元
44.《美国大城市的死与生》,[加]J. 雅各布斯著,金衡山译 29.50 元
45.《社会理论和社会结构》,[美]R. K. 默顿著,唐少杰等译 128.00 元
46.《黑皮肤,白面具》,[法]F. 法农著,万冰译 14.00 元
47.《德国的历史观》,[美]G. 伊格尔斯著,彭刚、顾杭译 58.00 元
48.《全世界受苦的人》,[法]F. 法农著,万冰译 17.80 元
49.《知识分子的鸦片》,[法]R. 阿隆著,吕一民、顾杭译 45.00 元

第六批书目

50.《驯化君主》,[美]H. C. 曼斯菲尔德著,冯克利译 68.00 元
51.《黑格尔导读》,[法]A. 科耶夫著,姜志辉译 45.00 元
52.《象征交换与死亡》,[法]J. 波德里亚著,车槿山译 68.00 元
53.《自由及其背叛》,[英]I. 伯林著,赵国新译 48.00 元

54.《启蒙的三个批评者》,[英]I. 伯林著,马寅卯、郑想译 48.00 元
55.《运动中的力量》,[美]S. 塔罗著,吴庆宏译 23.50 元
56.《斗争的动力》,[美]D. 麦克亚当、S. 塔罗、C. 蒂利著,
李义中等译 31.50 元
57.《善的脆弱性》,[美]M. 纳斯鲍姆著,徐向东、陆萌译 55.00 元
58.《弱者的武器》,[美]J. C. 斯科特著,郑广怀等译 82.00 元
59.《图绘》,[美]S. 弗里德曼著,陈丽译 49.00 元

第七批书目

60.《现代悲剧》,[英]R. 威廉斯著,丁尔苏译 45.00 元
61.《论革命》,[美]H. 阿伦特著,陈周旺译 59.00 元
62.《美国精神的封闭》,[美]A. 布卢姆著,战旭英译,冯克利校 68.00 元
63.《浪漫主义的根源》,[英]I. 伯林著,吕梁等译 28.00 元
64.《扭曲的人性之材》,[英]I. 伯林著,岳秀坤译 22.00 元
65.《民族主义思想与殖民地世界》,[美]P. 查特吉著,
范慕尤、杨曦译 18.00 元
66.《现代性社会学》,[法]D. 马尔图切利著,姜志辉译 32.00 元
67.《社会政治理论的重构》,[美]R. J. 伯恩斯坦著,黄瑞祺译 25.00 元
68.《以色列与启示》,[美]E. 沃格林著,霍伟岸、叶颖译 128.00 元
69.《城邦的世界》,[美]E. 沃格林著,陈周旺译 85.00 元
70.《历史主义的兴起》,[德]F. 梅尼克著,陆月宏译 48.00 元

第八批书目

71.《环境与历史》,[英]W. 贝纳特、P. 科茨著,包茂红译 25.00 元
72.《人类与自然世界》,[英]K. 托马斯著,宋丽丽译 35.00 元

73.《卢梭问题》,[德]E. 卡西勒著,王春华译 15.00 元
74.《男性气概》,[美]H. C. 曼斯菲尔德著,刘玮译 28.00 元
75.《战争与和平的权利》,[美]R. 塔克著,罗炯等译 25.00 元
76.《谁统治美国》,[美]W. 多姆霍夫著,吕鹏、闻翔译 35.00 元
77.《健康与社会》,[法]M. 德吕勒著,王鲲译 35.00 元
78.《读柏拉图》,[德]T. A. 斯勒扎克著,程炜译 28.00 元
79.《苏联的心灵》,[英]I. 伯林著,潘永强、刘北成译 59.00 元
80.《个人印象》,[英]I. 伯林著,林振义、王洁译 35.00 元

第九批书目

81.《技术与时间:2. 迷失方向》,[法]B. 斯蒂格勒著,赵和平、印螺译 59.00 元
82.《抗争政治》,[美]C. 蒂利、S. 塔罗著,李义中译 28.00 元
83.《亚当·斯密的政治学》,[英]D. 温奇著,褚平译 21.00 元
84.《怀旧的未来》,[美]S. 博伊姆著,杨德友译 85.00 元
85.《妇女在经济发展中的角色》,[丹]E. 博斯拉普著,陈慧平译 30.00 元
86.《风景与认同》,[美]W. J. 达比著,张箭飞、赵红英译 68.00 元
87.《过去与未来之间》,[美]H. 阿伦特著,王寅丽、张立立译 58.00 元
88.《大西洋的跨越》,[美]D. T. 罗杰斯著,吴万伟译 108.00 元
89.《资本主义的新精神》,[法]L. 博尔坦斯基、E. 希亚佩洛著,高铦译 58.00 元
90.《比较的幽灵》,[美]B. 安德森著,甘会斌译 79.00 元

第十批书目

91.《灾异手记》,[美]E. 科尔伯特著,何恬译 25.00 元

92.《技术与时间:3.电影的时间与存在之痛的问题》,
[法]B.斯蒂格勒著,方尔平译　65.00元
93.《马克思主义与历史学》,[英]S.H.里格比著,吴英译　78.00元
94.《学做工》,[英]P.威利斯著,秘舒、凌旻华译　68.00元
95.《哲学与治术:1572—1651》,[美]R.塔克著,韩潮译　45.00元
96.《认同伦理学》,[美]K.A.阿皮亚著,张容南译　45.00元
97.《风景与记忆》,[英]S.沙玛著,胡淑陈、冯樨译　78.00元
98.《马基雅维里时刻》,[英]J.G.A.波考克著,冯克利、傅乾译　108.00元
99.《未完的对话》,[英]I.伯林、[波]B.P.-塞古尔斯卡著,
杨德友译　65.00元
100.《后殖民理性批判》,[印]G.C.斯皮瓦克著,严蓓雯译　79.00元

第十一批书目

101.《现代社会想象》,[加]C.泰勒著,林曼红译　45.00元
102.《柏拉图与亚里士多德》,[美]E.沃格林著,刘曙辉译　78.00元
103.《论个体主义》,[法]L.迪蒙著,桂裕芳译　30.00元
104.《根本恶》,[美]R.J.伯恩斯坦著,王钦、朱康译　78.00元
105.《这受难的国度》,[美]D.G.福斯特著,孙宏哲、张聚国译　39.00元
106.《公民的激情》,[美]S.克劳斯著,谭安奎译　49.00元
107.《美国生活中的同化》,[美]M.M.戈登著,马戎译　58.00元
108.《风景与权力》,[美]W.J.T.米切尔著,杨丽、万信琼译　78.00元
109.《第二人称观点》,[美]S.达沃尔著,章晟译　69.00元
110.《性的起源》,[英] F.达伯霍瓦拉著,杨朗译　85.00元

第十二批书目

111.《希腊民主的问题》,[法]J. 罗米伊著,高煜译　48.00 元
112.《论人权》,[英]J. 格里芬著,徐向东、刘明译　75.00 元
113.《柏拉图的伦理学》,[英]T. 厄温著,陈玮、刘玮译(即出)
114.《自由主义与荣誉》,[美]S. 克劳斯著,林垚译　62.00 元
115.《法国大革命的文化起源》,[法]R. 夏蒂埃著,洪庆明译　38.00 元
116.《对知识的恐惧》,[美]P. 博格西昂著,刘鹏博译　38.00 元
117.《修辞术的诞生》,[英]R. 沃迪著,何博超译　48.00 元
118.《历史表现中的真理、意义和指称》,[荷]F. 安克斯密特著,周建漳译　58.00 元
119.《天下时代》,[美]E. 沃格林著,叶颖译　78.00 元
120.《求索秩序》,[美]E. 沃格林著,徐志跃译　48.00 元

第十三批书目

121.《美德伦理学》,[新西兰]R. 赫斯特豪斯著,李义天译　55.00 元
122.《同情的启蒙》,[美]M. 弗雷泽著,胡靖译　48.00 元
123.《图绘暹罗》,[美]T. 威尼差恭著,袁剑译　58.00 元
124.《道德的演化》,[新西兰]R. 乔伊斯著,刘鹏博、黄素珍译　65.00 元
125.《大屠杀与集体记忆》,[美]P. 诺维克著,王志华译　78.00 元
126.《帝国之眼》,[美]M. L. 普拉特著,方杰、方宸译　68.00 元
127.《帝国之河》,[美]D. 沃斯特著,侯深译　76.00 元
128.《从道德到美德》,[美]M. 斯洛特著,周亮译　58.00 元
129.《源自动机的道德》,[美]M. 斯洛特著,韩辰锴译　58.00 元
130.《种族与文化少数群体》,[美]G. E. 辛普森、[美]J. M. 英格尔著,马戎、王凡妹译(即出)

第十四批书目

131.《城邦与灵魂:费拉里〈理想国〉论集》,[美]G. R. F. 费拉里著,刘玮编译 58.00 元

132.《人民主权与德国宪法危机》,[美]P. C. 考威尔著,曹晗蓉、虞维华译 58.00 元

133.《16 和 17 世纪英格兰大众信仰研究》,[英]K. 托马斯著,芮传明、梅剑华译 168.00 元

134.《民族认同》,[英]A. D. 史密斯著,王娟译 55.00 元

135.《世俗主义之乐:我们当下如何生活》,[英]G. 莱文编,赵元译 58.00 元

136.《国王或人民》,[美]R. 本迪克斯著,褚平译(即出)

137.《哲学解释》,[美]R. 诺齐克著,林南、乐小军译(即出)

138.《自由与多元论:以赛亚·伯林思想研究》,[英]G. 克劳德著,应奇等译 58.00 元

139.《暴力:思无所限》,[美]R. J. 伯恩斯坦著,李元来译 59.00 元

140.《中心与边缘:宏观社会学论集》,[美]E. 希尔斯著,甘会斌、余昕译 88.00 元

有关"人文与社会译丛"及本社其他资讯,欢迎点击 www. yilin. com 浏览,对本丛书的意见和建议请反馈至新浪微博@ 译林人文社科。